사람아 아, 사람아

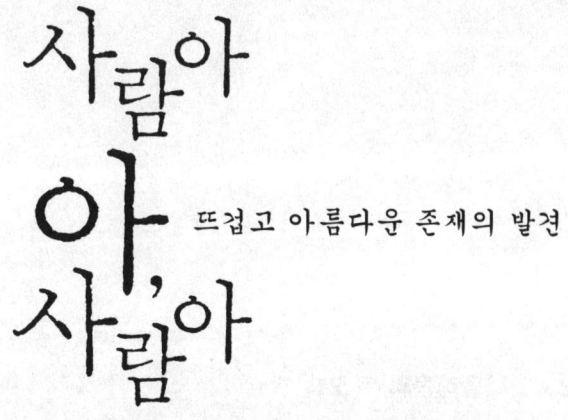

# 사람아 아, 사람아

뜨겁고 아름다운 존재의 발견

정진홍 지음

21세기북스

# 영혼을 가졌기에, 그대 뜨거울 수 있다

## 나폴레옹의 두 모습

프랑스의 변방 코르시카에서 태어나 유럽을 뒤흔들었던 나폴레옹의 파란만장한 오십 생애는 두 장의 뚜렷하게 대비되는 그림으로 대변됩니다. 하나는 자크 루이 다비드가 그린 〈성 베르나르 협곡을 넘는 나폴레옹〉(1801)입니다. 앞발을 들고 갈기와 꼬리털을 휘날리는 백마를 탄 나폴레옹이 알프스를 넘으며, 시선은 그림 보는 이를 응시한 채, 손가락으로는 넘어야 할 산 정상을 가리키는 그 유명한 그림 말입니다. 이 그림을 보며 우리는 부지불식간에 나폴레옹에게 세뇌라도 된 듯 '나의 사전에 불가능이란 없다'는 말을 떠올리게 됩니다.

다른 하나는 폴 들라로슈가 그린 〈1814년 3월 31일, 퐁텐블로의 나폴레옹〉(1840)입니다. 방금 막 말에서 내렸는지 부츠에는 잔뜩 먼지가 끼어 있고, 전장을 휘젓고 다니느라 빛바랜 잿빛 코트마저 벗을 생각을 않고 한쪽 팔을 힘겹게 의자 등받이 위로 그냥 걸치고 앉아 있는 나폴레옹의 모습을 그린 그림입니다. 매우 지쳐 보이지만 눈빛만큼은 여전한 나폴레옹의 뒤로 드리워진 짙은 색 주단의 커튼은 그의 미래가 결코 밝지 않을 것 같은 예감으로 다가옵니다. 더구나 그림 속 나폴레옹의 시선은 그림 보는 이를 바라보지 않습니다. 뭔가를 뚫어져라 쳐다보는데 아마도 그것은 그 자신에게 다가오는 암울한 미래가 아닐까 싶습니다. 그것도 결코 돌파의 여지가 보이지 않는 답답한 미래 말입니다.

사실 우리네 삶은 백마 타고 성 베르나르 협곡을 넘는 나폴레옹의 모습보다는 잔뜩 지친 상태로 코트마저 벗지 못한 채 의자에 걸터앉아 불투명한 미래를 마주하듯 응시하는 퐁텐블로의 나폴레옹 모습에 더 가까울지 모릅니다. 그래도 인간은 영혼을 가진 존재이기에 우리는 언제라도 다시 새롭게 뜨거워지고 치열하게 아름다울 수 있는 것 아닐는지요. 여기, 가장 최근에 제 가슴속에서 '사람아 아, 사람아'의 감탄을 길어 올리게 한 사연들을 소개합니다.

## 희뫼의 작은 꽃병

전남 장성의 편백나무 숲 가까이에 사는 변동해 선생이 작은 백자 꽃병에 들꽃을 담아 가지고 왔습니다. 그 덕분에 제 책상 위에는 하늘거리는 작은 들꽃이 꽂힌 앙증맞으리만큼 작은 백자 꽃병이 놓여 있습니다. 그 작은 백자 꽃병과 하늘거리는 여린 들꽃이 너무나 잘 어울립니다. 그런데 유심히 들여다보니 작은 백자 꽃병에는 유약이 발리지 않은 손가락 자국 세 군데가 남아 있었습니다. 실수가 아닌 듯합니다. 그 작은 백자 꽃병에 빙 둘러 유약을 바르는 것이 뭐 그리 어려웠겠습니까? 아마도 그 작은 백자 꽃병을 만든 도공은 그것에 뭔가 자신만의 흔적을 남기고 싶었으리라 짐작합니다. 아니, 그의 어린아이 같은 마음 곧 치기 어림이 작동한 것인지도 모릅니다. 어쩌면 진정한 완벽함은 뭔가 빠진 듯한 것, 다 채워지지 않은 것에 있음을 암시하고 싶었던 것은 아닐까 싶었습니다.

저는 그 작은 백자 꽃병을 만든 이를 어렴풋이 알고 있습니다. 여러 해 전 그의 그릇 굽는 터를 찾아가본 기억이 있습니다. 한 사람 눕기에도 버거운 한 평 반 남짓한 황토방 아래 구석에 대충 구멍을 뚫고 거기에 나뭇가지를 얼기설기 둘러 한지로 마감한 둥그스름한 봉창을 잊을 수 없습니다. 얼기설기 만든 봉창의 문창살이야말로 예술 그 자체였습니다. 가재도구라고는 토방에 딸린 채 한 평도 안 되는 코딱지만 한 부엌에 얹어놓은 작은 가마솥뿐인 그곳에서 그는 직접 흙을 이겨 그릇을 빚고 불을 땠습니다. 그리고 작고 앙증맞은 백자 꽃병에서부터 꽤 크고 근사한 백자 달항아리에 이르기까지 온갖 것을 만들어냈습니다. 듣자하니 지금은 그가 산에서 내려와 큰 집을 지어 예술인 마을을 만들고자 한다는데, 제가 기억하는 도공 희뫼는 홀로 고독하게 그 토방집에서 몇 날 며칠이고 홀로 머물며 흙을 이겨내 그릇을 빚고 불을 때 작은 각시 같은 꽃병도 만들고 님 같은 달항아리도 빚어내던 이였습니다.

물론 그렇고 해서 평생 토방에 살아야 할 이유도 없고 대처로 나가 이름을 날려도 뭐라 할 이는 없습니다. 하지만 저는 그가 그 토방에 누우면 발이 닿은 봉창을 흙 묻은 발로 간혹 걷어차며 뒤

척거렸을 그 모습만을 기억하고 싶습니다. 지금 제 책상 위에 놓인 희뫼의 작은 백자 꽃병은 아마도 그때 만든 것이 아닐까 싶습니다. 그냥 심심해서 장난치듯 자기의 손가락 자국을 작은 백자 꽃병에 남겨놓은 희뫼의 그 장난기와 천진무구함이 거기 스며 있는 것 같아 더욱 정겹습니다.

## 나에게 예술의 길이란 무엇인가?

부산국제영화제 임권택 감독 전작전을 통해 〈서편제〉를 다시 봤습니다. DVD가 아니라 스크린으로 20년 만에 다시 본 영화 〈서편제〉는 그야말로 새로운 감동이었습니다. 때로 저런 장면이 있었나 하는 것들도 있었고 '정말 대단하다'는 감탄사가 절로 나오는 장면도 적잖았습니다. 특히 마지막 부분에서 펑펑 눈 내리는 길을 눈먼 송화가 아이가 이끄는 줄을 잡고 걸어가는 장면은 정말이지 압권이었습니다. 이미 작고하신 김소희 명창의 구성지다 못해 아련한 구음이 더해져 더욱 그랬습니다.

영화가 끝난 후 마스터클래스가 열렸습니다. 관중 속에서 누군가 물었습니다. "당신에게 예술의 길이란 무엇인가?" 하고. 임권택 감독이 어눌한 말투로 떠듬떠듬 이렇게 말했습니다. "취화선의 장승업이 그릇 굽는 가마 안으로 들어가 불타 죽는 것…… 어쩌면 이것이 예술가의 길이 아닐까 싶다. 나도 그렇게 가고 싶다."

## 환기블루

"내 고향은 전남 기좌도(지금의 신안군 안좌도). 고향 우리집 문간에서 나서면 바다 건너 동쪽으로 목포 유달산이 보인다. 목포항에서 100마력 똑딱선을 타고 호수 같은 바다를 건너서 두 시간이면 닿는 섬이다. 그저 꿈같은 섬이요, 꿈속 같은 내 고향이다."

수화(樹話) 김환기(金煥基, 1913~74) 화백이 1962년 3월에 쓴 글입니다. 한국 추상미술의 선구자인 그가 지난 9월 3일 광주시립미술관에서 열린 '김환기, 백 년 되어 고향에 돌아오다'라는 이름의 전시회로 다시 그토록 그리던 고향 땅에 돌아왔습니다.

수화는 남도 끝자락의 섬에서 태어나 뭍으로, 다시 서울로 또 도쿄로, 파리로, 그리고 뉴욕에서 생을 마친 예술적 보헤미안이었습니다. 올해는 그가 태어난 지 백년 된 해이고, 아울러 뉴욕에서 세상을 떠난 그가 그리운 고향 땅으로의 또 다른 여행을 시작한 지 40년이 되는 해입니다. 수화는 자신의 절친한 친구였던 시인 김광섭의 시 구절에서 따온 제목인 〈어디서 무엇이 되어 다시 만나랴〉(1970)라는 작품에서 파란 바다 빛깔의 점들이 촘촘히 찍힌 전면점화(全面點畵) 시리즈를 통해 삶과 죽음, 이쪽과 저쪽의 경계를 넘어 정녕 어디서 무엇이 되어 다시 만날 것인지를 때로는 속삭이듯 또 때로는 우뢰처럼 우리 앞에 펼쳐놓지 않았습니까. 그가 태어나고 자란 섬에서 바라본 호수 같은 바다의 그 순정한 푸른 빛깔이 때로는 촘촘하게 또 때로는 성기게 펼쳐지는 그의 화폭은, 그 자체가 햇빛에 반사돼 더욱 영롱하게 일렁이는 푸르디푸른 바다요 별과 달마저 삼킨 검푸른 하늘 그 자체가 아닐는지요! 바로 이것이 수화 특유의 '환기블루' 아니겠습니까. 그리고 그가 마침내 그 빛깔이 되어 우리에게 돌아온 것입니다.

## 서권기와 문자향

추사 김정희(金正喜, 1786~1856)가 유배 중에 아들 상우에게 보낸 글에 이런 내용이 있습니다. "모름지기 가슴속에 먼저 문자향(文字香)과 서권기(書卷氣)를 갖추는 것이 예법의 근본이다."[《완당전집》 제7권 '잡저(雜著)']

문자향이란 말 그대로 글자에서 나오는 향기를 말하고 서권기란 책에서 나오는 기운을 이릅니다. 하지만 그것은 단지 은은히 풍기는 묵향(墨香)이나 서가에 꽂힌 서책의 위엄을 이르는 말이 아닙니다. 문자향과 서권기는 분명 향기와 기운을 나타내지만 냄새로 맡을 수 있는 것이 아니고 눈으로 볼 수 있는 것이 아니기 때문입니다. 혹자는 모름지기 만 권의 독서량이 있어야 문자향이 피어나고 서권기가 느껴진다고 합니다. 물론 틀린 말은 아닙니다. 하지만 많이 읽는다고 반드시 문자향과 서권기가 배어나는 것은 아닙니다. 사람에게서 문자향과 서권기가 배어나려면 먼저 그 사람됨이 바탕에서 우러나야 합니다. 사람됨이 바탕에 없이 독서와 기량만 쌓이면 그것이 때로는 문자향이 아니라 문자욕(慾)이 될 수 있고 서권기가 아니라 서권독(毒)이 될 수 있기 때문입니다.

까다롭기 그지없던 추사가 당대에 글씨 잘 쓰고 그림 잘 그리던 재주 많은 이들을 제치고 유독 높이 평가한 이가 있었으니 바로 능호관 이인상(李麟祥, 1710~1760)입니다. 추사는 능호관을 가리켜 "문자기(文字氣)가 있으니 이를 보면 '문자기가 있다'는 말의 의미를 깨칠 수 있다"고 했습니다. 능호관이 29세 되던 해인 1738년에 그린 〈수석도(樹石圖)〉의 오른쪽 하단에 이런 글귀가 적혀 있습니다.

'수한이수(樹寒而秀) 석문이추(石文而醜)' 즉 나무는 차되 빼어나고 바위는 문채가 있으되 거칠다는 뜻입니다. 그림 속 나무는 추위에도 푸르름을 잃지 않은 채 빼어나고 바위는 거칠지언정 그마저 무늬가 되어 빛납니다!

능호관의 그림 중 압권은 역시 〈검선도(劍僊圖)〉가 아닐까 싶습니다. 소나무를 뒤로한 채 머리에는 아무렇게나 내두른 건(巾)을 얹고 바람에 휘날리는 수염을 나부끼며 정면을 응시하는 선인! 그의 옆에는 보일 듯 말 듯 칼 한 자루가 놓여 있습니다. 그림의 왼편 아래쪽에 "중국인의 검선도를 모방해 그려 취설옹에게 바친다(倣華人劍僊圖 奉贈醉雪翁)"는 구절이 있어 이 그림의 주인공을 검을 찬 신선 여동빈(呂洞賓)으로 보는 견해도 있고 취설옹 유후로 보는 이도 있습니다. 하지만 누군들 어떻겠습니까.

검선 여동빈은 이렇게 말하고는 했습니다. "나에게는 칼이 세 자루 있다. 번뇌를 끊는 칼, 분노를 끊는 칼, 색욕을 끊는 칼." 그렇습니다. 검선도의 칼은 세상을 향해 분노하며 남의 명줄을 끊겠다고 위협하는 칼이 아닙니다. 자기를 다스리기 위한 칼입니다. 무릇 세상에 나아가고자 하는 이는 이런 마음의 칼로 스스로를 벼려야 마땅합니다.


## 용눈이오름에 올라

제주도 서귀포시 성산읍 삼달리에 가면 '김영갑갤러리 두모악'이란 곳이 있습니다. 두모악은 한라산의 옛 이름입니다. 본래는 삼달분교가 있던 자리인데 폐교된 후 교사(校舍)와 학교터를 그대로 살려

갤러리로 만든 것입니다. 그곳은 비록 작고 소박했지만 뭔지 모를 혼의 울림이 있었는데, 그것은 다름 아닌 김영갑이란 한 사내의 혼이 만들어낸 것이었습니다.

　김영갑. 그는 본래 충남 부여사람이었습니다. 하지만 1982년 제주를 처음 찾은 이래 85년부터는 아예 제주에 터를 박고 살다 그곳에서 2005년에 세상을 떠났습니다. 1957년생이었으니 채 쉰도 되기 전에 세상을 하직한 것입니다. 그가 제주에 터 박고 살며 한 일은 오로지 사진 찍는 일이었습니다. 족히 수만 컷 이상을 찍었습니다. 그의 사진 도구는 지금처럼 디지털카메라가 아니라 필름카메라였기에 변변한 벌이가 없던 그로서는 그만큼의 사진을 찍었다는 것 자체가 기적이었습니다. 그가 찍은 것은 제주의 오름과 바다, 구름과 바람, 해녀와 들풀이었습니다. 그가 찍지 않은 것은 본래 제주에 없는 것들입니다. 그는 사진을 전공한 사람도 아니었지만 들판의 당근과 고구마로 끼니를 때울지언정 누구보다도 정직하게 제주를 카메라에 담았습니다. 사실 그가 남긴 사진 덕분에 우리는 지금으로서는 더 이상 찾아보기 힘든 제주의 본래 모습을 아련한 추억과 아슴푸레한 전설처럼 되새겨볼 수 있는 것입니다.

　제주에 정착한 지 15년이 되어가던 1999년에 그는 루게릭병 판정을 받았습니다. 점점 근육이 퇴화하는 근위축성 측삭경화증이라는 복잡한 병명을 뒤로한 채 75킬로그램이던 그의 건장한 신체는 43킬로그램으로 줄어들었습니다. 결국 그는 더 이상 카메라 셔터를 누를 수 없을 만큼 일상적인 삶에서조차 내몰렸습니다. 하지만 그는 이 상황마저 담담히 받아들인 채 이렇게 말했습니다.

"움직일 수 없게 되니까, 욕심 부릴 수 없게 되니까 비로소 평화를 느낀다. 때가 되면 떠날 것이고 나머지는 남아 있는 사람들의 몫이다. 철들면 죽는 게 인생, 여한 없다. 원 없이 사진 찍었고 남김없이 치열하게 살았다."

유언처럼 들리는 이 말을 남긴 채 2005년 5월 29일 그는 눈을 감았습니다. 그를 아끼던 이들은 그가 생전에 폐교 뒤뜰에 심어놓았던 감나무 밑에 그의 남은 흔적들을 꽃비처럼 뿌렸습니다. 빗줄기가 오락가락하는 가운데 구름 사이로 햇살이 들 무렵 그의 흔적이 배어든 뿌리에서부터 한 줄기 육성이 울려오는 듯했습니다. "남김없이 치열하게 살아!"라고.

그런데 그가 제주에서 가장 큰 애정을 갖고 죽도록 사랑했던 곳이 있습니다. 다름 아닌 '용눈이오름'입니다. 그가 찍은 사진의 정수는 바로 이 용눈이오름과의 대화라고 해도 지나치지 않을 것입니다. 제주시 구좌읍 종달리에 있는 이 오름을 해질녘에 올랐습니다. 아득하게 펼쳐진 중산간지역의 숱한 오름들이 바람을 맞으며 석양에 물들고 있었습니다. 그렇습니다. 그가 찍은 것은 단지 제주의 자연만이 아니었습니다. 거기에는 결코 놓아버릴 수 없는 꿈이 있었습니다. 척박한 땅에서 힘겹게 생존하지만 그래도 이상향 이어도의 꿈을 안고 살아갔던 제주의 토박이들처럼 그 역시 근육이 풀리고 스스로를 지탱할 힘조차 망실해가면서도 투병할 시간조차 아까워, 주위의 병 고치자는 손길마저 뿌리친 채 오늘 하루가 마지막이요 전부인 것처럼 살았습니다.

그에게 이 석양빛에 물든 거대한 오름의 바다들은 오로지 찰

12

나의 순간처럼 다시 오지 않을 오늘, 바로 지금일 뿐이었습니다. 결국 그가 카메라에 담은 것은 다시 오지 않을 바로 그 순간순간이었습니다. 내일은 내일의 태양이 떠오르듯 오늘 지금 자신의 눈으로 바라보는 것들은 다시없는 것임을 그는 분명히 깨닫고 있었습니다. 이 엄정한 찰나적 시각(視覺)이야말로 마지막 순간까지 그의 분투를 가능하게 만든 삶의 동력이 아니었겠는지요!

그가 남긴 사진을 보노라면 저도 모르게 눈물이 납니다. 그만큼 사람의 마음을 움직입니다. 아니 살아 있습니다. 그래서 감동적입니다. 그 감동은 곧 생기(生氣)의 다른 이름입니다. 제주의 용눈이오름에서 만난 김영갑은 정말이지 한 줄기 시원한 생기의 바람이었습니다.

## '나의 가장 나종 지니인 것'은?

고인이 되었지만 여전히 우리 시대의 작가인 박완서 선생은 생전 졸지에 자식을 잃는 '참척(慘慽)'의 아픔을 경험했습니다. 하지만 그녀는 꽁꽁 싸매놓아도 아픔이 끝 간 데 없이 배어나오는 상처를 그대로 드러내 작품으로 남겼습니다. 그 누가 자식 잃은 형언할 수 없는 아픔과 상처를 자기 손을 놀려 글로 쓰고 싶었겠습니까. 정말이지 결코 쓰고 싶지 않았을 것입니다. 그래서 누르고 또 눌렀을 것이고 덮고 또 덮었을 것입니다. 하지만 그래도 스멀스멀 피어나고 기어나오는 억누를 수 없는 삶의 가장 밑바닥에 똬리를 튼 그 무엇인가를 토해내지 않을 수 없는 지경에 이르러, 비로소 작가는 마치 신들린 듯 자기 손을 자기 의지가 아닌 그 뭔가에 홀린 듯 놀려 한

편의 글을 써냈을 것입니다. 그리고 결코 길다 할 수 없는 그 글에, 하지만 너무나도 속절없는 절절함을 담담한 수다처럼 풀어놓은 그 글에 '나의 가장 나종 지니인 것'이란 제목을 붙여 세상에 내놓았던 것입니다. 그것도 자신의 개인사의 참척을 우리가 살았던 시대의 아픔으로 승화시키면서 말입니다.

참척의 아픔을 역류시켜 시대의 아픔으로, 다시 그 시대의 아픔을 결국에는 그 누구도 대신할 수 없는 내 것으로 끌어안으며 세상에 태어난 작품 〈나의 가장 나종 지니인 것〉이 연극, 아니 모노드라마로 무대에 올려졌습니다. 무대 위에 홀로 선 손숙은 역시 배우였습니다. 박완서 선생의 소설을 정말이지 토씨 하나 틀림 없을 만큼 그대로 재현했지만 소설과는 또 다른 맛의 그 뭔가를 만들어냈습니다. 아마도 그녀에게도 역시 아픔이 있었기 때문일 것입니다. 다른 예술도 그렇겠지만 특히 연극은 그 무대 위에 선 이의 아픔 혹은 그늘 없이는 표현되지 않는 그 무엇이 있습니다. 손숙은 그것을 연극 아니 자기 삶의 모노드라마를 통해 표출하고 있었습니다.

본래 배우는 '배(俳 =人+非)'자에서 드러나듯 '사람이 아닌' 것! 나로 머물지 않고 그 누군가의 삶이 되어야 하기에 더욱 그렇습니다. 실제로 그것은 나 아닌 다른 영혼 속으로 들어가야만 하는 일입니다. 그래야 느낄 수 있고 울릴 수 있지 않겠습니까. 적어도 손숙이 이 모노드라마에서 그러했습니다. 극중에서 졸지에 아들 잃은 어미가 연방 베갯잇을 쓰다듬는 그 순간이 왠지 지금은 사라져 형체조차 사라진 아들의 육신을 더듬는 것처럼 다가온 것도 그런 까닭일 것입니다.

참으로 질기디 질긴 목숨입니다. 자기 목숨과도 바꿀 수 있다고 생각했던 생때같은 아들을 졸지에 잃고 난 후 어미에게 남은 것은 무엇이었을까요? 그동안 살아오면서 바리바리 모아온 것들을 딸들 모르게 슬며시 버려버리는 것이 생활의 일과가 되어버린 그 어미에게, 그래도 남아서 가장 끝까지 남아서 그 해질 대로 해진 속을 또다시 후비고 있는 것은 무엇이었을까요? 다름 아닌 아들에 대한 기억, 그 사무친 육신에 대한 그리움이었을 것입니다. 그래서 식물인간으로 누워 있는 제 자식의 욕창 난 몸을 이리저리 굴리며 입에서 거친 욕을 해대는 여고 동창이 정말 부러웠을 것입니다. 비록 욕창 난 식물인간 상태의 몸뚱이지만 동창의 아들은 여하튼 살아 있었으니까요!

이 얼마나 처절한 집착입니까. 우리는 그것을 모성이라는 고상한 언어로 치장하지만 모성이란 결코 고상한 것이 아닙니다. 그것은 생의 본능이며 절규입니다. 아니 절절한 집착입니다. 만약 인간, 아니 인류가 고상하기만 한 존재였다면 우리는 이제껏 결코 생존해오지 못했을 것입니다. 지구상에서 인류는 이전에 절멸되었을 것입니다. 그 미쳐버릴 듯한 절절함과 애절함 자체가 우리를 이제껏 살아 있게 만든 유전자의 가장 밑바닥이 아닐까 싶습니다.

## 눈물의 맛

프랑스와 스페인의 국경에 있는 생장드피에드포르를 출발해 피레네 산맥을 넘기 시작해서 때로는 눈보라 속에, 때로는 폭우 속에,

또 때로는 살을 데일 것 같은 뜨거운 태양 속에서 걷고 또 걸었습니다. 그렇게 꼬박 44일째 되던 날 산티아고 가는 길을 걷는 순례자들의 종착점이자 성지인 산티아고 데 콤포스텔라 대성당 앞에 섰습니다. 하지만 제 발걸음은 거기서 멈추지 않았습니다. 다시 사흘을 내쳐 걸어서 대서양과 마주하는 땅끝마을 피니스테레까지 기어코 갔습니다. 힘겹게 산등성이를 넘어 저 멀리 대서양이 손에 잡힐 듯 보였을 때 하늘에서는 비가 내렸습니다. 그리고 제 눈에서는 눈물이 흘렀습니다. 빗줄기가 땀과 범벅이 되고 눈물에 뒤섞여 얼굴을 타고 내려 제 마른 입가를 적셨습니다. 그런데 정말이지 그 맛이 짰습니다.

사우나에서 흘리는 땀은 밍밍하지만 힘겹게 산을 오르며 흘리는 땀은 짭니다. 마찬가지로 눈물도 그저 값없이 흘릴 때와 달리 분투하듯 살고 나서 흘리는 눈물은 그 맛부터 다르기 마련입니다. 눈물의 화학적 성분이야 차이가 없을지 몰라도 눈물에 담긴 삶의 농도, 그 분투의 강도에 따라 맛이 다른 것입니다. 당연히 분투하는 삶이 흘리는 땀이 짤 수밖에 없듯이 살려고 몸부림치는 사람이 흘리는 눈물 또한 짤 수밖에 없습니다.

인간이 절실하고 절박할 때 흘리는 눈물은 짜게 마련입니다. 결국 눈물이 짜고 안 짜고는 그 눈물을 흘리고 뿌리는 이가 겪어내는 삶의 절박함과 절실함에 달린 것입니다. 게다가 기뻐서 흘리는 눈물과 슬퍼서 흘리는 눈물, 감격해서 흘리는 눈물과 격분해서 뿌리는 눈물의 맛이 어찌 같겠습니까. 세상을 살다보면 억울한 일도 많고 속상한 일도 참 많습니다. 그런데 억울하고 속상할 때 흘리는 눈물은 짜지 않고 씁니다. 쓰디쓴 눈물을 삼켜본 이들은 압니다. 이미 까맣게 타버린 속이지만 그나마 눈물이라도 흘리지 않으면 정말이지 끓인 속이 자신을 다 태워버려 재도 남기지 않을 것 같다는 것을. 그래서 울화병이 도졌을 때는 울어야 약입니다. 속이 죄다 타 까맣게 된 그때 흘리는 눈물은 씁니다. 그 쓴 눈물을 삼켜보지 않고서는 인생을 안다 할 수 없습니다.

눈부시게 화창한 봄날, 짙은 색 선글라스를 낀 채 인파 북적이는 도심 한복판을 걸으며 눈물을 흘려본 이는 압니다. 그때 흘리는 눈물은 짠 것만도, 쓴 것만도 아닙니다. 영혼이 흘리는 땀에 다름 아닌 눈물의 맛은 곧 인생살이의 맛 아니겠습니까.

### 인간은 패배하도록 만들어지지 않았다

쓰인 지 60년이 지났지만 어네스트 헤밍웨이의 〈노인과 바다〉를 다시 읽으며 오직 한 구절에만 밑줄을 그었습니다. "……인간은 패배하도록 만들어지지 않았다(Man is not made for defeat)." 그 한마디를 곱씹고 또 곱씹어봅니다. 그렇습니다. 비록 패배는 항상 어두운 그림자처럼 우리를 뒤쫓아다니지만 인간은 결코 패배하도록 만들어진 존재가 아닙니다. 그 패배를 패배시키며 끝끝내 포기하지 않는 게 진짜 승리이며 인간이 빛나는 영혼의 소유자인 증거입니다.

### 가을에 떠난 남자, 최인호

지난 1978년 미국 예일대학교 의학부 임상심리학과 교수였던 다니엘 레빈슨과 그의 동료들은 10여 년에 걸친 연구 끝에《남자가 겪는 인생의 사계절》이란 책을 펴냈습니다. 그들은 40세를 기점으로 인생의 여름이 끝나고 빠른 속도로 인생의 가을이 온다고 말했습니다. 하지만 그것은 어디까지나 40년 전 이야기입니다. 지금은 50대까지도 인생의 여름이라고 착각(?) 아닌 확신(!)을 할 만큼 다들 너무나 팔팔합니다.

사실 요즘 세태로만 보면 자연의 사계절이 희미해지듯 인생의 사계절도 구분 짓기 모호해지는 것 같습니다. 특히 요즘 아이들은 너무 조숙해 초등학교 5, 6학년이면 사춘기를 맞습니다. 그러고는 이미 10대 중반부터 인생의 여름으로 진격합니다. 그리고 그것이 40, 50대까지 이어집니다. 예전에는 40, 50대가 인생의 가을이라고 할 만했겠지만 요즘은 턱도 없는 말입니다. 마흔 언저리에 초혼하는 남자들도 적잖지 않습니까. 그러니 인생의 가을이라고 할 만한 시기는 훌쩍 뒤로 밀려 60대에서 70대에 이르는 때라고 해야 맞을 것 같습니다. 그리고 인생의 겨울은 80대 이후라고 보는 것이 옳을 듯싶습니다.

그런 의미에서 68세를 일기로 얼마 전 세상을 뜬 작가 최인호는 인생을 짧은 봄과 긴 여름으로 뜨겁게 살다가 굵고 짧은 가을 속으로 바람처럼 사라져간 사람이었습니다. 물론 그에게도 어느 날 서리 내리듯 다가온 암의 음산한 기운이 그를 곧장 인생의 겨울로 몰고 갈 기세였지만 그는 손톱 빠진 손가락에 골무를 끼워서라도 글을 쓰며 자기 인생의 가을을 가장 붉게 물들였습니다. 이런 뜻에서 그는 결코 인생의 겨울 앞에 움츠리며 살지 않았습니다. 그는 끝까지 자기 인생을 추수하듯 살았고 암에 걸려 투병한 지난

5년여의 시간마저도 그에게는 엄혹한 겨울이 아닌 풍성한 가을이었습니다. 그것도 가장 눈부신! 그래서 결코 길다고는 말할 수 없는, 아니 짧은 인생의 가을이었지만 그것은 끝까지 분투하는 삶이었기에 참으로 눈이 시릴 만큼 아름다웠습니다.

저마다 그 파릇했던 인생의 봄은 아련한 기억이요, 용광로처럼 뜨거웠던 인생의 여름은 전설처럼 남겠지만 무릇 진짜 인생은 그가 살아낸 가을에 있습니다. 저마다 인생의 가을은 결코 길지 않습니다. 아니 땀 흘려 얻은 수확을 즐길 여유마저도 없을 만큼 짧을지 모릅니다. 그래서 더욱 아쉬울 수 있습니다. 하지만 한탄만 할 수 없습니다. 그렇기에 그 순간의 소중함을 깨닫거든 머뭇거리지 말아야 합니다. 어디론가 떠나는 열차에 오르고 홀로 혹은 누군가와 함께 누렇게 익어가는 들판과 붉게 물드는 산을 향해 걸어야 합니다. 낙조 좋은 바닷가에 이르거든 지난여름 뜨거운 젊음들이 거쳐간 모래사장 위에 서서 그윽한 눈길로 수평선 끝을 바라보는 것도 잊지 말아야 합니다. 그리고 다시 곳곳에 펼쳐지는 시골장터로 느리게 걸어가 국밥 한 그릇으로 허기를 채우며 아낙네들의 수다와 흥정하다 싸움판 벌이는 사내들의 엇나간 혈기도 지긋한 눈길로 바라보아야 합니다.

우리도 그들과 다름없이 살아오지 않았습니까. 가을은 짧습니다. 우리네 인생의 가을도 마찬가지입니다. 그러니 가을 산이 붉게 물들 듯 우리의 이 짧은 인생의 가을 역시 그렇게 아름답게 물들여야 하지 않겠습니까.

차례

# 03
# 부딪친 만큼
# 삶은 단단해진다

# 04 마음을 나누는
## 영혼의 동반자

전몽각 조병국

샌드라 데이 오

톨스토이 김선

이정선 류근철

김기창 엠마뉘

랜디 포시 쓰ᄌ

요시카 피셔

01

너

엘렌 그리모

현봉학

서영은

노부유키

사람아, 사람아, 지독한 나의 사랑아

# 사람으로 할 일은 오직 사랑뿐

## 나만의 러브레터, 사랑의 앵글

"집에만 들어오면 카메라는 언제나 내 곁에 있었고, 어쩌다 귀가시간이 늦어 아이들이 잠자리에 들어 있을 때라도 한참 들여다보면 자는 모습이 너무 예뻐서 카메라를 또 들이대고, 아이 깨운다고 아내에게 야단맞은 적도 한두 번이 아니다. 아이들이 한 발 한 발 걷기 시작할 때, 더듬더듬 말을 하는 등의 변화가 보이면 공연히 나 혼자 흥분해 필름만 더 축내고는 했으니 말이다."

고(故) 전몽각(1931~2006) 선생이 자신의 사진집 《윤미네 집》 책머리에서 한 말입니다.

전몽각 선생은 특별한 재능으로 세상에 이름이 널리 알려진 분은 아닙니다. 그러나 이 분을 소개하는 까닭은 그가 자신의 딸 윤미의 일생을 각별히 간직했기 때문입니다. 딸이 태어나서 시집갈 때까지의 26년 세월을 고스란히 필름에 담아낸 것이지요. 요즘과 달리 전몽각 선생이 딸의 일상을 사진에 담은 시절인 1964년에서 89년까지는 카메라도 귀했고 필름으로 찍은 것을 일일이 인화하지 않으면 안 되었습니다. 그는 대학교 4학년 때 받은 장학금을 몽땅 털어 카메라를 마련한 이후 일상에서 카메라를 놓지 않았습니다. 그렇다고 전몽각 선생이 전문 사진작가는 물론 아니었습니다.

1931년 평북 용천 출신인 그는 1959년에 서울대 토목공학과를 졸업했습니다. 그 후 국립건설연구소에 근무하던 중 1966년부터 2년간 네덜란드 델프트공대 대학원에서 유학한 후 돌아와 1968년에 경부고속도로 건설업무에 뛰어들었습니다. 그리고 1970년부터 2년간 한국도로공사에서 근무한 뒤 72년부터 96년 정년퇴직할 때까지 성균관대 토목공학과 교수를 지냈습니다. 정년퇴임 직전인 95년부터 2년간 부총장직을 역임했지만 세상에 이렇다 할 큰 이름이나 유명세를 내놓고 산 적은 없는 분이셨습니다. 다만 그는 평생을 자기 분야에서 열심히 산 사람이었고 그런 와중에 일상에서 그의 소중한 인생걸작인 딸의 자라나는 모습을 고스란히 카메라에 담아낸 것뿐이었습니다. 하지만 바로 거기에 진한 감동이 있습니다.

1989년에 그토록 애지중지하던 딸이 시집가고 난 후 전몽각 선생은 무심결에 하늘을 올려다보는 습관이 생겼다고 합니다. 시집간 딸이 남편 따라 미국유학길에 오르자 생긴 버릇이었습니다. 그는 입버릇처럼 말하고는 했습니다. "김포 쪽 하늘에는 웬 비행기가 그토록 쉴 새 없이 뜨고 내리는지……." 그렇게 상념에 젖던 전몽각 선생은 마침내 26년 동안 찍어둔 필름 뭉치들을 정리하기 시작했습니다.

그렇게 해서 세상에 나오게 된 한 아이의 성장과정, 카메라 렌즈에 담긴 사랑은 실로 경이로웠습니다. 제대로 눈도 뜨지 못하던 갓난아기가 동그란 눈을 뜬 채 젖을 빨기 시작하고 그 갓난아기가 어느새 몸을 뒤척이며 엄마와 눈을 맞춥니다. 그러고는 이내 그 아기는 엄마의 손길마저 뿌리치며 걷기 시작하고 재롱을 부리더니 어느새 엄마를 따라 시장에도 함께 가기 시작합니다. 엄마를 흉내 내 거울을 보며 얼굴에 로션을 바를 만큼 커버린 딸아이는 어느새 단발머리 학생이 되어버렸고 수예와 뜨개질도 하기에 이릅니다. 그러고는 거울 앞에서 교복 맵시를 내느라 여념이 없는 여고생이 된 딸, 그 아이가 교복 입는 모습을 촬영하는 아버지의 머리는 희끗하게 희어 있더군요. 마침내 여대생이 되고 한층 성숙한 숙녀가 되어버린 딸이 대학을 졸업하고 사랑하는 이를 만나더니 결국에는 아버지 손에 이끌려 결혼식장으로 들어서는 장면에 이르기까지 아버지는 한결같았습니다. 딸의 존재하는 순간순간들을 놓치지 않고 애정 어린 시선으로 포착했던 겁니다.

그렇게 해서 마침내 1990년에 '윤미 태어나서 시집가던 날까지'란 부제가 붙은 사진집 《윤미네 집》이 출간됐습니다. 공교롭게도 사진집 《윤미네 집》에 담긴 그 시절은 우리사회가 전쟁 이후 폐허의 시련을 딛고 다시 일어서서 한강의 기적을 이루고 마침내 88올림픽을 치러내던 그 시기와 정확히 일치합니다. 아울러 그 사진집은 윤미가 자라나는 모습뿐만 아니라 단칸방에서 시작된 윤미네 집 살림살이가 조금씩 커지고 나아지는 모습을 있는 그대로 담아내고 있습니다. 그런 점에서 전몽각 선생의 사진집 《윤미네 집》은 한 개인, 한 가정의 사실적인 기록일 뿐만 아니라 우리 모두가 지나온 세월의 정직한 기록이기도 합니다.

당시 1000부를 찍고 절판됐던 사진집은 사람들 입에서 입으로 전해져 헌책방에서는 웃돈이 붙어 팔리기까지 했다고 합니다. 그렇듯 사람들 입에 《윤미네 집》이란 사진집이 회자되고 헌책방에서조차 귀한 책 대접을 받게 된 것은, 그 사진집에 그 어떤 사진기술이나 멋진 구도보다도 가슴 따뜻한 아버지의 부정(父情)이 담겨 있기 때문일 겁니다. 과연 그 누가 25년 넘게 한결같이 딸이 태어나서 시집갈 때까지의 일상을 사진에 담았겠습니까. 누구나 할 수 있을 것 같지만 기실은 그 누구도 하기 어려운 일임에 틀림없습니다. 더구나 그 사진집은 결혼하자마자 낯선 이국땅에서 생활해야 했던 딸 윤미에게 보내는 아버지의 또 다른 방식의 응원과 사랑이었던 겁니다.

전몽각 선생은 신혼 초에 몇 달을 집도 없이 처남댁에서 더부살이를 해야 했습니다. 그리고 간신히 8평짜리 마포의 한 아파트에서 본격적인 신혼살림을 시작했습니다. 하지만 그 작은 보금자리에서 아이를 낳은 후 그는 딸을 안고 업고, 뒹굴고 비비대고, 그것도 모자라 간질이고 꼬집고 깨물어가며 키웠습니다. 그 후 숭인동의 조그마한 단독주택을 거쳐 갈현동의 제법 마당이 있는 단독주택에서 살며 아내 이문강과 윤미 아래 윤호, 윤석 삼남매의 일상역시 고스란히 카메라에 담아냈습니다.

막내 윤석까지 모두 장가보내고 자신도 대학교수직에서 정년퇴임한 후에도 전몽각 선생의 삶은 이어져갔습니다. 주로 아내와 함께 동해안, 서해안, 남해안 일대를 자동차로 일주하고는 했답니다. 그러던 중 2002년 8월에 전몽각 선생은 예상치 않게 췌장암 판정을 받았습니다. 그 후 자신의 삶이 그리 많이 남아 있지 않다는 것을 알게 된 전몽각 선생이 가장 먼저 한 일은 반평생을 함께 해온 아내를 찍은 사진들을 정리하는 것이었습니다. 그렇게 정리된 사진들은 그의 사후에 《마이 와이프》란 제목의 사진집으로 묶였습니다. 거기에는 연애시절의 풋풋한 처녀 적 모습부터 결혼 후에 아이를 낳고 키우며 늙어간, 그리고 마침내는 손녀딸과 노는 할머니의 모습까지가 고스란히 담겼습니다.

이제 그가 그토록 애지중지하며 카메라에 담았던 딸은 성년의 자식을 둔 엄마가 되었습니다. 그리고 반세기를 함께했던 그의 아내는 남편과 다투던 그 시간들마저 그립다고 말합니다. 흔히 기억과 망각 사이에 사진이 존재한다고 합니다. 요즘이야 디지털 카메라로 흔적을 남기는 일이 아무것도 아니지요. 하지만 가장 가깝고 소중한 이들과의 삶의 순간순간을 정성껏 포착해낸 전몽각 선생의 사랑의 앵글만한 감동이 어디 쉬운 일이겠습니까.

## 세상이 숨을 쉬게 하리라

'입양아의 대모' 조병국 선생. 언뜻 남자이름 같지만 여성인 그녀는 어릴 적 의술의 도움을 받지 못한 채 두 명의 동생을 잃은 경험이 있습니다. 그리고 한국전쟁 동안 처참하게 버려진 아이들의 모습을 목격한 바도 있습니다. 그래서 의과대학 진학을 결심했고 마침내 1958년에 연세대 의과대학을 졸업한 후 1963년에는 소아과 전문의 자격증도 취득했습니다. 하지만 그 후 그녀는 평생을 서울시립아동병원과 홀트아동복지회 부속의원에서 근무하며 반세기 넘게 버려진 아이들과 함께했습니다.

버려진 아이들 중에는 장애아들이 적잖았습니다. 그 어렵던 시절, 그녀는 열악한 국내환경으로 제대로 된 치료를 받을 수 없었던 선천성 장애아들을 위해 노르웨이, 독일, 미국, 캐나다 등 선진국에 아이들의 수술과 치료에 필요한 의료 기부를 요청하고 다니며 '국제거지'라는 별명을 얻기도 했습니다. 그리고 그 때문에 군사정권 시절에는 나라의 위상을 떨어뜨린다는 이유로 어이없게 제재를 받은 적도 있습니다. 하지만 그럼에도 불구하고 그녀의 발품과 정성으로 수많은 아이들이 다시 생명을 얻었고, 따뜻한 가정의 품에 안겨 자라날 수 있었습니다. 조 원장은 1993년에 정년을 맞아 홀트아동복지회 부속의원을 퇴임했으나, 후임자가 나서지 않아 전(前) 원장이라는 이름 아래, 어쩔 수 없는 건강상의 이유로 2008년 10월 완전히 퇴임하기 전까지 계속 진료를 보았습니다. 하지만 그녀의 버림받은 아이들에 대한 사랑만큼은 결코 끝나지 않았습니다.

"몸이 부서질 때까지 아이들과 함께하겠다"던 그녀는 밤에 잠을 이룰 수 없을 정도의 심한 어깨 통증 때문에 비로소 의사 가운을 벗었습니다. 하지만 여전히 홀트일산요양원의 중증장애인들과 함께 지내며 일하고 있습니다. 입양이 불가능할 정도로 심한 장애를 지닌 아이들이 훗날 성장해 자립해서 살아갈 수 있도록 돕는 요양원에서 봉사활동을 계속하고 있는 겁니다.

사실 조병국 원장이 정년을 15년이나 넘겨가면서 아이들을 진료했던 것은 "그 자리가 박봉인지라 후임을 구하는 데 애를 먹었기 때문"이었습니다. 하지만 조병국 원장은 남들이 채 1~2년도 견디지 못하고 그만두는 자리를 50년 동안이나 지켜왔습니다. 그냥 지켜온 것이 아니라 윤기 나게 닦아왔습니다. 그렇게 버텨내며 닦아내온 의지의 원동력은 과연 무엇이었을까요?

1남 6녀 중 장녀로 태어난 조병국 원장은 4세 때 처음 동생의 죽음을 경험했습니다. 어렵사리 집으로 의사 선생님이 왕진을 왔지만 유난히 코피를 많이 흘리는 동생을 보더니 "손쓸 도리가 없다"는 말만 남기고 발길을 돌렸습니다. 며칠 뒤 악성 혈액질환을 앓던 동생은 치료도 받지 못한 채 그 초롱초롱했던 눈망울을 끝내 감고 말았습니다. 그 후 6년 뒤에는 둘째 여동생마저 홍역에 폐렴이 더해져 저세상으로 떠나고 말았습니다. 변변한 약조차 쓰지 못했습니다. 그만큼 의술의 손길이 멀던 그 시절, 안타깝게 목숨을 잃은 동생들을 보며 아직 어린 조병국은 의사에 대한 간절한 소망을 갖게 되었습니다. 더 이상 먼저 간 동생들 같은 아이들이 없게 하겠다는 생각으로 말입니다.

그 후 한국전쟁이 터졌습니다. 여고생이던 조병국은 소달구지를 끌고 걸어서 피란을 가면서 길가에서 숱한 죽음들을 목격했습니다. 폭탄 파편에 맞아 쓰러진 엄마 등에 여전히 업혀 있는 어린 아이는 애달프게 울고 있었고, 어떤 아이는 자기 팔이 잘려나간 것도 모른 채 엄마를 찾으며 주저앉아 울고만 있었습니다. 그 길녘에 여기저기 널브러진 어린아이들의 시체를 애써 외면하며 발길을 재촉한 그녀는 동생의 손을 꼭 붙잡고 마음속으로 이렇게 다짐했다고 합니다. "의사가 되리라. 그래서 저렇게 죽어간 어린 생명들을 꼭 살려내리라."

하지만 전쟁 직후에는 여학생이 대학에 진학하는 경우도 드물었을 뿐더러 가더라도 대부분 가정학과 같은 곳에 진학하던 때였습니다. 따라서 의과대학에 가겠다는 그녀를 담임선생은 물론 교편생활을 하신 아버지와 일본 유학을 다녀온 어머니마저 탐탁지 않게 여겼습니다. 그러나 우여곡절 끝에 그녀는 의과대학에 원서를 내밀고 입학해서 마침내 1963년에 연세대 의과대학 세브란스병원에서 소아과 전문의 자격증을 따냈습니다. 그 후 조병국 선생은 곧바로 서울시립아동병원과 홀트아동복지회를 오가며 극빈자 가정의 아이들을 보살피기 시작했던 겁니다.

1960년대 초의 우리 사회는 참 어려웠습니다. 전쟁으로 척박해진 한국 땅에서 가난은 굶주린 아이들을 길거리로 내몰았습니다. 거리에는 거지들이 득실거렸고 아이들은 영양이 부실해 영양실조에 걸리기 십상이었습니다. 영양실조에 걸린 아이들은 두 달 동안 칼로리 주사를 맞혀도 체중이 늘지를 않았습니다. 병원이며 보육원이며 모두 가득 차 있으니 더 보낼 데도 없고 그래서 위탁가정을 찾아 아이들을 한 명씩 보내기 시작했다고 조병국 선생은 회고합니다. 위탁가정에 보낸 아이들이 세 달 정도 지나니 새카맣게 비쩍 마른 몸에 살이 포동포동 오르며 뽀얗게 바뀌는 것을 보면서 그녀는 가정의 소중함과 생명에의 희망을 절감했다고 말합니다.

이렇게 평생을 바쳐 헌신해온 조병국 원장의 은퇴 소식에 미국에 있는 입양기관에서 선물을 하나 보내왔습니다. 그녀의 손을 거쳐 입양된 수백 명 입양아들의 성장 과정이 담긴 사진을 붙여 만든 앨범이었습니다. 그녀는 지금도 그 앨범을 넘기며 자신의 손을 거쳐간 5만여 명의 아이들을 떠올릴 겁니다.

전쟁이 할퀴고 간 폐허 속에 버려진 아이들, 그들의 비참한 현실을 목격한 여고생은 의사의 꿈을 꾸었습니다. 그리고 진짜 의사가 된 후 그녀는 50년 동안 버려진 아이들과 입양아들의 영적, 육체적 건강을 돌보며 '진정한 생명의 의사'로서 평생을 살았습니다. 그런 그녀가 이렇게 말합니다.

"지금 이 순간에도 부모에게 버림당하는 아이, 학대받는 아이, 그래서 세상이 미운 아이가 있습니다. 하지만 누군가는 이 아이를 거두어 사랑해주고, 또 사랑하는 법을 가르쳐줘야 합니다. 그래야 세상도 숨을 쉽니다. 고아로 자랐어도 당당하게 삶을 만들어가는 이들이 우리 주변에는 너무나 많습니다. 그들 하나하나가 바로 낮은 곳에서 피어난 희망이고 기적입니다."

### 결 깊은 사랑의 통찰

지난 2005년에 시사주간지 〈타임〉은 '우아하게 늙어가는(aging gracefully) 미국인 10'을 선정해서 발표한 바 있습니다. 여기에는 영화배우 폴 뉴먼과 로버트 레드포드, 콜린 파월 전 미국 국무장관, '투자의 귀재' 워렌 버핏 버크셔 해서웨이 회장, 매년 노벨문학상 후보로 거론되는 작가 필립 로스, '살림의 여왕' 마사 스튜어트, 1993년 노벨문학상 수상작가 토니 모리슨, 영화배우 로런 배콜,

'포크의 여왕' 존 바에즈, 그리고 샌드라 데이 오코너(Sandra Day O'Connor, 1930~ ) 전 미국 연방대법원 판사(대법관)가 포함됐습니다.

샌드라 데이 오코너는 51세 때인 1981년에 당시 로널드 레이건 대통령에 의해 여성으로서는 미국 사법사상 최초로 연방대법관직에 오른 인물입니다. 아홉 명으로 구성된 미국 연방대법관직 인물들은 '살아 있는 현인'으로 불릴 만큼 명예와 존경을 한 몸에 받고 있으며 임기도 종신입니다. 특히 샌드라 데이 오코너 대법관은 명문 스탠퍼드대 로스쿨을 3등으로 졸업한 화려한 이력의 소유자로 애리조나 주 판사 시절에도 '미국에서 가장 영향력 있는 여성'이란 평판을 들어왔습니다. 더구나 샌드라 데이 오코너 대법관은 24년간의 대법관 재임 중 진보와 보수가 첨예하게 대립하는 상황에서 캐스팅 보트를 행사해 합리적인 판결을 이끌어내는 사람으로도 유명했습니다. 그래서 '중도의 여왕(Queen of Center)'이라는 애칭마저 붙었을 정도였습니다.

그런 샌드라 데이 오코너가 2006년 종신직인 미국 연방대법관 자리에서 스스로 물러났습니다. 이유인즉 17년째 알츠하이머병을 앓고 있는 남편 존 오코너의 증세가 더 악화되었기에 본인이 직접 간호하기 위해서였습니다. 스탠퍼드대 로스쿨에서 만난 남편 존 오코너는 17년 전 알츠하이머병 진단을 받기 전까지 워싱턴 등지의 로펌에서 근무한 유능한 변호사였습니다. 그러나 병세가 악화되면서 하루 종일 아내의 사무실에 나와 있는 등 아내에 대한 의존도가 높아졌던 겁니다. 그래서 샌드라 데이 오코너는 고심 끝에 미련 없이 연방대법관 자리를 박차고 나와 남편과의 마지막 시간을 보내기 시작한 것이죠.

샌드라 데이 오코너 전 대법관과 존 오코너 부부는 1952년에 결혼해서 세 아들을 두고 있습니다. 오코너 부부의 아들인 스콧 오코너는 "약 1년 반 전 애리조나 주 피닉스의 한 요양원에 들어간 초기에는 아버지가 자살에 관한 이야기만 했었으나 최근에는 사랑에 빠진 10대 소년같이 변했으며 행복해한다"고 밝혔습니다. 더구나 "철없이 사랑에 빠진 사춘기 소년 같은 아버지가 '케이'라는 이름의 다른 할머니 환자와 함께 손을 잡고 산책하거나 키스를 하는 장면이 주변에 자주 목격되고 있다. 하지만 어머니 샌드라 데이 오코너는 그 여성을 질투하는 대신 정서적 안정을 되찾은 아버지를 보며 되레 기뻐하고 있다"고 말했습니다.

실제로 샌드라 데이 오코너 전 대법관은 요양원을 찾아가 그 두 사람과 함께 시간을 보내다 돌아오기도 한답니다. 55년 동안 해로해온 남편이 알츠하이머병 환자 요양소에서 만난 동료 할머니 환자와 사랑에 빠져 있는 것을 보고 오히려 즐거워할 정도라니 참 별나다는 생각마저 듭니다. 하지만 샌드라 데이 오코너의 반세기를 넘긴 사랑은 아직 결코 끝나지 않은 로맨스입니다. 심리학자 매리 파이퍼가 말했듯이 "청춘의 사랑은 자신의 행복을 원하는 것이지만, 황혼의 사랑은 상대가 행복해지길 바라는 것"이기 때문입니다.

샌드라 데이 오코너는 그 누구보다도 '마음의 힘'이 강한 사람입니다. 젊었을 때 스탠퍼드대 로스쿨을 졸업한 후 변호사로 취직하지 못한 상황에서 유일하게 제안받은 직업이 법률서기직이었답니다. 하지만 이에 실망하지 않았던 그녀는 29년 만에 미 사법사상 최초의 여성대법관이 되었습니다. 그녀는 말합니다. "험한 언덕을 오르려면 처음에는 서서히 걸어야 한다. 나는 더 큰 일을 위해 서서히 걸었을 뿐이다. 처음부터 빨리 뛰려 했으면 벌써 지쳤을 것이다"라고 말입니다. 아무리 어려운 상황일지라도 실망하지 않고, 마음을 넉넉히 먹고 꾸준히 노력하면 좋은 결과를 얻을 수 있다는 말이죠.

미국역사상 여성으로서는 최초로 연방대법관이 된 샌드라 데이 오코너는 자신의 취임식장에서 자신을 자랑스럽게 바라보는 부모님을 축하객들 속에서 발견한 후 이렇게 말했습니다. "부모님은 환경 때문에 무수한 가능성들이 제약당하는 것을 허용하지 않으셨다. 그리고 내게 꿈을 가르쳐주었고 그것을 현실로 만들어가도록 격려해주셨다"고 말입니다.

그런가 하면 그녀는 유방암 수술을 받은 지 2주 만에 업무에 복귀할 만큼 강인한 면모의 소유자이기도 합니다. 게다가 1994년 당시 자신의 유방암 수술 경험을 소개하며 암환자들에게 용기와 희망을 불어넣었던 전미암생존자연맹 연설은 지금까지도 매우 인상 깊게 사람들 뇌리에 각인되어 있습니다.

'사랑받기'만을 원하고 '자신의 행복'만이 우선이라면 아직 철 없을 만큼 젊다는 반증이 될지도 모르겠습니다. 유치환의 〈행복〉이란 시에서 "사랑하는 것은 사랑을 받느니보다 행복하나니라"는 구절은 그래서 더 성숙한 사랑의 통찰인 것이죠. "인간은 죽을 때, 사랑받은 기억을 떠올리는 사람과 사랑한 기억을 떠올리는 사람이 있는 거야. 난 사랑한 기억을 떠올리고 싶어." 〈냉정과 열정 사이〉

의 작가 쓰지 히토나리가 쓴 소설의 한 대목입니다. '사랑받은 기억'
과 '사랑한 기억', '사랑받은 일'과 '사랑한 일' 그 둘 중에 과연 나는
어느 쪽이 더 소중한 사람일까 생각해보신 적 있으신지요?

# 언제까지나 뜨거운 휴머니즘으로

## 영원히 살아 있음을 증거하다

"사랑하고 사랑받는 것은 살아 있음의 증거다." 영화 〈톨스토이의 마지막 인생〉에서 가장 인상 깊었던 대사 중 한 구절입니다. 본래 이 영화의 원제는 '종착역(The Last Station)'입니다. 러시아의 대문호 톨스토이(Lev Nikolaevich Tolstoi, 1828~1910)의 파란만장한 82년간의 생애는 러시아 남부의 아스타포브 역에서 종지부를 찍습니다. 지금은 톨스토이역으로 이름이 바뀐 바로 그곳이 그의 삶의 종착역이었습니다.

1828년 남부 러시아 툴라 근처의 야스나야 폴랴나에서 명문 귀족의 넷째아들로 태어나 제정러시아 말기인 1910년에 사망한 톨스토이의 삶은 거대한 파노라마와도 같습니다. 두 살에 어머니를, 아홉 살에 아버지를 잃고 어린 시절부터 온갖 굴곡을 겪은 긴 삶의 여정에서 톨스토이는 몇 번의 방황과 그에 따른 전환기를 맞습니다.

그는 16세 때인 1844년에 카잔대학에 입학했지만 불과 3년 만에 공부를 포기하고 상속받은 영지 야스나야 폴랴나로 귀향해서 술과 도박과 여자에 탐닉했습니다. 그러다 1851년에 형의 권유로 군대에 들어간 톨스토이는 캅카스에서 사관후보생으로 복무하면서 1852년에 처녀작 〈유년시대〉를 익명으로 발표해 격찬을 받습니다. 그 후 〈소년시대〉〈세바스토폴 이야기〉 등을 집필해 1855년 군에서 제대하고 수도 모스크바로 올라갈 무렵에는 이미 청년 작가로서의 지위를 확립했을 정도였습니다.

군복무를 마친 후 1857년에 톨스토이는 보다 진보된 서유럽 문명을 시찰하러 국외에 나갔으나 실망하고 귀국합니다. 그리고 그동안 진보적 관념 속에서 추구하던 인간생활의 의미를 내면적인 성찰의 방향에서 모색하게 되었습니다. 그래서 다시 야스나야 폴랴나로 돌아온 톨스토이는 농부의 아이들을 위해 교육 운동에 헌신하기도 했습니다.

1862년, 34세의 레프 톨스토이는 궁정 시의(侍醫)의 딸인 18세의 소피야와 결혼합니다. 그녀는 훗날 남편을 대신해서 영지를 관리하고 원고를 정리하는 등 내조에 힘을 쏟았지만, 한편으로는 신혼 초기부터 남편의 복잡하고 모순적인 성격을 알고 충격과 혐오에 빠졌습니다. 비록 8남매를 낳고 반세기 가까이 해로하긴 했지만, 사실 두 사람은 성격부터가 너무나도 대조적이었습니다. 남편이 이상주의자였다면 부인은 현실주의자였던 셈으로, 이런 성격 차이는 날이 갈수록 극명해짐으로써 톨스토이의 말년을 힘겹게 만든 원인이 되었습니다. 그럼에도 불구하고 톨스토이는 분출하는 창조적 상상력으로 놀라운 집필 활동을 펼쳤습니다. 집필에 전념한 톨스토이는 나폴레옹의 모스크바 침공 당시 러시아 사회를 그린 불후의 명작 〈전쟁과 평화〉를 발표하고 이어 〈안나 카레니나〉를 완성했습니다.

한편 톨스토이는 40대 후반에 중년의 위기를 겪으며 삶과 죽음, 그리고 종교의 문제를 깊이 숙고했습니다. 특히 〈고백록〉은 톨스토이의 생애를 사실주의 문학 중심의 전반기와 종교 사상 중심의 후반기로 나누는 분기점이 되었습니다. 한동안 문학을 거의 포기하다시피 하고 신학과 성서 연구에 전념한 톨스토이는 기존의 기독교에 실망한 나머지 자비, 비폭력, 금욕을 강조하는 새로운 기독교를 제창했습니다. 이른바 기독교적 아나키즘으로도 불리는 '톨스토이주의'의 요지는 그가 발표한 수많은 우화에 잘 요약되어 있습니다.

특히 1882년에 모스크바의 빈민굴을 둘러본 후 사회조직의 결함에 깊이 생각이 미치자 톨스토이의 사상적 번민은 종교적·윤리적 문제에서 사회제도로까지 넓어지게 되었습니다. 결국 1885년경 톨스토이는 사유재산을 부정하며 자신의 재산과 저작권 일체를 포기하려 했고 이 문제로 부인과 충돌해서 그 후 죽을 때까지 갈등이 그치지 않았습니다. 1890년에 발표한 〈빛은 어둠 속에서 빛난다〉에서는 이러한 가정 내의 불화와 내적 고민을 선명하게 그렸습니다.

하지만 톨스토이는 말년까지도 〈예술이란 무엇인가〉와 〈부활〉 등을 발표하며 필력을 과시했습니다. 특히 〈부활〉은 4000명에 달하는 톨스토이 교도들을 미국에 이주시키기 위한 자금을 조달할 목적으로 집필됐다는 설이 있을 만큼 톨스토이는 자신의 새로운 종교에 깊이 빠져 있었습니다. 그는 종교 문제로 러시아 정교에서 파문당하고, 격렬한 사회 비판으로 러시아 정부와 갈등을 빚기도 했습니다. 하지만 1908년의 80세 생일에는 전 세계에서 축하 인사가 답지할 정도로 삶의 막바지까지 명성의 절정을 유지했습니다. 그러나 톨스토이의 사적인 삶은 결국 파국으로 치닫고 말았습니다.

1910년 10월 27일 밤, 톨스토이는 주치의 두샨 마코비키와 함께 몰래 집을 빠져나와 기차를 탔습니다. 다음 날 그의 가출 소식은 세간의 뉴스거리가 됐습니다. 하지만 가출한 지 며칠 후, 톨스토이는 기차 여행 중에 감기에 걸렸고, 이는 곧 폐렴으로 번졌습니다. 마침내 러시아 남부의 작은 간이역 아스타포브에 내려 역장 집에서 몸져누운 톨스토이는 가출한 지 열흘 만인 1910년 11월 7일 새벽에 세상을 떠났습니다. 한 시대를 풍미했던 대문호의 죽음치고는 너무나 어처구니없을 만큼 황당한 죽음이 아닐 수 없었습니다.

그렇게 허무하게 생의 종착역을 맞은 톨스토이. 그의 생애에 대한 평가는 사람마다 제각각입니다. 하지만 분명 톨스토이는 역사 속에 뚜렷한 메아리를 남겼고 그의 사상의 영향력은 러시아를 넘어 세계를 움직였습니다.

"한 인도인에게 흥미로운 편지를 받았다." 1909년에 톨스토이는 영국의 식민지였던 남아프리카에서 인권 보호 활동을 벌이던 한 인도인 변호사가 보낸 편지를 처음 받고 이렇게 말했습니다. 이후 사망 직전까지 톨스토이는 그와 소식을 교환했습니다. 수년 뒤에 그 인도인은 고국으로 돌아가 톨스토이의 사상에서 힌트를 얻은 비폭력 투쟁 '샤티아그라하(진리의 힘)'를 본격적으로 전개해서 큰 반향을 일으켰습니다. 그의 이름은 바로 '마하트마 간디'였습니다.

이처럼 새로운 세상의 길목에서 이정표가 되기도 한 톨스토이의 생애는 한 편의 거대한 드라마였습니다. 그리고 특히 그 드라마의 엔딩장면은 우리에게 많은 것을 생각하게 만듭니다. 과연 나와 우리의 종착역은 어디가 될까요? 물론 지금으로서는 알 수 없습니다. 다만 그 삶의 종착역에 다다랐을 때 그래도 끝내 웃을 수 있기를 바랄 뿐입니다.

## 시대의 빛이 된 희망의 징검다리

성경(요한복음 9장)에 보면 "예수께서 땅에 침을 뱉어 진흙을 이겨낸 후 나면서부터 소경인 사람의 눈에 바르시고 이르시되 실로암 연못에 가서 씻으라 하시니 이에 가서 씻고 밝은 눈이 되었다"는 구절이 있습니다. 몇 해 전에는 이스라엘 문화재청이 그 실로암 연못으로 추정되는 곳을 동예루살렘 지역에서 실제로 발견하기도 했습니다. 바로 그 실로암의 이름을 따서 1986년에 설립된 실로암 안과병원은 그동안 무려 3만 6000여 명에게 개안수술을 해주었습니다. 그 실로암 안과병원의 원장인 김선태(1941~ ) 목사는 그 자신이 시각장애인입니다.

물론 날 때부터 시각장애가 있었던 것은 아니었습니다. 한국전쟁 당시 열 살 남짓했던 김 목사는 미처 피난을 가지 못했습니다. 하지만 집 근처에 떨어진 폭탄을 동네친구들과 잘못 건드려 터뜨리는 바람에 여덟 명 중 일곱 명이 즉사하고 김 목사만 살아남았습니다. 하지만 그 역시 눈에 파편을 맞아 양쪽 눈의 시력을 모두 잃고 말았습니다. 엎친 데 덮친 격으로 얼마 후 폭격 속에서 부모님마저 모두 세상을 뜨셨습니다. 이 모든 일이 어린 김선태에게는 생명이 끊어진 것 같은 절망감 그 자체였을 겁니다. 그는 결국 친척집에 얹혀사는 신세가 되었습니다. 하지만 전쟁 통에 내 목숨 하나 건지기도 벅찬 시절이다 보니 부모 없이 친척집에 얹힌 그에게 좋은 대접이 있을 리 없었습니다. 결국 김선태는 구박받고 사느니 차라리 거지 신세가 낫겠다 싶어 친척집을 뛰쳐나와 거지가 됐습니다. 구걸을 하며 연명하기 시작한 것이죠.

고생은 이루 말할 수 없었습니다. 엄동설한에 한데에서 잠을 자다 한쪽 다리가 동상에 걸려 썩어 들어가기도 했고, 상한 음식을 얻어먹고 식중독에 걸려 온 몸에 두드러기가 나서 죽을 고생을 하기도 했습니다. 한번은 옻나무를 가득 쌓아놓은 남의 집 창고에서 잠을 자다가 온몸에 옻이 올라 숨이 끊어지기 직전까지 가기도 했습니다. 그때 평생의 은인이 된 한 할머니가 그를 집으로 데려가 정성껏 간호를 해줬습니다.

크리스천이었던 할머니의 도움으로 살아난 소년 김선태는 "나는 돈은 없지만 일평생 너를 위해 기도하겠으니 너는 커서 하나님의 말씀을 전하는 사람이 되어달라"는 그 할머니의 유언 같은 말씀에 감동받아 그 후 성직자가 되기로 결심합니다.

44

그래서일까요. 앞 못 보는 맹인소년 김선태는 고아원에서 지내면서도 어렵사리 맹인학교를 다니기 시작했습니다. 그는 단 하루도 결석하지 않았고 성적도 우수했습니다. 그는 삼중장애인이었던 헬렌 켈러를 떠올리며 공부에 전념했습니다. 물론 결코 쉽지 않았습니다. 그는 남들이 8시간 잘 때 4시간만 자고 밥 먹는 시간도 아까워 빵과 물로 배를 채워가며 공부했습니다. 하지만 단지 맹인이라는 이유만으로 대학입학에 꼭 필요한 국가고시를 볼 수 없었습니다. 5·16 직후 군사정부가 새로 손질한 문교 정책이 되레 그에게는 장벽이 되었던 겁니다. 그는 서른두 번씩이나 문교부를 찾아갔지만 돌아온 것은 문전박대뿐이었습니다. 서른세 번째에 그는 잡혀갈 각오를 하고 문교부 안으로 돌진해 들어가 맹인용 작대기를 휘둘러대기 시작했습니다. 마침 그것을 목격한 기자들 덕분에 문전박대를 면하고 장관실까지 가서 통사정을 할 수 있었고, 그렇게 해서 맹인으로서는 처음으로 대학입학 자격획득을 위한 국가고시에 응시할 수 있었던 겁니다.

그 후 김선태는 숭실대를 거쳐 장로회신학대학 신학대학원에서 목회학을 전공했고, 미국 매코믹대에서 목회학 박사학위를 받았습니다. 공부를 마친 후 김선태 목사는 시각장애인들을 위한 교회를 세우고, 점자 성경과 점자 찬송가를 보급하기 시작했습니다. 또 앞을 못 보는 젊은 학생 1000명에게 장학금을 지급하고 마침내 1986년에는 고 한경직 목사를 비롯한 교계와 재계의 도움을 받아 서울 등촌동에 실로암 안과병원을 설립하기에 이르렀습니다. 지금까지 이 병원에서 개안수술을 받은 이가 3만 6000여 명이 넘습니다. 또 실명 위기에 처한 35만여 명에게 실명 예방을 위한 무료 안과 진료를 실시했고 몇 년 전부터 버스에 안과 시설을 갖추고 돈이 없어 진료를 못 받는 농어촌 외딴곳의 시각장애인들과 맹학교, 교도소 등을 찾아가 저소득 소외계층을 위한 무료 안과치료와 개안수술을 돕고 있습니다.

그뿐만이 아닙니다. 김선태 목사는 실로암시각장애인복지회와 복지관을 설립해 시각장애인을 위한 직업훈련과 재활훈련을 돕고 있으며, 북한에 '움직이는 실로암안과병원'이라는 진료버스를 기증하기도 했습니다. 그런가 하면 중국 옌벤을 비롯하여 필리핀, 방글라데시 등 아시아 지역과 케냐 등 아프리카 지역에서도 무료안과진료와 개안수술 활동을 펼치고 있습니다. 그는 이렇게 고백하듯 말합니다. "헬렌 켈러처럼 살고 싶었죠. 앞 못 보는 이들이 어둠을 헤쳐가게 도와주는 징검다리가 되고 싶었어요."

이런 헌신적인 노력이 인정받아 김선태 목사는 2007년에 '아시아의 노벨상'으로 불리는 막사이사이상 공공봉사 부문 수상자가 되었습니다. 그는 부상으로 나온 상금 5만 달러(약 4500만 원) 전액을 시각장애인 의료시설인 실로암 아이(Eye)센터 건립에 사용했습니다.

김선태 목사는 말합니다. "희망은 절망으로부터 시작된다"고. 그렇습니다. 소년 김선태가 어느 날 갑자기 두 눈을 잃고 졸지에 고아가 되어버린 그 현실은 어찌할 도리 없는 절망 그 자체였습니다. 하지만 그는 그 절망을 딛고 일어나 3만 6000여 명에게 빛을 되찾아주었고 다시 살 희망을 선물했습니다. 그는 비록 어려서 전쟁 통에 시력을 잃었지만 삶의 소중한 희망과 가치는 결코 잃지 않았습니다. 그 자신이 빛을 볼 수는 없었지만 빛을 갈망하는 수많은 사람들에게 빛이 되었던 겁니다.

## 늑대와 음악 사이에 살다

지난 2009년 12월 13일 서울 서초동 예술의전당 콘서트홀에서는 현재 유럽을 비롯한 세계 각지에서 수많은 러브콜을 받고 있는 피아니스트 엘렌 그리모의 한국 첫 데뷔 리사이틀이 열렸습니다. 하지만 정작 피아노 연주를 위해 무대에 올라선 그녀의 모습은 다소 뜻밖이었습니다. 대부분의 클래식 피아니스트들이 연주회에서 입는 화려한 드레스 차림도 아니고 정장 바지 차림도 아니었던 겁니다. 갈색 웨이브가 진 긴 머리를 머리띠 하나로 고정시킨 채 늘어뜨린 모습에 전혀 몸매가 드러나지 않는 헐렁한 상의와 바지 그리고 검은색 단화를 신고 나타난 것이었습니다. 하지만 그 모습이 오히려 너무 자연스러워 되레 인상적이었습니다. 그런데 의자에 앉아 피아노 건반을 두드리기 시작하자, 거기에는 가냘퍼 보였던 여인이 아니라 타건의 여제로 불리는 마르타 아르헤리치를 능가할 만한 가공할 위력의 타건을 선보이는 피아니스트 엘렌 그리모가 앉아 있었습니다.

1969년 프랑스 남부 엑상프로방스에서 태어난 엘렌 그리모는 가녀린 외모와는 다르게 강인한 터치와 음색을 자랑합니다. 그녀는 여성으로서의 섬세함과 남성을 압도하는 타건과 힘이라는 두 장점을 모두 아우르는 중성적인 매력을 발산하며 21세기를 이끌어나갈 가장 촉망받는 피아니스트 중 한 명으로 평가받고 있습니다. 베토벤·슈만·라흐마니노프·라벨·거슈윈까지 섭렵하는 다양한 레퍼토리를 가지고 있는 엘렌 그리모는 독특한 곡 해석과 특유의 테크닉, 열정적 연주로 왕년의 명 피아니스트 글렌 굴드를 연상시키기도 합니다.

그래서일까요? 뜨거운 열정과 차가운 이성, 우아한 미모를 두루 갖춘 피아니스트로 인정받고 있는 엘렌 그리모에 대한 언론의 찬사는 끊이지 않습니다. 〈타임〉지는 "사나울 정도로 크고 냉정하고 대담하고 지성적인 연주를 선호하는, 집중할 줄 아는 피아니스트"라고 격찬했고, 〈르 몽드 라 무지크(Le Monde de la Musique)〉는 "불과 얼음, 열정과 이성…… 이 모든 것을 한데 갖춘 젊은 피아니스트"라고 호평했습니다.

한편 그녀는 늑대 생태계와 동물보호 캠페인을 위해 연주회 일정을 줄였을 정도로 열정적인 늑대 애호가입니다. 그녀는 말합니다. "이 세상에 불필요한 생명은 없어요. 인간이 야생동물을 파괴할 권리는 더더욱 없죠. 모두 공생하며 조화를 이루며 살아야 삶의 기쁨도 더 커져요."

1991년에 미국으로 이주한 그녀는 1999년, 멸종 위기에 있는 늑대들의 보존을 위해 뉴욕 사우스살렘에서 사진가 J. 헨리 페어와 비영리 단체인 늑대보호센터를 설립합니다. 그리고 이후 '늑대를 키우는 피아니스트'로 알려집니다. 그녀는 늑대를 애완동물처럼 기르고 있다고 해서 화제가 되곤 하지만, 단순히 기른다는 의미에서 벗어나 직접적인 교감이 어느 정도 가능할 만큼의 야생동물 전문가이기도 합니다. 실제로 그녀는 늑대와의 교감을 위해 동물학을 따로 전공하기도 했습니다. 그런데 그녀는 왜 늑대를 기르게 되었을까요?

미국으로 이주한 엘렌 그리모는 어느 날 한적한 교외 도로에서 다쳐 쓰러져 있는 늑대를 발견했습니다. 늑대에게 다가가자 야성의 늑대가 자기 품에 안기는 것이었습니다. 그 순간부터 그녀의 삶이 달라졌습니다. 길들여지지 않은 야성의 생명력을 처음 느꼈던 겁니다. 1년에만 90회 이상 반복되는 꽉 짜인 연주일정에 지쳐 있던 그녀에게 늑대와의 예기치 않았던 만남은 그 무엇에도 구속받지 않을 자유와 원시적인 생명력의 에너지를 그녀 자신에게 불어넣어줬던 겁니다. 다친 늑대를 치유해주는 과정을 통해 오히려 지쳐 있던 자신의 심신을 회복하는 계기를 갖게 된 엘렌 그리모는 그 빚을 갚고 싶었습니다. 그래서 멸종 위기에 있는 늑대 보존을 위해 1999년 뉴욕에 늑대보호센터를 설립했던 겁니다. 현재 늑대보호센터는 미국 내 국립공원에서 번식과 치료를 도우며 늑대 32마리를 돌보고 있습니다.

덕분에 '늑대를 키우는 피아니스트'라는 별명을 가지게 된 엘렌 그리모는 늑대와 함께하는 삶을 이렇게 말합니다. "늑대들과 함께 있으면 나는 언제나 나 자신을 회복할 수 있었다. 그들의 풍성한 털 속에 두 손을 깊이 찔러 넣고 그들로 하여금 내 귀를 가볍게 깨물게 하고 그들과 함께 달리면 내 안에서 자유롭고 잘 웃는 여자, 야성적이고 창의적인 여자, 평소의 나를 압도하는 여자, 발가벗고 눈 속을 구르고 깊은 호수 속에 몸을 던지며 비집고 들어가기 어려운 빽빽한 밀림 속을 누비는 여자가 깨어난다."

늑대와의 만남은 그녀 안에 내재하고 있는 야생의 교감본능을 일깨웠습니다. 그리고 그녀는 늑대를 자연으로 돌려보내는 순간, 자기 몸 안의 근육 하나하나에서 그 어떤 말로도 다 표현할 수 없는 전율 같은 것을 느꼈다고 합니다. 그녀는 그 야생으로의 복귀 같은 자유로움이 자신의 음악에서도 체현되기를 희망하고 있는지 모릅니다. 또한 아버지가 언어학자였던 그녀는 글쓰기 실력도 남달라 2003년에 음악가로서의 삶과 늑대보호활동에 대해 털어놓은 《야생의 변주》라는 책을 펴냈습니다. 그리고 이어서 2005년에는 연주여행 도중 펼쳐진 음악, 관계, 사람, 사랑, 일상의 삶에 대한 인생 이야기를 담은 《엘렌 그리모의 특별 수업》을 출간해 프랑스와 독일에서 대중적인 사랑을 받으며 베스트셀러를 기록하기도 했습니다.

엘렌 그리모는 말합니다. "음표뿐만 아니라 쉼표가 음악을 완성시키는 것처럼, 삶에서도 쉼표가 필요합니다. 특히 숨 가쁜 대도시의 삶 속에서 우리는 여유와 침묵의 의미를 잊어버리고는 합니다. 만약 여유와 침묵이 없다면 새로운 영감과 에너지, 미래의 존재에 대한 자각을 과연 어디서 얻을 수 있을까요?" 이처럼 그녀는 우리에게 삶 속에 쉼표와 침묵의 몫을 남겨둘 것을 요청합니다. 그래야 새로움이 있고 창조가 있으며 미래를 펼칠 수 있다는 겁니다.

엘렌 그리모는 놀라운 재능의 피아니스트인 동시에 많은 시간을 명상과 숙고로 보내며 문장을 길어올리는 작가이자 멸종위기에 있는 동물, 특히 늑대에게 애정을 갖고 있는 자연주의자입니다. 피아노와 글쓰기와 늑대가 그녀의 삶을 나눠 갖는다고 해도 과언이 아니죠. 글렌 굴드, 루돌프 제르킨, 에밀 길렐스, 마르타 아르헤리치를 좋아하고 또 닮은 그녀의 진짜 매력은 그녀의 모든 것이 가장 엘렌 그리모답다는 사실일 겁니다.

# 기꺼이 내일을 선물하다

## 거친 세상의 다리가 되어

2011년 5월 5일, 전라남도 고흥군 소록도의 국립소록도병원 내 우촌복지관에서는 영국 필하모니아 오케스트라와 가왕(歌王) 조용필의 공연이 있었습니다. 국립소록도병원의 박형철 원장은 "섬의 100여 년 애환의 역사 중 오늘은 가장 행복한 날이다. 나는 물론 주민들이 음악회 소식을 듣고 뜬눈으로 밤을 보냈다"고 말했을 만큼 아주 특별한 행사였습니다.

　이날 행사에서 세계적인 피아니스트 출신의 명지휘자 블라디미르 아슈케나지가 이끈 필하모니아 오케스트라는 한때 운명 같은 천형의 섬으로 인식되었던 소록도에 베토벤의 5번 교향곡 '운명'이 울려퍼지게 했고 가왕 조용필씨는 '친구여'와 '꿈'을 불렀습니다. 이날 소록도 행사에는 당시 정운찬 국무총리도 참석했고 영국의 찰스 왕세자는 영상 메시지를 보내 소록도에서의 특별한 공연을 축하했습니다.

그런데 이날 소록도에서의 아름다운 자선 음악회가 끝난 후 보라색 원피스를 차려입은, 단정한 올림머리와 그윽한 눈매가 인상적인 귀부인이 무대에 올랐습니다. 그녀는 그 자리에서 영국식 영어로 느리지만 위엄 있게 30여 분 동안 공연을 후원해준 사람들과 기업들의 이름을 일일이 거명하며 진심으로 감사의 뜻을 전했습니다. 바로 이 사람, 이 모든 것을 가능하게 한 사람이 로더미어 자작부인 이정선(1950~ )씨입니다.

얼굴은 동양인인데 로더미어 자작부인? 어찌된 영문인지 궁금하시죠? 그녀의 본래 고향은 전남 함평입니다. 하지만 1950년 일본 오사카에서 태어났습니다. 재일교포 2세였던 겁니다. 어려서부터 유난히 희고 고운 손이 돋보였던 그녀는 1979년에 뉴욕으로 건너가 크리스찬 디올, 레블론 등 세계적인 유명 화장품의 손 모델로 활동했습니다. 그녀의 손은 200만 달러 보험을 들었을 정도로 비싸고 귀한 손이었습니다.

그러던 어느 날 그녀는 동물병원 후원기금 마련 자선행사장에서 영국 데일리 메일의 사주이며 로이터통신 회장을 지낸 비어 함스워스 로더미어(Rothermere, 1924~1998) 자작을 만났습니다. 운명 같은 상대인 로더미어 경은 그녀를 처음 본 순간 마치 세상이 멈춘 것처럼 불같은 사랑에 빠졌습니다. 그리고 일본 이름 마이코, 한국 이름 이정선이라 불리던 그녀는 신데렐라처럼 극적이고 로맨틱한 러브 스토리의 주인공이 된 것입니다. 로더미어 자작은 이내 청혼을 했고 결국 두 사람은 26세 나이차를 극복하고 1993년에 결혼식을 올렸습니다. 그 후로 그녀는 '레이디 로더미어'로 불리게 된 겁니다.

로더미어 자작은 영국의 미디어 거물이었습니다. 〈데일리 메일〉 외에도 일요신문인 〈메일 온 선데이〉 등을 발행하는 거대 언론사 '어소시에이티드 뉴스페이퍼스' 사주였습니다. 그래서 찰스 영국 왕세자와 토니 블레어 전 영국총리 등과도 막역한 사이일 만큼 영국의 숨은 실력자 중 한 사람이었습니다. 하지만 그녀 이정선에게는 다만 참으로 다정다감한 남편이었습니다. 로더미어 자작은 아내를 너무 사랑한 나머지 아내의 고국인 한국을 공부했고 빈대떡이나 멸치볶음 등 한국 음식을 좋아했습니다. 26세 나이차가 났지만 서로를 너무 잘 이해하고 사랑했던 겁니다.

하지만 부부 금슬이 너무 좋아 신의 시샘을 받은 것일까요? 로더미어 자작은 결혼 5년 만인 1998년에 갑작스럽게 심장마비로 세상을 떠났습니다. 부인의 모국인 한국에 깊은 관심을 보였던 로더미어 자작의 유언은 "내 유해의 절반은 아내가 머무를 곳에 묻어달라"는 것이었습니다. 생전에 로더미어 자작은 장모의 장례식에 참석하면서 덕유산의 경관에 매료됐었습니다. 그래서 더욱 그런 유언을 남겼다고 합니다. 결국 이런 사연으로 로더미어 자작부인은 전북 무주의 백련사에 남편 로더미어 자작의 유해 일부를 모셨습니다. 그 백련사에는 남편 로더미어 자작뿐 아니라 로더미어 자작부인 이정선씨의 부친, 모친이 함께 모셔졌습니다. 아마도 그녀 역시 나중에 그곳에 함께할 생각일 겁니다.

로더미어 자작이 숨진 후 지난 10여 년 동안 로더미어 자작부인 이정선씨는 남편을 잃은 슬픔을 누군가를 돕는 자원봉사로 극복했습니다. 그녀는 아프리카 케냐와 동남아시아 및 동티모르 등 오지로 찾아가 구호와 봉사, 문화 나눔 활동을 펼쳤습니다. 국내에서는 고향인 전남 함평의 보육원인 '시온원'과 소록도 내 국립소록도병원을 아낌없이 후원해왔습니다. 그리고 마침내 전 세계, 특히 한국의 소외된 계층을 돕기 위해 2010년 7월 자신의 이름을 딴 '레이디 로더미어 재단'을 설립했습니다. 그녀는 "영국의 귀족 부인으로 최상류층 생활을 누린 만큼 힘없는 분들을 돕는 게 임무라고 생각했다"고 재단 설립의 소회를 밝혔습니다. 소록도 공연은 이 재단의 첫 프로젝트이기도 했습니다.

로더미어 자작부인의 소록도에 대한 애정은 2004년부터 시작됐습니다. 로더미어 자작부인은 지금까지 모두 네 차례 소록도를 방문했습니다. 그녀는 섬을 방문할 때마다 어디에선가 하모니카와 노랫소리가 들렸다며 그것이 이날 음악회를 구상하게 된 계기였다고 말합니다. 실제로 소록도에서 공중보건의로 근무했던 김범석씨는 이 섬에서 날마다 울리는 하모니카 소리에 감명을 받아 2008년에 《천국의 하모니카》라는 책을 내기도 했습니다. 그만큼 소록도의 한센인들은 노래로, 하모니카 연주로 자기 마음의 소회를 드러냈던 것이죠. 로더미어 자작부인은 바로 그것에 착목해서 자신이 후원하고 있는 필하모니아 오케스트라를 그 오지 소록도에까지 이끌었던 겁니다.

찰스 영국 왕세자가 이끄는 자선협회 회원이면서 다양한 봉사·구호·나눔 활동에 열심히 참여하고 있는 로더미어 자작부인.

"한국말을 잘 못해도 한국은 나의 피와 뼈"라고 말하는 로더미어 자작부인의 한국사랑은 참으로 대단합니다. 한센인 시설인 국립소록도병원과 한국의 여러 고아원을 후원하고 있는 것은 물론, 필하모니아 오케스트라와 한국인 피아니스트 김선욱의 협연을 주선하는 등 한국 문화를 영국 및 세계에 알리는 데도 힘쓰고 있는 것 또한 잘 알려진 사실입니다. 로더미어 자작부인과 오랜 세월 알고 지내는 신홍순 전 예술의전당 사장은 "고향 함평에 가면 꼭 조상 묘지를 찾고 제사를 드린다고 들었다"며 "비록 일본에서 자라면서 차별을 많이 받았지만 한국인이라는 자부심이 강한 사람이다"라고 말했습니다.

지인들에 따르면 로더미어 자작부인은 과묵하고 깊이가 있는 사람입니다. 은근한 미소와 기품 있는 자태는 늘 눈길을 끕니다. 하지만 그녀의 진정한 매력은 그런 자작부인으로서의 용모나 품행만이 아닙니다. 세상의 그늘진 곳과 밝은 곳을 잇는 '마음의 다리'를 놓겠다는 소박하지만 옹골찬 생각이야말로 그녀의 진정한 매력이 아닐까 싶습니다. 2004년부터 한센인들의 친구가 되어온 그녀는 오랫동안 마음에 품고 그려왔던 음악회를 통해 소외되고 고립된 삶을 사는 한센인들과 바깥의 세상 사람들을 연결하는 마음의 다리를 놓았던 겁니다. 아마도 로더미어 자작도 이런 그녀의 마음에 반하지 않았을까 싶습니다.

**또 다른 창조를 위한 나눔**

2008년, 우리나라 한의학 박사 1호이자 한의학계 원로인 류근철

(1926~2011) 박사가 한국과학기술원 즉 카이스트(KAIST)에 578억 원 상당의 재산을 기부함으로써 '개인기부 사상 최고액' 기록을 세웠습니다. 더불어 아낌없이 나누는 삶이 무엇인지, 그 진면목을 보여준 것입니다.

생전에 그가 카이스트에 기부한 재산은 이렇습니다. 시가 500억 원 상당의 서울 서대문역 인근 적십자병원 앞의 지상 5층, 지하 2층짜리 빌딩과 40억 원 상당의 경북 영양군의 임야 30만 평방미터(약 10만여 평), 그리고 14억 원 상당의 서울 세종문화회관 뒤 아파트와 탱화, 벼루, 동의보감 진본 등 24억 원 상당의 골동품 100여 점 등. 도합 578억 원에 이르는 그의 기부 재산은 부인 명의로 되어 있는 서울 송파구의 아파트 한 채를 제외한 사실상 그의 전 재산이라고 할 수 있습니다.

1926년 충남 천안에서 태어난 류근철 박사의 부모는 1919년 3·1 독립만세운동 진원지인 천안 아우내장터에서 시위를 주도하다, 결국 온 가족이 일본군에게 쫓기는 생활을 하게 되면서 가세가 급속히 기울었습니다. 당시 아버님은 일본 관헌이 쏜 총을 맞고 도피하시고 어머니는 일경에 체포돼 모진 고문을 당한 후 그 후유증으로 몸져눕게 됩니다. 그 바람에 그의 집안 형편은 그가 초등학교조차 제대로 다닐 수 없을 정도로 어려웠습니다. 하지만 어머니는 없는 형편에서도 거지들이 밥 달라고 오면 자신의 끼니를 대신 내어주실 정도로 심성이 고왔던 분이었습니다. 어쩌면 어머니의 이런 심성을 이어받은 것이 류 박사가 아낌없이 자신의 전 재산을 카이스트에 기부할 수 있었던 집안내력인지 모르겠습니다.

1956년부터 한의사 개업의로 진료를 시작한 류 박사는 1972년에 세계 최초로, 침술로 제왕절개수술 마취에 성공하면서 명성을 얻었습니다. 1973년 경희대 한방의료원 부원장으로 재직하면서 '동서의학중풍센터' 설립을 주도해서 처음으로 양방과 한방 협진을 시도했습니다. 1976년에 경희대에서 한의학 박사학위를 받고 한국한의사협회 초대 회장을 지낸 그는 미국, 유럽 등 선진국 의료진들과 교류하면서 한의학의 우수성을 세계에 널리 알렸고 한의학을 과학화하며 체계화하는 데 지대한 공을 세웠습니다.

아울러 류근철 박사는 한의학에 공학을 접목한 '전자침술기', '추간판 및 관절 교정용 운동기구'를 개발해서 국내와 미국·일본·캐나다에 7건의 특허를 따내기도 했습니다. 공학으로 한의학 치료 효과를 입증하겠다는 그의 노력은 1996년 칠순의 나이에 모스크바 국립공대에서 의공학과 박사학위를 취득하고 모스크바 국립공대 종신교수직에 임명되는 결실을 가져오기도 했습니다.

40여 년 전 류근철 박사는 환자를 보는 대신 의료기기 개발 연구에 매달리느라 돈이 없었습니다. 추운 겨울에 셋방에서 쫓겨나 이삿짐을 가지고 이리저리 방을 구하러 다니고는 했을 정도였습니다. 하지만 류 박사는 한의원 운영과 '전자침술기', '추간판 및 관절 교정용 운동기구' 등 특허 낸 제품 수출 등을 통해 번 돈으로 건물을 구입했는데, 환자들이 늘어나 건물을 몇 번 옮기는 과정에서 재산이 급속히 불어났습니다. 그런데다 건물 주변이 재개발되면서 자산 가치가 급등하자 그때부터 생각했습니다. "이 돈은 내 돈이 아니구나." 그래서 오래전부터 기부를 결심해왔던 겁니다.

2008년 9월 7일 낮 서울 중구 소공동 웨스틴조선호텔에서는 카이스트에 578억 원을 기부한 류근철 박사의 등기서류 전달식이 열렸습니다. 류 박사는 기도로 인사말을 대신하다가 잠시 말을 잇지 못한 채 눈시울을 적셨습니다. "셋째 딸은 아직도 셋방살이를 하고 있는데……." 이어서 "자녀들이 물질 이전에 정신적인 축복을 받도록 해주시기 바랍니다. 셋째 딸에게 집 한 채 사주지 못한 것을 마음 아파하는 아내에게 큰 위로와 축복을 내려주십시오"라고 말을 이어갔습니다. 그는 전 재산을 기부한 심정을 이렇게 말했습니다. "마침 좋은 기회가 와 마치 딸을 좋은 혼처에 보내는 심정"이라고 말입니다.

　　류 박사는 2남 3녀를 두었는데 연세대 철학과 교수로 있는 장남이 '우리 가문에서 10대에 걸쳐 가장 위대한 일을 하셨다'고 말해준 것이 큰 힘이 되었다고 합니다. 그만큼 기부에는 가장 가까운 이들의 말 못하는 아쉬움과 서운함이 가장 큰 걸림돌 중에 하나일지 모릅니다. 하지만 아직 셋방살이를 못 면한 셋째 딸에게 집 한 채 남겨주지 않고 몽땅 기부해버린 남편에게 다소 섭섭했을 아내마저도 자신을 따라 기부대열에 나설 것이라고 류 박사는 믿어 의심치 않았습니다. 그의 아내는 고려대 의대 병원에서 간호부장으로 근무하다 은퇴한 분입니다.

　　류근철 박사가 연구실로 사용했던 아파트에는 여러 종류의 저울이 있습니다. 저울을 든 정의의 여신상 같은 골동품부터 평범한 앉은뱅이 눈금 저울에 이르기까지 다양한 저울들을 수집해놓은 겁니다. 물론 한약재의 중량을 달려면 저울이 필요했기 때문이기도 했겠지만 그가 저울을 모은 데는 그보다는 또 다른 뜻이 있었습니다. 그는 이렇게 말했습니다. "이 저울들은 마음을 다스리기 위해 갖다놓은 거예요. 저울은 한쪽으로 치우치는 법이 없잖아요. 감정이 격해지거나 하면 저울을 보면서 가라앉히려고 애쓰지요." 17, 18세기 유럽의 지성인들은 '바니타스(vanitas)'라고 해서 해골을 서재에 두고 보며 삶의 무상함을 되새겼다는데, 류 박사 역시 저울을 보며 감정의 치우침을 경계하고 삶의 균형을 잡아나갔던 겁니다. 이렇듯 저울에는 류 박사의 생활 철학이 깃들어 있습니다.

빌 게이츠는 기부와 나눔의 정신을 통한 '창조적 자본주의'를 말한 바 있습니다. 그렇습니다. 나눔은 또 다른 창조입니다. 자신의 전 재산을 카이스트에 기부한 류근철 박사야말로 나눔을 통해서 또 하나의 창조를 이루었다고 하겠습니다.

### 그들에게 내민 '내일'이라는 손길

2차 세계대전 와중에 독일의 사업가 오스카 쉰들러는 이른바 '쉰들러 리스트'를 작성하고 전 재산을 바쳐 1200여 명에 달하는 유대인들을 사지에서 구해냈습니다. 1993년 스티븐 스필버그 감독의 영화 〈쉰들러 리스트(Schindler's List)〉를 통해 오스카 쉰들러의 놀라운 선행이 세상에 널리 알려지게 되었지요. 그런데 여기 '한국의 쉰들러'라는 별명을 갖고 있는 사람이 있습니다. 바로 현봉학(玄鳳學, 1922~2007) 박사입니다.

현봉학 박사는 한국전쟁 당시에 피난민이 함께 승선할 수 없는 상황임에도 미 제10군단 사령관 알몬드(Edward E. Almond) 장군을 설득해서 피난민 10만여 명을 배에 태워 흥남부두에서 탈출시킨 '흥남 대탈출'의 숨은 공로자였습니다. 그의 끈질긴 설득과 헌신으로 10만여 명 피난민의 생명을 구했기에 그에게 뒤늦게 붙여진 별명이 바로 '한국의 쉰들러'였던 것이죠.

현봉학 박사는 1922년 함경북도 성진에서 함흥 영생고녀 교목을 지낸 현원국 목사와 한국 장로교 여전도회장을 역임한 신애균 여사 사이의 5남 1녀 중 2남으로 태어났습니다. 함흥고보와 세브란스 의전을 마친 현봉학은 평양기독병원에서 인턴을 끝낼 즈음 광복을 맞았습니다. 그 후 고향인 함흥에 진주한 소련군과 공산당의 박해로 의사개업이 여의치 않자 가족과 함께 38선을 넘어 월남했습니다. 1947년에 서울 적십자병원에서 의사로 일하기 시작한 현봉학은 이화여대에서 영어를 가르치던 윌리엄스 부인(1907년 충남 공주에 영명학교를 세운 분)의 주선으로 미국 버지니아주립대학으로 유학을 떠났습니다. 그곳에서 2년여 동안 임상병리학을 공부하고, 1950년 3월에 한국으로 돌아와 세브란스 병원에서 일하던 현봉학은 몇 달 후 6·25전쟁을 맞게 된 것이었습니다.

전쟁 통에 그는 피범벅이 된 채로 병원으로 밀려드는 병사들을 치료하느라 여념이 없었습니다. 수혈할 피가 모자라자, 그는 자신의 팔뚝에 수혈용 주사바늘을 꽂아 뽑아낸 피로 부상당한 병사에게 수혈했을 정도였습니다. 그는 국군과 함께 후퇴해서 대구에서 군의관으로 일하던 중 우연한 계기로 한국 해병대의 통역문관이 되었습니다. 영어에 능통했던 그가 미군으로부터 무기를 조달하는 일을 맡게 되었던 겁니다. 그 후 한국 해병대는 미군과 함께

1950년 9월 15일에 인천상륙작전을 감행하는 선봉이 되었고 9월 28일에는 서울을 수복했습니다. 현봉학은 서울을 탈환한 후 빠른 속도로 북진을 계속한 한국 해병대를 따라 강원도 고성까지 함께 진격해갔습니다.

1950년 10월 7일, 미 해병대 1사단과 미 육군 7사단을 거느린 미 제10군단장 알몬드 장군이 참모부장 에드워드 포니(Edward Forney) 대령을 대동하고 강원도 고성에 주둔하고 있던 한국 해병대를 시찰차 찾았습니다. 당시 한국 해병대는 알몬드 장군이 이끈 미 제10군단 휘하의 미 해병대 1사단에 작전상 배치돼 있었습니다. 알몬드 장군이 오자 현봉학이 통역을 맡게 되었는데 알몬드 장군은 그날 통역을 해준 현봉학이 자신의 고향인 미국 버지니아 주에서 유학을 했다는 사실을 알고 매우 반가워했습니다. 또 현봉학의 고향이 함흥이라고 하자 마침 함흥에 주둔하고 있던 알몬드 장군은 "그렇지 않아도 우리 부대에는 함흥을 아는 사람이 없어 고민하던 차였다"며 그를 제10군단 민사부 고문으로 임명했습니다. 미 10군단은 함흥 등지의 북한 지역을 대상으로 군정(軍政)을 펼쳤는데, 군정 담당 부서가 바로 민사부였습니다. 현봉학과 알몬드 소장의 만남은 그렇게 이루어졌던 겁니다.

10월 24일, 유엔군 사령관 맥아더 원수는 "모든 지상군 부대를 투입해 신속하게 한·만 국경선까지 진격하라"는 명령을 하달했습니다. 이에 따라 미 제10군단장 알몬드 장군은 미 해병대 1사단을 이끄는 스미스(Smith) 소장에게 "개마고원에 위치한 장진호를 따라 압록강 중류 쪽으로 진격하라"고 명령했습니다. 하지만 1950년

11월 말 진격하던 미 해병대 1사단이 장진호 부근에서 중공군에 포위됐다는 것을 안 알몬드 장군은 화급히 철수하도록 명령했습니다. 미 해병대 1사단은 중공군은 물론 영하 30~40℃의 엄혹한 추위와 싸우며 후퇴해야 했습니다.

미군이 후퇴한다는 소식이 전해지자 사람들은 동요하기 시작했습니다. 이미 원산과 함흥은 중공군과 북한군 수중에 떨어져버렸고 육로로 피난 갈 길도 막혀버렸습니다. 미군에 협력했다는 이유로 북한군이 가해올 보복이 두려웠던 피난민들은 유일한 탈출처인 흥남으로 몰려들었습니다. 그곳에서 배를 타지 않으면 살 길이 없다고 생각한 겁니다. 흥남으로의 피난행렬은 끝없이 이어졌지만 정작 흥남 부둣가에는 그들이 타고 갈 배가 없었습니다. 현봉학은 직접 알몬드 장군을 찾아가 피난민들도 배에 태워 철수시킬 것을 건의했지만 돌아온 대답은 미온적이다 못해 부정적이었습니다.

하지만 현봉학은 끈질기게 알몬드 장군을 찾아가 애원하고 또 설득했습니다. 이를 지켜본 탁월한 수륙양용 전문가로서 인천과 원산상륙작전을 성공으로 이끈 주역이었던 참모부장 포니 대령이 나섰습니다. 군수송선에 군수물자를 싣고 탱크와 야포 그리고 트럭 사이사이 공간에 4000~5000명의 피난민들을 더 실어 나를 수 있다고 알몬드 장군에게 보고한 것입니다. 이로써 결국 알몬드 장군은 현봉학과 포니 대령의 의견을 좇아 드디어 역사상 유례가 없는 피난민 수송작전을 감행하도록 결심하기에 이릅니다. 하지만 애초에 4000~5000명으로 제한해서 수송하려던 피난민 수는 어느새 10만여 명에 이르렀습니다. 배를 타느냐 못 타느냐가 삶과 죽음을 가름하는 일이었기에 밀려드는 피난민들을 어찌할 수 없었던 겁니다.

결국 알몬드 장군은 남은 군장비 수송을 포기하고 최대한 피난민들을 배에 태우기로 했습니다. 그 후 1950년 12월 24일 크리스마스이브에 피난민을 태운 마지막 배가 흥남항을 빠져나오자 흥남부두를 향해 집중포화가 시작됐고 남겨진 군장비는 적의 수중에 들어가지 않게 폭파작전이 감행됐습니다. 일명 '크리스마스 카고 작전'으로도 불린 흥남철수대작전을 통해 10만 5000여 명의 군인과 9만 8000여 명의 피난민이 197척 배에 실려 동해를 거쳐 거제도, 장승포 등지로 철수할 수 있었던 겁니다. 흥남대철수는 단순한 후퇴가 아니고 많은 사람을 사지에서 구해낸 장엄한 구원의 손길이었습니다.

당시 현봉학 박사가 온 힘을 다해 알몬드 장군을 설득하지 않았다면, 9만 8000여 명의 피난민들은 사지에 남겨진 채 고통받았을 겁니다. 현봉학 박사는 그들에게 '내일'을 주었던 겁니다. 현봉학 박사가 '한국의 쉰들러'로 불리게 된 이유가 바로 여기 있습니다. 현봉학 선생은 한국전쟁 후 미국으로 건너가 1965년 펜실베이니아 대학원에서 혈액병리학 박사학위를 받고, 미국 컬럼비아대학과 뉴저지주립대 의대, 토머스제퍼슨 의대 교수 등을 역임했으며 연세대와 아주대학교에서도 후학을 양성했습니다. 또한 그는 서재필 기념재단 초대 이사장을 비롯해서 안창호, 안중근, 장기려 등을 기리는 사업과 우리민족서로돕기운동 보건의료협력본부의 고문을 맡았으며 윤동주의 묘를 찾아 단장하고 '윤동주 문학상'을 제정하기도 했습니다.

　그런 현봉학 박사는 2007년 11월 25일에 자신이 근무했던 미국 뉴저지 주의 뮐렌버그 병원에서 86세를 일기로 조용히 세상을 떠났습니다. 하지만 그가 구출해낸 10만여 명의 피난민들과 그 자손들은 그로 인해 새로운 삶을 얻을 수 있었음을 결코 잊을 수 없을 겁니다.

# 나는 너에게 특별한 아름다움이고 싶다

**"내 못다 운 울음을 아느냐"**

"나는 일곱 살 때 전염병인 장질부사(장티푸스)에 걸려 내 자신도 알지 못하는 사이에 청신경이 고열로 인해 완전히 마비되어 침묵의 세계에서 한평생 살아오게 되었다. 나이가 먹어가면서 나의 침묵의 세계에서 모든 사물을 보면 노래를 부르고 싶고, 그것을 그림으로 그려보고 싶은 충동이 생기게 됐다. 그때 내 나이가 열세 살이었다. 이때부터 나의 어머니가 고생스럽게 가르쳐주신 글을 배웠고 배운 글에서 자연을 보고 느낀 대로 노래 아닌 시를 쓰고 그림을 그리기 시작했다. 누가 시킨 것도 아니며 누가 권해서 그림을 그린 것도 아니었다. 누구의 시를 읽었거나 누구의 그림을 본 일도 없었다. 오직 자연을 보고 나의 생활주변에서 느낀 대로 본 대로 글을 썼고 그림을 그렸다. 그것은 나의 심연 속 같은 침묵의 세계에서 우러나온 인간본능의 가르침이었다."

운보 김기창(金基昶, 1913~2001) 화백이 1976년에 펴낸 책 《침묵의 세계에서》의 서문 중 일부입니다. 이 서문은 제가 읽은 것들 중에서 가장 멋진 서문 중 하나가 아닐까 싶을 만큼 명문입니다. 그저 명문장이어서가 아니라 사람의 마음을 휘감고 그 심중을 찌르는 그 뭔가가 느껴지기 때문이죠. 사실 운보의 글은 그의 그림을 닮았습니다. 거침이 없고 이음매도 없습니다. 읽는 이로 하여금 밑줄 그을 틈새조차 주지 않습니다. 그만큼 살아 있습니다.

운보는 1913년 서울 종로구 운니동에서 태어났습니다. 7세에 승동보통학교에 입학했으나 같은 해 장티푸스로 인한 고열로 청신경이 마비되어 후천성 귀머거리가 되었습니다. 뒤늦게 12세에 복학했으나 수업내용을 따라 들을 수 없어 그 무료함을 달래기 위해 공책에 새, 꽃, 사람, 개 등을 그리며 시간을 보냈습니다. 아들의 소질을 알아본 어머니는 운보가 17세에 보통학교를 졸업하자 이당(以堂) 김은호(金殷鎬) 화백에게 그림을 사사받도록 주선했습니다. 이 같은 어머니의 결정은 운보가 화가로서 일생을 사는 데 결정적 계기가 됩니다.

이당화숙(以堂畵塾)에서 김은호 화백으로부터 그림을 배운 지 6개월 만에 운보는 〈판상도무(板上跳舞=널뛰기)〉로 제10회 조선미술전람회에서 처음으로 입선한 후, 뒤이어 연 5회의 입선과 그에 연이은 4회 특선을 기록하며 추천작가가 됩니다.

이렇듯 화가로서 승승장구하는 운보의 삶을 이야기하면서 결코 빼놓을 수 없는 사람이 있습니다. 바로 그의 아내였던 우향(雨鄕) 박래현(朴崍賢, 1920~1976)입니다. 운보가 우향을 처음 만난 것은

1941년 초여름이었습니다. 평남 진남포 출생으로 1944년 일본 도쿄 여자미술전문학교 일본화과를 졸업하고 1940년부터 선전(鮮展) 즉 조선미술전람회에 출품해, 최고상인 창덕궁상(昌德宮賞)을 수상했던 재원이었습니다. 운보는 우향에게 첫눈에 반해버렸는데 그 심정을 이렇게 표현했습니다. "느지막이 집에 들어서다가 젊음이 싱싱히 풍기는 하이칼라요 멋쟁이요 그리고 둥근 얼굴에 큰 두 눈이 아름다운 당신과 마당 한복판에서 마주쳤구려. 순간 내 동공은 미끈한 종아리 아래 흰 하이힐에 머물렀소. 참 매력 있다 생각한 나요. 그때 그날이 우리가 서로 처음 만나던 순간이고, 우리 역사의 한 페이지가 시작되는 순간이었소."

하지만 귀먹고 가난하고 학벌도 없다며 스스로를 낮춰 본 운보에게 평안도 지주의 딸로 일본유학까지 해 최고학부를 나온 신세대 여성 우향은 언감생심 우러러볼 대상일 뿐이었습니다.

그러나 해방 이듬해인 1946년에 운보는 우향과 결혼했습니다. 우여곡절 끝에 양가부모로부터 결혼을 승낙받고 두 사람은 늘 같이 다니던 이대 뒷산 아래 언덕에 나란히 앉아 이렇게 이야기를 나눴습니다. 먼저 우향이 말을 꺼냈습니다. "우리가 결혼하면 몇 가지 조건이 있어야 해요." 그러자 운보가 다소 퉁명하게 "무슨 조건?" 하며 되받았습니다. 우향이 말했습니다. "첫째, 우리가 같이 살다가도 헤어질 경우 서로 친구로 우정을 계속해줘야 해요." 운보는 "그리고?"라며 다른 조건을 재촉했습니다. 우향이 말을 이었습니다. "둘째, 어떤 일이 있어도 서로의 예술에 대해 간섭치 말고 계속 그림을 그릴 수 있는 여건을 만들어줘야 해요." 그러자 역시 운보는 "또 없어?"라며 또 다른 조건이 뭔가를 궁금해 했습니다. 우향이 웃으면서 "셋째, 서로의 인격과 예술을 끝까지 존중해줘야 해요." 그러자 운보는 "시시해 그런 건." 하며 특유의 너털웃음을 지었습니다.

사실 운보의 삶이 있기까지는 두 사람이 있었습니다. 한 사람은 그의 어머니였습니다. 비록 38세라는 짧은 생으로 유명을 달리했지만 평생을 불구의 어린 자식이 어떻게 하면 세상에서 사람구실하며 살아갈 수 있을까를 노심초사했던 겁니다. 그 어머니의 희생과 헌신이 없었다면 운보는 없었습니다. 그리고 그 어머니가 일찍 가신 후 운보를 이끈 이가 바로 아내 우향이었습니다.

당대 최고학부를 나온 인텔리 재원 우향과 귀머거리에 가난하기까지 했던 운보의 결혼은 당시에도 놀라운 화젯거리였습니다. 사실 운보보다도 우향의 결심과 결단이 없었다면 불가능한 결혼이었죠. 운보는 우향과 힘들게 결혼한 후 더불어 열두 차례나 부부전(夫婦展)을 가질 만큼 돈독한 금실을 보였습니다. 그러나 사실상 운보를 국내에 머무는 화가가 아니라 세계적인 화가로 키워낸 것은 우향의 공이었습니다. 그런데 100년을 해로할 것 같았던 우향이 30년 만인 1976년 먼저 저세상으로 떠나가자 운보는 정말이지 미칠 것만 같았습니다. 그는 자신의 애타는 마음을 이렇게 표현했습니다. "불러도 불러도 대답 없는 그대여! 내 못다 운 울음을 아느냐"고.

수십 차례 부부전을 가진 화업의 친구이자 인생의 반려자였던 우향 박래현이 먼저 세상을 뜨자, 운보는 이루 말할 수 없는 허탈

감에 빠졌습니다. 하지만 역설적이게도 그의 일생에서 가장 활발한 그림 작업은 그 우향의 공백을 메우고자 안간힘을 다한 결과였습니다. 특히 아내 우향의 죽음을 슬퍼하며 성북동에 운보와 우향의 호를 이어붙인 '운향' 미술관을 세운 후 운보는 예수 생애 연작을 작품화하며 미친 듯이 작품구현에 빠져들었던 겁니다. 우향에 대한 애절한 그리움을 그림에의 열정으로 달랬던 것이죠.

운보는 생전에 1000여 점 이상의 작품을 그렸으며 북한 조선미술관에도 32점의 작품이 소장되어 있다고 합니다. 운보는 산수·인물·화조·풍속 등에 두루 능하며, 형태의 대담한 생략과 왜곡으로 추상과 구상의 모든 영역을 망라했습니다. 그는 활달하고 힘찬 붓놀림과 호탕하고 동적인 화풍으로 한국화에 새로운 경지를 개척한 당대 최고의 화가이자 예인이었습니다. 또한 그는 지금 우리가 사용하고 있는 1만 원짜리 지폐에 등장하는 세종대왕상을 그렸으며, 1993년 예술의전당 전시회 때는 하루에만 1만 명이 넘게 입장한 진기록도 세운, 명실상부한 대한민국의 대표화가였습니다.

스스로 '바보'라 부르며 바보산수화의 경지를 열었던 운보 김기창. 평생 들을 수 없었지만 진정한 사랑과 아름다움은 오직 느낄 뿐, 볼 수도 들을 수도 없는 것임을 온 삶의 작품으로 표현했던 운보 김기창. 먼저 간 아내에 대한 애절함을 더없는 예술의 경지로 승화시켜낸 우리 시대의 로맨티스트가 아닐 수 없습니다.

## 지금은 여전히 위대한 사랑의 계절

엠마뉘엘 수녀(1908~2008)는 2008년 10월, 100세의 문턱에서 세상을 떠났습니다. 그리고 이렇게 서두가 시작되는 그녀의 고백록이 출간됐습니다. "100살입니다. 이제야 여러분에게 드릴 말씀이 있습니다." 그리고 500여 페이지가 넘는 그녀의 고백록은 이렇게 끝이 납니다. "나의 친구인 독자들이여, 당신을 위해 나의 마지막 남은 힘을 다해 이렇게 고백하고 싶습니다. 어떤 일이 있더라도 지금은 여전히 가장 위대한 사랑의 계절이라고."

빈민들을 거두어 먹이기 위해 넝마주이마저 서슴지 않았던 엠마뉘엘 수녀. 그래서 그녀는 '카이로의 넝마주이'로 불리기까지 했습니다. 평생 가난한 이들과 함께했던 엠마뉘엘 수녀는 1908년 11월 벨기에 브뤼셀의 부유한 집안에서 태어났습니다. 벨기에에서 태어났지만 프랑스에서 성장한 그녀의 아버지는 프랑스군의 예비역 장교였습니다. 하지만 그녀가 6세 때 아버지는 그만 바다에 빠져 숨지고 말았습니다. 그리고 그 광경을 어린 엠마뉘엘은 생생히 지켜봐야 했습니다.

하지만 아버지의 죽음을 적나라하게 목격한 그녀의 경험은 생의 허망함이나 환멸을 느끼게 하는 것이 아니라 오히려 죽음을 이기는 힘에 대해서 고민하는 밑거름이 되었습니다. 그래서 그녀는 "사랑은 죽음보다 강하다"고 스스로에게 선포하고 마침내 19세에 수녀가 되기로 결심합니다.

그 후 엠마뉘엘은 이집트, 터키, 튀니지 등지에서 아이들에게 프랑스어와 철학을 가르치는 수녀 교사로 일했습니다. 그리고 63세가 되던 1971년에 카이로 빈민촌에 정착해 학교와 집과 보건소를 세우며 23년간 넝마주이들과 함께 살았습니다. 가난한 이들의 한가운데로 걸어들어가 그들과 함께 생활하며, 사랑은 말로만 이루어지는 게 아니라 행동과 실천이 따라야 한다는 것을 보여주었던 엠마뉘엘 수녀는 2008년 10월에 100세 생일을 한 달가량 앞두고 세상을 떠났습니다. 그녀가 세상을 뜨자 그녀의 프랑스어로 된 자서전이 《어느 수녀의 고백(Confessions d'une religieuse)》이라는 제목으로 출간됐으며, 한국어판은 《아듀(Adieu)》라는 제목을 달고 나왔습니다.

그런데 그녀가 '아듀'라는 제목의 자전적 고백록을 쓰기 시작한 것은 81세이던 1989년 크리스마스이브였습니다. 그리고 98세가 된 2006년까지 무려 20년 가까이 계속해서 쓰고 수정하며 보완했습니다. 그리고 어느 날 원고 뭉치를 들고 출판사를 찾아가 "내가 죽거든 출판해달라"고 당부했습니다. 그녀가 그토록 '사후(死後)' 출판을 강조했던 것에 대해 엠마뉘엘 수녀는 스스로 이렇게 말했습니다. "나는 결코 성녀답지 못할 뿐더러, 하다못해 좋은 수녀답지도 못하다. 물론 그런 내게도 수치심 같은 것이 있다. 그래서 살아 있는 동안에는 다른 사람 앞에서 벌거벗기를 원치 않는다"고 말입니다.

정말이지 엠마뉘엘 수녀는 너무나 솔직한 고백록을 남겼습니다. 거기에는 망설임도 주저함도 없어 보였습니다. 그녀는 생전에 이렇게 말했습니다. "어쨌든 내 껍질만은 벗어버리고 싶다. 사람들이 내 깊은 곳에 있는 지극히 인간적인 면, 그들과 별반 다를 게 없다는 점을 꿰뚫어봄으로써 여러 사람에게 도움을 줄 수 있다고 확신한다"고 말이죠. 그녀는 자신이 성녀처럼 추앙받길 원치 않았습니다. 스스로 자신이 남들과 다름없는 인간이며 바로 그 점이 더욱 위대하고 소중한 것임을 20여 년에 걸친 고백록의 집필을 통해 웅변하듯 말한 것인지 모릅니다.

심지어 엠마뉘엘 수녀는 소녀 시절에 걷잡을 수 없는 성적 욕구를 이기지 못해 자위행위에 몰두했던 일마저 시시콜콜 고백했습니다. 엠마뉘엘 수녀가 말한 욕망의 고통에 대한 고백 한 토막을 들어보시죠. "솟구치는 욕망이 나를 엄습해올 때면, 고백하건대 나는 쾌락의 탐욕 앞에서 무기력해질 뿐이었다. 그때부터 내 육체 안에서 관능으로 향하는 성향과 성적본능의 강박증이 점점 더 커지기 시작했다. 성적본능이 막 분출되려고 하는 순간의 그 강도는 참으로 설명하기 어렵다. 그 자극이 이 늙은 여인의 육신에서 아직도 완전히 사라지지 않았다는 사실은 언제나 놀라움과 치욕의 근원이 되고 있다." 이처럼 엠마뉘엘의 고백록은 솔직합니다. 그녀는 자신의 가장 큰 약점까지도 스스럼없이 고백할 줄 알았습니다. 그래서 그녀는 말합니다. "인간에 관한 적나라한 진실이 말해질 때면 언제나 하느님이 함축적으로 나타나신다"고 말입니다.

아울러 엠마뉘엘 수녀가 입은 회색빛 수녀복, 검정 농구화, 두꺼운 테 안경은 겸손과 청빈의 상징이었습니다. 때로 그녀는 언변과 유쾌함과 서정성이 넘치는 여성이었습니다. 누구에게나 습관처럼 반말을 하고, 자신의 약점을 활달하게 드러냈으며, 분노를 건강하게 폭발시켰습니다. 이로 인해 때로 겸손하지 못하고 거만해 보이기까지 했습니다. 그럼에도 불구하고 그녀는 세상에 사랑과 감동을 주었습니다. 그녀는 명령 내리기 좋아하고, 세상의 거물들과 친구 되기를 좋아하기도 했지만 어디까지나 그것들을 가난한 사람들을 위해 사용할 줄 아는 그런 사람이었습니다.

TV 방송국들은 벨기에에서 태어났지만 프랑스에서 성장한 이 '여성'을 서로 자기들 프로에 세우려고 경쟁하기까지 했습니다. 그도 그럴 것이 그녀의 유머감각과 양식 있는 사고방식은 언제나 핵심을 찌르면서 대중들의 심금을 울렸기 때문입니다. 실제로 엠마뉘엘 수녀가 대중 앞에 나타날 때마다 매번 그녀를 돕겠다는 후원금이 산처럼 쌓이고는 했습니다. 작고 날카로운 목소리로 절대자에 대한 갈망, 가난한 이들에 대한 소망을 이야기하는 이 여성에게 누구도 저항할 수 없었던 겁니다.

"모든 인간에게는 구멍이 하나씩 있다"고 엠마뉘엘 수녀는 말합니다. 그 구멍은 "모든 것을 집어삼키는 우주의 블랙홀 같은 게 아니라, 빛으로 향하는 통로이며, 타인에게로 향하는 통로이고, 타인의 호소에 응답하기 위한 통로"라고 그녀는 힘주어 말합니다.

스스로를 '펄펄 끓는 강물'이라고 말할 만큼 부지런하고 악착스러운 그녀는 빈민촌에 이르렀을 때 평생의 소원이 실현됨을 맛보았다고 말했습니다. 그녀는 그들과 함께 사는 것 외에 더 이상 높이 올라갈 곳이 없었다고 고백하듯 말합니다. 그리고 그녀는 이렇게 외칩니다. "당신의 마음속 깊은 곳으로 내려가보라. 그러면 거기서 사랑의 불꽃을 발견할 것이다. 그 불꽃은 다른 사람의 행복을 구하는 불꽃이다. 나의 친구인 독자여, 당신을 위해 나의 마지막 남은 힘을 다해 이렇게 고백하고 싶다. 어떤 일이 있더라도 지금은 여전히 위대한 사랑의 계절이라고."

**끝까지 대면하라, 생의 미궁을!**

"고통이여, 어서 나를 찔러라. 너의 무자비한 칼날이 나를 갈가리 찢어도 나는 산다. 다리로 설 수 없으면 몸통으로라도, 몸통이 없으면 모가지만으로라도. 지금보다 더한 고통 속에 나를 세워놓더라도 나는 결코 항복하지 않을 거야. 그가 나에게 준 고통을 나는 그를 철저히 사랑함으로써 복수할 테다. 나는 어디 가지 않고 이 한 자리에서 주어진 그대로를 가지고도 살 수 있다는 것을 보여줄 테야. 그래, 그에게뿐만 아니라, 내게 이런 운명을 마련해 놓고 내가 못 견디어 신음하면 자비를 베풀려고 기다리고 있는 신에게도 나는 멋지게 복수할 거야!" 작가 서영은(1943~ )씨의 작품 〈먼 그대〉 중에 나오는 한 대목입니다.

소설 〈먼 그대〉로 1983년에 이상문학상을 수상하며 문단의 중심에 섰던 작가 서영은. 그녀는 그로부터 25년이 지난 2008년 9월 어느 날 스페인으로 순례여행을 떠나 두 달에 걸쳐 800여 킬로미터가 넘는 '산티아고로 가는 길'을 걸었습니다. 산티아고 순례길은 800여 년 전 성인 야고보가 스페인으로 전도여행을 떠났던 길입니다. 그 여정은 길이나 나무, 건물 등에 그려져 있는 노란 화살표를 따르면서 이루어집니다. 많은 사람들이 자신 안에 있는 마음의 짐을 덜어내기 위해 떠나는 길로 우리에게도 이제는 꽤 널리 알려진 길이 되었습니다.

하지만 서영은 그녀가 길을 떠나기로 마음먹은 것은 그녀의 나이 66세 때였습니다. 지금까지 생에서 쌓아온 것들을 미련 없이 놓아버리기에는 두려운 나이였죠. 그저 익숙한 자리에 그대로 머문다면 그녀는 늘 그랬던 것처럼 사회적 명사라는 사람들과의 어울림을 유지할 수 있었고, 각종 행사에 불려나가 가슴에 꽃을 달고 단상에 올라 몇 마디 축사를 할 수도 있었습니다. 그것이 비록 '도회적 웃음으로 위장된 거래'라 할지라도, 나이에 걸맞은 적당한 사회적 지위를 유지하며 살아갈 수 있었던 것이죠. 하지만 정작 그녀를 목마르게 한 것은 그녀 스스로가 '작가로서의 길'에서 너무 많이 벗어나 있다는 뼈아픈 자각이었습니다.

작가 서영은은 인생에서 두 번의 큰 위기를 '걷기'로 극복해낸 경험이 있습니다. 1983년을 전후해서 경제적인 문제와 가족문제로 건강마저 무너지려 할 때, 그녀는 산행과 명상으로 헝클어진 몸과 마음을 추스르고 다시금 펜을 들었습니다. 〈황금 깃털〉〈산행〉〈먼 그대〉 등 그녀의 대표작들이 이즈음에 쓰였습니다. 1990년에 남편 김동리가 갑자기 쓰러져 그녀를 둘러싸고 일대 소요가 일었을 때, 고개만 돌려도 죽음이 곁에 있어 생을 유지하는 것보다 버리는 것이 훨씬 쉬워 보였던 그때에도 그녀는 말없이 걸었습니다. 이처럼 그녀는 인생의 중요한 결단을 요구하는 시기에는 항상 걸었습니다. 그리고 그 '걷기'의 목적지는 '진짜' 자기 자신에게 다가가 닿고자 하는 열망이었습니다. 그래서 그녀는 66세 나이에 맨몸으로 산티아고로 가는 순례길에 나섰던 겁니다.

산티아고 가는 길에는 앞서 간 순례자들이 그려놓은 노란 화살표가 반딧불처럼 사람들을 성지로 인도합니다. 작가 서영은은 인생의 중요한 결단을 요구하는 시기에 노란 화살표를 따라 걸으며, 지난 시간 그녀 자신을 옭아매고 아프게 했던 온갖 인연들을 속속들이 떠올리고, 그 길 끝에 이르러 그 기억들마저 미련 없이 벗어던졌습니다. 사실 길을 걷다보면 한 걸음 이전과 한 걸음 이후가 '변화' 그 자체라는 것을 느낄 수 있습니다. 그만큼 걷는다는 것은 변화하는 세상을 온몸으로 움켜쥐며 느끼는 겁니다.

작가 서영은은 강원도 강릉에서 태어났습니다. 남대천과 동해 바다에서 수영을 하며 어린 시절을 보낸 그녀는 시인인 국어선생의 영향으로 문학세계에 눈을 떴습니다. 17세 때 괴테의 〈젊은 베르테르의 슬픔〉, 발자크의 〈골짜기에 핀 백합〉, 콜린 윌슨의 〈아웃사이더〉를 접했고, 〈아웃사이더〉에 언급된 작가와 시인들 즉 조이스, 카뮈, 사르트르, 도스토옙스키, 헤세, 엘리엇, 릴케, 블레이크, 보들레르, 니체, T. E. 로렌스 등의 저작들을 찾아 읽으면서 본격적으로 철학과 문학수업을 시작했습니다. 23세 때부터 독립해서 직장생활을 했고, 퇴근 후 글을 쓰기 시작해 1983년 〈먼 그대〉로 이상문학상을, 1990년에는 〈사다리가 놓인 창〉으로 연암문학상을 수상했습니다. 40대 이후에는 많은 시간을 여행을 하면서 보낸 그녀는 지금까지 45개국 160여 개의 도시를 찾아다녔고, 2005년부터 산티아고로 가는 여정을 계획해오다 2008년 9월에 드디어 유언장까지 써놓고 말없이 순례길에 올랐던 겁니다.

도시를 떠난 그녀는 사막의 낙타처럼 자신의 상처 입은 영혼을 끌며 타박타박 걸었습니다. 길을 걸으며 그녀는 지난 시간 자신을 옭아매고 아프게 했던 온갖 인연들을 속속들이 떠올렸을 겁니다. 30세 연상의 남편이었던 소설가 김동리와의 애틋하고도 가슴 시린 인연. 이미 부인이 있던 그가, 우리 문단의 거목으로 불리던 그가 현실의 높디높은 벽을 뛰어넘어, 또 30세의 나이 차이를 거슬러 그녀의 집으로 넋 나간 사람처럼 훠이훠이 찾아들어왔던 날들. 마침내 김동리의 세 번째 아내가 되어 한 집에서 살게 되었으나 채 3년이 못 되어 투병을 하다 사망한 남편과의 애잔하고도 아픈 기억들을 산티아고로 가는 길 위에서 고스란히 내려놓았던 겁니다.

작가 서영은씨는 주홍글씨의 낙인처럼 혹은 운명적인 굴레처럼 들씌워져 있는 김동리 선생과의 관계에 대해 이렇게 말합니다. "김동리 선생과 결혼을 하고 나서도 나는 한 번도 내가 그의 여자라고 생각하지 않았다. 나는 호적상에 엄연한 그의 세 번째 아내였지만 나는 여전히 그의 여자가 아니었다. 수많은 날들 저편에서 그는 항상 내 사는 집 문을 조심스럽게 두드린 감춰진 남자였다."

그녀는 스스로 "나는 김동리란 거물의 온갖 것들, 그의 갈증, 외로움, 정염, 모순, 인색함 등 온갖 인간적인 것들을 붙잡고 씨름해온 사람"이라고 말합니다. 그녀가 쉽사리 감정을 드러내지 않고 사람에게 곁을 주지 않는 것은 남편 김동리가 그녀에게 남긴 유산인지 모릅니다. 결국 그녀는 산티아고로 가는 길 위에서 길었던 김동리와의 사랑과, 그에 반해 너무도 짧았던 아내로서의 삶을 고통스럽지만 또 행복하게 흩뿌린 후 서울로 돌아와, 자신이 소유하고 있던 김동리 선생의 유품과 그가 남긴 문학자료들을 모두 기증했습니다. 비로소 자유로워진 겁니다.

그리고 작가 서영은은 책을 한 권 냈습니다. 《노란 화살표 방향으로 걸었다》가 그것입니다. 그녀는 말합니다. "나는 노란 화살표를 따라 길을 걸었고, 그 화살표가 가리킨 곳에서 나를 벗어던졌다. 그 결과 지금은 완전히 다른 사람이 되었다. 그 내면적 변화를 이끈 초월적 존재를 보고 만졌기 때문에 그 기쁨을 같이 나누고 싶다." 그러면서 그녀는 "지금까지 내가 펴낸 다른 모든 책은 잊어주어도 좋으니, 이 책만은 꼭 읽어달라"고 말했습니다. 이제 그녀는 스스로에게 말합니다. "끝까지 대면하라, 생의 미궁(迷宮)을!"이라고 말입니다.

# 나에게 모든 애정을 보내다

## 지극히 진솔한 삶의 웅변

2007년 9월 18일, 미국 명문 카네기멜론대의 피츠버그 캠퍼스의 한 강의실에 검은 머리, 짙은 눈썹, 웃는 얼굴의 40대 교수가 강단에 섰습니다. 그의 막힘없고 재치 넘치는 강의에 청중들은 감동했고, 그 강의를 촬영한 동영상은 인터넷을 통해 퍼져나가 500만 명 이상이 시청하기에 이르렀습니다. 피츠버그 지역 신문은 물론 〈월스트리트 저널〉을 비롯한 유력 언론도 그의 '특별한' 강의에 주목했습니다.

미국의 경제 주간지 〈비즈니스 위크〉는 '매일 매일을 감사하는 남자'라는 제목으로 이 강의의 사연을 전하며 "가족과 함께 이 용기 있는 사람의 강렬한 말을 듣길 바란다"고 썼습니다. 〈월스트리트 저널〉은 '일생에 한 번 들을까 말까 한 강의'라고까지 평가했습니다. 심지어 그 강의 내용을 누군가가 독일어와 중국어로도 번역해 인터넷에 올려놓았습니다. 도대체 어떤 강의였기에 그랬던 걸까요?

그 강의의 제목은 '당신의 어린 시절 꿈을 실제로 이루기(Really Achieving Your Childhood Dreams)'였고 바로 그 강의를 한 주인공은 이 대학 컴퓨터공학과의 랜디 포시(Randy Pausch, 1960~2008) 교수였습니다. 랜디 포시는 카네기멜론대의 컴퓨터공학과 교수로 특히 가상현실 분야에서 탁월한 업적으로 정평이 난 사람이었습니다. 평소에도 유머러스하기로 유명한 그의 이날 강의는 보다 특별했습니다. 그 이유는 무엇보다도 몇 주 전 췌장암 말기 판정을 받아 퇴임이 예정돼 있던 랜디 포시 교수의 마지막 강의였기 때문입니다.

그러니까 그것은 학기의 마지막 강의도, 정년퇴임하는 순간의 마지막 강의도 아닌 삶의 마지막 강의였습니다. 하지만 잘생긴 외모에 여전히 건강해 보이는 포시 교수는 마이크를 잡자마자 막힘없는 말솜씨와 유머 감각으로 청중들을 휘어잡기 시작했고 그 어디에서도 그것이 시한부 인생의 마지막 강의라고는 전혀 느낄 수 없을 만큼 열정적인 강의로 일관했습니다.

그는 강의를 시작하면서 무대 위에 설치된 스크린을 통해 비친 영상을 가리키며 이렇게 말했습니다. "여러분이 보고 있는 것은 바로 나의 췌장에 있는 종양덩어리들입니다. 의사는 앞으로 내가 3~6개월 정도밖에는 살 수 없다고 하더군요. 난 한 손으로 팔굽혀펴기를 할 정도인데도 말입니다. 하지만 손에 든 카드의 패를 바꿀 수 없다면 어떻게 하겠습니까. 남은 일은 그 패를 가지고 어

떻게 놀 것인가 하는 것뿐이죠." 랜디 포시 교수는 시한부 선고 앞
에서조차 낙담하지도 자포자기하지도 않았습니다. 그는 그저 자신
의 삶을 끝까지 즐겁게 살겠다고만 생각했습니다. 랜디 포시 교수
는 자신의 전공분야 이야기를 자신의 어린 시절 꿈과 엮어서 풀어
가기 시작했습니다. 그는 죽음 앞에서도 후회나 회한이 아니라 어
릴 때의 꿈을 이야기했습니다. 그는 자신이 평생 동안 한 일은 결
국 어릴 때의 꿈을 이루기 위한 몸부림이었다고 말했습니다. 그는
시한부 인생이라고는 전혀 믿기지 않을 만큼 여유 있게 농담도 섞
어가면서 시종 유쾌하게 강의를 진행했습니다. 더구나 거기에 진정
한 삶의 메시지까지 담아가면서 말입니다.

그는 강의에서 사람들이 자신들의 잠재력을 허비하고 있다며,
이를 일깨우라고 촉구했습니다. 아울러 이런 주옥같은 말들을 남
겼습니다.

1. 절대 포기하지 마세요. 벽에 부닥치거든 그것이 절실함의
   증거임을 잊지 마세요.
2. 삶을 즐기세요. 즐길수록 삶은 내 것이 됩니다.
3. 솔직하세요. 그것이 삶에서 자신의 꿈을 이루게 합니다.
4. 가장 좋은 금은 쓰레기통의 밑바닥에 있답니다. 그러니 찾
   아내세요.
5. 당신이 뭔가를 망쳤다면 사과하세요. 사과는 끝이 아니라
   다시 할 수 있는 시작입니다.
6. 자신보다 주변 사람에게 집중하세요. 그만큼 삶이 풍요로

워집니다.

7. 감사하는 마음을 보여주세요. 감사할수록 삶은 위대해집니다.

8. 준비하세요. 행운은 준비가 기회를 만날 때 온답니다.

9. 완전히 악한 사람은 없어요. 모두에게서 좋은 면을 발견하세요.

10. 가장 어려운 것은 듣는 일. 사람들이 당신에게 피드백을 해주면 그것을 소중히 여기세요. 거기에 해답이 있답니다.

강의의 마지막 부분에서 랜디 포시 교수는 여전히 젊고 아름다운 자신의 아내를 강단으로 불러내 생일 축하노래를 들려주면서 케이크 위의 촛불을 끄도록 했습니다. 정말이지 눈물 나는 장면이 아닐 수 없었습니다. 강의장을 가득 메운 청중들은 처음 강의가 시작될 때처럼 강의가 끝났을 때 모두 기립해서 박수를 쳤습니다. 가슴과 영혼에서 우러난 박수였습니다. 그것은 자신의 마지막 순간에마저 진정한 삶의 모습이 어떠해야 하는가를 온몸으로 보여주고 떠나는 사람에 대한 최소한의 경의였던 겁니다.

그러나 마지막 강의가 끝난 후에도 랜디 포시의 삶은 계속됐습니다. 놀랍게도 그는 하루 한 시간씩 자전거를 타고 세 아이들과 신나게 함께 놀아주며 아내와 단둘이 여행을 떠나기도 했습니다. 그는 삶을 즐기라는 말을 스스로 지켰던 겁니다. 이런 가운데 피츠버그시는 그 해 11월 19일을 '랜디 포시의 날'로 정했습니다. 그는 스스로 말했듯이 당시 "미국에서 가장 건강하게 죽어가는 사람"이었습니다. 그만큼 그는 낙천적이었고 자신의 삶을 끝까지 사랑하고 자기의 주변을 끝까지 아꼈던 겁니다.

결국 그는 다음해 세상을 떠났지만 그가 사랑했고 또 그를 사랑하는 사람들 사이에서 영원히 죽지 않을 겁니다. 누구도 원망하지 않고 그 무엇도 탓하지 않으며 자신의 삶을 자신의 것으로 받아들이듯 자신의 다가오는 죽음마저 철저히 자신의 것으로 받아들인 랜디 포시. 그의 삶에 대한 끝없는 사랑과 긍정은 모든 이에게 감염되어 영원히 살아 있을 테니까요.

## 밝은 희망의 색에 매혹당하다

시각장애인 피아니스트가 세계 최고 권위의 국제 콩쿠르에서 공동 우승을 차지했다는 소식을 접한 것은 제가 2009년에 홍콩에 갔을 때 일이었습니다. 저는 곧장 인터넷에 접속해 미국 텍사스 주 포트워스의 바스 홀(Bass Hall)에서 열린 제13회 반 클라이번 국제 콩쿠르 결선 장면을 볼 수 있었습니다. 1962년에 처음 열린 후 4년마다 한 번씩 개최돼 그 해 13회째였던 반 클라이번 콩쿠르는 미국 최고의 피아노 경연대회로 손꼽힙니다. 반 클라이번 콩쿠르 결선에 오른 그 시각장애인 피아니스트는 지휘자 제임스 콘론의 부축을 받으며 무대 위에 올라와 포트워스 심포니 오케스트라와 라흐마니노프 피아노 협주곡 2번을 협연했습니다. 연주 장면을 보기 전부터 어떤 우려가 내내 머릿속을 떠나지 않았습니다. 독주(獨奏)라면 암보를 하고 손끝의 감각을 극대화해서 친다손 쳐도, 보지 못하는 이가 도대체 어떻게 오케스트라와 협연을 할 수 있을까? 하지만 그것은 기우였습니다.

물론 그 시각장애 피아니스트가 오케스트라와 호흡하는 방식은 여타의 연주자들과 달랐습니다. 지휘자를 힐끗 바라보며 자신의 연주 타이밍을 놓치지 않으려는 대부분의 연주자들과 달리 그는 무엇보다도 지휘자의 숨소리에 귀를 기울이는 듯 자신의 귀를 쫑긋 세운 채 신들린 듯 연주했습니다. 그가 바로 쓰지이 노부유키(辻井伸行, 1988~ )입니다.

1990년 12월 25일, 선천성 시각장애를 지닌 쓰지이 노부유키가 세 번째 맞는 크리스마스 때에 그의 어머니 쓰지이 이츠코는 자신이 흥얼거리는 '징글벨' 멜로디를 그대로 장난감 피아노로 옮겨 치는 쓰지이 노부유키를 발견했습니다. 그녀는 흥분을 감추지 못한 채 이렇게 소리쳤습니다. "노부유키가 피아노를 치고 있어." 음감에 예민하게 반응하는 아이를 보고, 깜깜한 절망의 터널 끝에서 한 줄기 희망의 빛이 새어들어 오는 것을 느낀 쓰지이 이츠코는 쓰지이 노부유키 안의 숨은 가능성을 캐내는 데 온 힘을 기울이기 시작했습니다.

그 후 선천성 시각장애인 쓰지이 노부유키는 4세 때부터 본격적인 피아노 레슨을 받기 시작했습니다. 소리에 대한 감각이 매우 예민했던 쓰지이 노부유키는 오른손과 왼손으로 나눠 연주한 녹음테이프를 수백 번 반복해 들으면서 곡을 통째로 암기했습니다. 그렇게 그는 하루 4~8시간씩 연습을 거르지 않으며 자신의 숨은 재능을 펼쳐내기 시작했습니다. 7세 때이던 1995년에 쓰쿠바대 부속맹인학교 초등부에 입학한 쓰지이 노부유키는 일본시각장애학생 콩쿠르에서 1위를 차지했습니다. 8세 때에는 모스크바 음악대학원 대강당에서 연주해 찬사를 받았고, 10세 때는 음악계의 등용문이라는 피트나 피아노 경연대회에서 금상을 수상한 후 오사카 센추리 교향악단과 협연하면서 화려하게 클래식 연주무대에 데뷔했습니다. 그리고 12세이던 2000년 9월에는 산토리홀에서 첫 리사이틀을 열기에 이르렀습니다. 그 후 미국 카네기홀, 파리, 대만 등 해외를 돌며 연주가로서 다채로운 활약을 펼쳤고, 특히 2005년 쇼팽 콩쿠르에서 비평가상을 수상하면서 국제적으로도 주목을 받기 시작했습니다.

그런 그는 18세 때인 2007년 말부터 2008년 3월까지 일본 콘서트 투어를 가졌고, 2007년 10월에는 일본의 에이벡스(AVEX) 음반사와 계약을 맺고 두 장짜리 앨범을 발표했으며, 이것을 계기로 반 클라이번 콩쿠르에 출전하게 됐습니다. 쓰지이 노부유키를 가르쳤던 지휘자 사토 유타카는 그의 연주를 두고 "하늘에서 내려온 것 같은 소리"라고 격찬하기도 했습니다. 도쿄음대 부속고교를 거쳐 당시 우에노학원대 3학년에 재학중이던 쓰지이 노부유키는 반 클라이번 콩쿠르를 앞두고 미리 제작된 팸플릿의 연주자 소개란에 이렇게 썼습니다. "음악 앞에서는 그 어떤 장벽도 존재하지 않는다는 것이 내 믿음"이라고. 그리고 그는 자신이 쓴 말을 삶으로 입증했던 겁니다.

선천성 시각장애인 쓰지이 노부유키가 어렸을 때, 엄마 쓰지이 이츠코는 '사과는 빨강', '바나나는 노랑'이라는 식으로 색감을 가르쳤습니다. 그러자 어린 쓰지이 노부유키가 되물었습니다. "그럼, 바람은 무슨 색이죠?" 노부유키는 자신이 제일 좋아하는 음식에 색이 있다면, 좋아하는 바람에도 똑같이 색이 있을 거라고 생각했던 모양입니다. 하지만 당황한 엄마 쓰지이 이츠코는 이 물음에 답해줄 수 없었습니다. 엄마는 볼 수 있는 눈이 있었지만 바람의 색은 단 한 번도 본 적이 없었기 때문입니다. 그렇게 '바람의 색'을 물었던 쓰지이 노부유키가 스무 살 청년으로 자라 미국 텍사스주 포트워스에서 열린 반 클라이번 국제 콩쿠르에서 중국의 피아니스트 장 하오첸과 더불어 공동우승을 차지했던 겁니다.

보지 못하는 쓰지이 노부유키는 연주 중에 숨소리에 굉장히 예민하다고 합니다. 이를 전해들은 지휘자 제임스 콘론은 지휘 중에 숨소리를 좀 더 크게 내는 것으로 협연자인 쓰지이 노부유키를 배려했습니다. 숨소리도 바람입니다. 쓰지이 노부유키는 그 숨소리에 담긴 바람의 색을 간파해 훌륭하게 협연을 해낼 수 있었던 것인지 모릅니다. 반 클라이번 콩쿠르의 결선장인 바스 홀에 모인 2000여 관중들은 쓰지이 노부유키의 연주에 뜨거운 갈채를 보냈습니다. 하지만 쓰지이 노부유키는 그 환호하는 관중들을 직접 눈으로 볼 수는 없었습니다. 다만 그 홀 전체에 울린 박수와 그것이 일으킨 바람의 색을 온 몸으로 느꼈을 겁니다.

반 클라이번 콩쿠르 결선 연주 후에 쓰지이 노부유키는 "결선에서 라흐마니노프 피아노 협주곡 2번을 칠 때, 러시아에 갔던 시절을 떠올리고 드넓은 평원의 풍경을 상상했다"고 말했습니다. 물론 그가 러시아의 드넓은 평원을 보았을 리 없습니다. 하지만 말 그대로 '풍경(風景)'이란 즉 '바람과 햇살' 아니겠습니까. 볼 수는 없었어도 쓰지이 노부유키는 거기서 마주한 바람의 색을 느꼈을지 모릅니다. 그리고 쓰지이는 바로 그 바람의 색을 담아 피아노를 쳤고 사람들은 그 바람의 색이 담긴 선율에 매료당한 겁니다.

바라건대 여러분도 바람의 색을 보실 수 있기를 바랍니다. 저마다 사람들의 숨소리가 나지막하게 깔리면서 일으키는 바람의 색을 볼 수 있어야 합니다. 거기 담긴 실망과 분노, 그럼에도 결코 놓아버릴 수 없는 희망의 색까지도 말입니다.

## 나는 달린다, 완전한 새로움으로

《나는 달린다》라는 책으로 우리에게 알려진 전 독일 외무장관 요시카 피셔. 그는 1948년생으로 독일 남부의 랑엔부르크라는 산골마을 출신입니다. 17세 때 아버지가 돌아가시자 방황을 시작한 그는 결국 가출하고 맙니다. 물론 학교도 그만두어서 그의 학력은 고등학교 중퇴가 전부입니다. 노숙자, 방랑자 신세를 면치 못한 그는 때로는 거리의 화가로 생계를 유지하기도 했고 자동차공장 직공으로 일하기도 했으며 종국에는 택시운전사로 일했습니다.

그러나 요시카 피셔는 1983년 당시 독일을 휩쓴 녹색당 바람을 타고 극적으로 연방의회에 진출하게 됩니다. 택시운전사에서 일약 국회의원이 된 것입니다. 그 후 그는 주정부의 장관으로, 녹색당의 원내총무로 승승장구하며 화려한 정치역정을 드라마틱하게 펼쳐나갔습니다. 하지만 '잘나갈 때 조심하라' 했던가요? 그는 예기치 않은 복병을 만나게 됩니다. 연방의원이 된 지 13년째 되던 해인 1996년에 아내로부터 이혼통보를 받게 된 겁니다. 너무나 갑작스러운 일이었기에 그는 심한 충격을 받았고 정계를 떠날 생각까지 하게 됩니다. 그 이혼의 충격 때문에 이탈리아의 어느 산골로 잠적한 요시카 피셔는 여기서 일종의 '하프타임'을 갖게 됩니다. 아시다시피, 하프타임이란 축구경기에서 전반전과 후반전 사이에 있는 작전시간을 말합니다. 사실 축구경기에서 후반전을 전반전과 같은 스피드와 체력으로 뛰기는 어렵습니다. 인생살이도 마찬가지입니다.

인생의 전반전은 목표를 쫓아갑니다. 그러나 인생의 후반전은 의미를 찾아가야 합니다. 요시카 피셔 역시 집요하게 목표를 쫓았습니다. 그런 덕분에 고졸 학력의 택시운전사 출신이 독일연방의원 자리에까지 오를 수 있었고 그 후에도 집요하게 권력이란 목표를 쫓아 권력의 산을 올랐던 겁니다.

그러나 요시카 피셔의 정치적 목표가 커질수록 그의 정신적 스트레스도 증폭되어갔습니다. 그는 감당하기 힘든 스트레스를 술과 음식으로 풀었습니다. 우리 주변에도 먹는 것으로 스트레스를 푸는 사람이 있지 않습니까? 밀려오는 스트레스를 폭음과 폭식으로 푼 결과는 걷잡을 수 없을 만큼 불어난 '살사태'였습니다. 1983년 연방의회에 진출할 당시 그의 몸무게는 73킬로그램이었지만 그가 이혼당할 때인 1996년의 몸무게는 자그마치 112킬로그램이었습니다. 늘씬하던 몸이 배 불룩한 맥주통처럼 되어버린 겁니다.

물론 요시카 피셔가 아내로부터 이혼당한 것은 비만 때문이 아니었습니다. 그의 비만은 내면적으로 엉망진창이 되어 있던 그의 삶을 드러내 보여주는 한 단면일 뿐이었습니다. 요시카 피셔는 아내로부터 이혼통보를 받기 전에 이미 안에서부터 처절하게 무너져내리고 있었던 겁니다. 결국 그는 타의에 의해 하프타임을 갖지 않을 수 없었던 것이죠. 축구시합에서는 하프타임 시간이 애초에 주어져 있지만 인생게임에서의 하프타임은 사별, 이혼, 실직, 파면 등과 같은 예상치 않고 또 결코 원치 않았던 계기를 통해 비로소 갖게 되는 혹독한 성찰의 시간입니다. 그런 하프타임을 갖게 된 요시카 피셔는 자기 인생의 후반전을 목표를 쫓는 것이 아니라 의미를 찾는 게임으로 국면전환을 해야 한다고 뼈저리게 느꼈습니다.

요시카 피셔는 우선 폭음, 폭식을 하던 습관을 바꾸기로 결심했습니다. 아울러 그는 자기 몸의 비곗덩어리가 자기 삶 전체에 걸친 잘못된 생활방식·습관·태도의 부산물이라는 사실을 깨닫기 시작했습니다. 그래서 그는 몸과 마음에 낀 비곗덩어리들을 쓸어내버리기로 결심했습니다. 그 방법으로 그가 선택한 것이 바로 달리기입니다. 달리기를 시작한 후 1년 만에 그는 몸무게를 자그마치 37킬로그램이나 줄여냈습니다. 물론 그것은 단지 살만 뺀 것이 아니었습니다. 요시카 피셔의 생활방식과 습관 그리고 태도가 송두리째 바뀌고 가치관이 다시 세워지는 과정이었습니다. 그는 완전히 새로운 사람으로 거듭났던 겁니다.

누구나 막다른 골목에 서게 될 때가 있습니다. 누구나 날개 없는 추락을 경험할 때가 있습니다. 한눈팔지 않고 오직 목표만을 쫓아 숨 가쁘게 달려왔는데 앞에 놓인 것은 강요된 사퇴, 이혼통보 같은 것일 때가 있습니다. 바로 그때가 스스로 하프타임의 휘슬을 불 때입니다. 지금 여러분은 어떠십니까? 오직 목표만을 쫓으며 여전히 인생게임의 전반전을 뛰고 계십니까? 아니면 전혀 예기치 않았던 계기 속에서 하프타임의 휘슬을 울리고 있습니까? 그것도 아니면 이미 하프타임을 거쳐 인생게임의 후반전에서 의미 찾기를 하고 계십니까?

1996년에 이혼의 충격과 함께 하프타임의 휘슬을 불었던 요시카 피셔는 그 후 인간적으로는 물론 정치적으로도 재기해 1998년 슈뢰더를 수반으로 하는 적녹연정의 부수상 겸 외상이 되었습니다. 그리고 자그마치 22세 연하의 신부와 결혼해 행복한 신혼을 만끽하며 삶의 새틀짜기를 치렀습니다. 그는 삶의 하프타임을 그야말로 처절하지만 충실하게 겪어낸 것입니다.

# 놀이하는 인간, 호모 루덴스

**'놀이'는
인간의
모든 것!**

사람의 정체성을 표현하는 정의는 여러 가지입니다. 직립해 걷는 사람(Homo Erectus), 생각하는 사람(Homo Sapiens), 만드는 사람(Homo Faber), 말하는 사람(Homo Loquens), 놀이하는 사람(Homo Ludens) 등. 이 중에서 아마도 가장 사람답게 사람을 정의하는 것이 호모 루덴스, 놀이하는 사람이 아닐까 싶습니다. 그것이 가장 사랑스러운 사람의 모습이기도 하고요.

그렇다면 우리는 왜 호모 루덴스에 주목해야 하는 걸까요? 인간이 만들어온 문화와 문명은 '놀이' 속에서 발생하고 전개되었기 때문입니다. 놀이는 문화보다 오래된 것이며, 인간은 놀이를 통해 형성된 존재입니다.

그런데 과연 놀이란 무엇일까요? 놀이를 정의해보면 우선 과잉된 생명력의 발산이라거나 모방본능(imitative instinct)의 충족이라 할 수 있습니다. 그리고 긴장완화에 대한 욕구이며 훗날의 대사(大事)를 대비한 훈련이라고도 할 수 있습니다. 또한 개개인에게 필요한 자제 훈련을 놀이라 할 수 있으며, 지배욕구와 경쟁욕구의 충동, 그 발산작용 자체가 놀이이기도 합니다. 더욱이 놀이는 가상의 소망을 실현하는 것이기도 합니다. 이 외에도 놀이에 대한 정의는 무수히 많습니다.

그런데 여기서 중요한 것은 놀이는 목적을 위한 수단이 아니라는 사실입니다. 때문에 앞에서 언급한 놀이의 정의는 놀이를 자칫 왜곡하기 쉽습니다. 거기에는 놀이가 놀이 자체가 아닌 어떤 것을 위한 것이라는 필요성, 목적, 전제가 따르기 때문입니다. 하지만 놀이는 '임무'가 아니라 '자유'이며, 자유로운 놀이(Free Play)는 모든 창조의 모태가 됩니다.

결국 놀이란 한마디로 '미치게 만드는 힘'입니다. 열광하거나 몰두하는 것 즉 미치게 만드는 힘 속에 놀이의 본질, 그 원초적 성질이 깃들어 있고 거기에 창조의 원동력이 있습니다.

사실상 놀이는 모든 곳에 존재합니다. '옴니 프레젠트 플레이(Omni-present Play)', 인간사회의 모든 중요한 원형적 행위에는 예외 없이 놀이가 스며 있습니다. 우리의 의식주를 생각해보십시오. 옷을 입는 행위에도, 먹는 일에도, 집을 짓고 꾸미는 것에도 모두 놀이적 요소가 내재해 있지 않습니까. 또한 법과 질서, 상업과 소득, 공연과 예술, 시와 학문 그 모든 것들은 놀이의 원시적 토양에 뿌리박고 있습니다. 따라서 놀이는 문명의 주된 기초입니다.

**삶의 마법,
놀이에
사로잡히다**

그리고 놀이는 절대 '우스꽝스러운 것'이 아닙니다. 놀이는 정녕 '진지함'입니다. 어린아이들을 보면 거의 성스럽다 할 정도로 진지하게 놀지 않습니까. 감히 그 누구도 그 진지한 놀이를 멈출 수 없고 범할 수 없습니다. 플라톤은 놀이와 성스러움을 하나로 봤는데, 그는 놀이를 정신의 최고영역에까지 올려놓았습니다. 플라톤에게 종교란 신성에 바쳐진 놀이입니다. 성스러운 의식의 모든 중요한 부분들은 예외 없이 놀이를 통해 구현되는 것입니다.

놀이는 또한 사로잡힘(seizure)입니다. 놀이는 우리를 매혹시키고 사로잡습니다. 놀이를 통해 뭔가에 사로잡힐 때 우리는 전율하고 황홀경에 빠집니다. 우리의 무속신앙, 굿의 전 과정을 보면 엄청난 놀이의 과정임을 알 수 있습니다. 작두타기 같은 엑스터시는 놀이적 감각을 최고치로 끌어올립니다. 인간의 모든 창조적 능력은 이 사로잡힘 상태에서 나옵니다.

그렇습니다. 놀이는 '천편일률적인 것'이 아니라 '창조적인 것'입니다. 실로 놀이를 통한 창조는 마법과도 같은 것입니다. 삶의 마법과도 같은 놀이는 사물을 결합하고 해체합니다. 아이들은 장난감 집을 진짜 집이라고 여기며 장난감

강아지를 진짜 살아 있는 강아지처럼 애지중지합니다. 이처럼 우리 삶은 놀이를 통해 우리에게 끊임없이 마법을 겁니다. 놀이 속의 비밀은 그 마법을 심화시키고 심화된 마법으로서의 놀이는 창조의 힘과 상상의 힘을 극대화합니다.

하지만 정형화되고 규격화된 학교교육을 받으면서 이러한 창조적 발상은 억압당합니다. 따라서 우리는 그 삶의 마법을 각자의 노력으로 재현시키도록 노력해야만 합니다. 그 마법 같은 놀이를 통해 삶은 상상력의 수준을 높이고 질적 차원을 달리하게 되기 때문입니다. 결국 놀이는 끊임없이 삶을 확대시키는 창조적 행위요 고도의 상상력 게임입니다.

그런 면에서 놀이는 난장(亂場)입니다. 난장 속에 창조의 기운이 깃듭니다. 놀이는 그 난장 속에서 '혼돈 속의 질서(Cosmos in Chaos)'를 창출합니다. 결국 인류는 놀이 속에서 또 놀이를 통해서 우주적 질서를 우리 삶 안에 각인시켰습니다.

호이징하는 《호모 루덴스》에서 이렇게 말했습니다. "문화란 놀이로서 시작되는 것도, 놀이로부터 시작되는 것도 아니다. 오직 '놀이 속에서' 시작되는 것이다." 그리고 민속학자 레오 프로베니우스(Leo Frobenius)는 《아프리카 문화사(Kulturgeschichte Afrikas)》에서 "문화란 자연적인 존재로부터 발생한 하나의 놀이다"라고 했습니다.

이러한 관점에서 놀이를 보면, 절대 놀이가 문화로 변

화하는 것이 아니라, 문화가 애초부터 놀이적 성격을 갖고 놀이양식 속에서 문화가 축적되는 것입니다.

그렇게 축적된 문화 속 놀이에는 분명 경쟁적 요소가 있습니다. 라틴어에서 놀이(ludi)는 성스러운 경기입니다. 아울러 모든 경기는 승부의 놀이입니다. 승부의 놀이에는 경쟁 원리가 스며들기 마련입니다. 그런데 자본주의 사회에서 경쟁을 무엇보다 중요시하고 부추기면서 본래 경쟁에 함의된 놀이의 의미가 왜곡되었습니다. 놀이가 상실되어 사라진 것입니다. 애초에 경쟁과 놀이는 한 몸이었습니다. 놀이 없는 경쟁은 앙꼬 빠진 찐빵인 것입니다. 아울러 노는 것은 본질적으로 '함께 노는 것'입니다. 특히 편을 갈라 '함께 노는 것'은 필연적으로 경쟁을 격화시킵니다. 그 격화된 경쟁 속에서 놀이는 재미의 원천이 됩니다.

경쟁이야말로 놀이를 열광하게 만들고 사람들을 사로잡는 힘이 됩니다. 결국 놀이는 경쟁이 되고 경쟁 역시 놀이가 됩니다. 나아가 경쟁의 의미를 담고 있는 놀이와 가장 밀접하게 연결되어 있는 것은 모험과 "이긴다!"는 개념입니다. 생각해보면 모든 놀이에는 '거는 것'이 있습니다. 그 '거는 것'은 상일 수도 있고, 담보물일 수도 있습니다. 이때 불확실성을 두려워하지 않고 도전과 모험을 감행한 사람만이 상을 받을 수 있고 담보물의 마지막 주인이 될 수 있습니다.

결국 도전, 감행, 모험, 불확실성에 대한 감수, 긴장에 대한 인내 등은 모두 놀이정신의 본질이며 놀이를 통해 배양되는 것입니다. 놀이가 없었다면 인류는 전진할 수 없었습니다. 실로 놀아본 사람만이 도전하고 모험을 감행하는 법입니다.

**최고의
놀이교육,
'단동십훈'**

사실상 놀이에는 이유가 없습니다. 어떤 목적을 지향하는 것은 놀이가 아닙니다. 놀이는 놀이일 뿐입니다. 하지만 이유 없고 목적 없는 놀이지만 이것은 최고의 교육이기도 합니다. 단군 이래 전해오는 우리의 놀이육아법으로 '단동십훈(檀童十訓)'이란 것이 있습니다. 그야말로 선조의 지혜가 가득 찬 최고의 놀이육아가 아닐 수 없는데, 하나하나 살펴보도록 하죠.

첫 번째 놀이, '불아불아(弗亞弗亞)', 이것은 어린아이의 허리를 잡고 좌우로 기우뚱기우뚱하는 놀이를 말합니다. 여기서 '불(弗)'이란 하늘에서 땅으로 내려오는 기운이고 '아(亞)'란 땅에서 하늘로 올라가는 기운인데, 사람으로 땅에 내려오고 다시 하늘로 올라가는 무궁무진한 생명을 가진 나(我)를 예찬하는 뜻입니다. 이것은 아이의 자기존중심을 키우는 말과 행동입니다.

스스로가 얼마나 중요한 존재인지를 깨닫게 하는 것은 그 무엇보다 기본이 되는 삶의 가르침입니다. 리더십의 첫 번째도 자기존중심을 갖게 하는 것입니다. 자기존중심 없이는 그 누구도 한 발짝도 나아갈 수 없기 때문입니다.

단동십훈 두 번째 놀이는 '시상시상(侍想侍想)', 이것은 앉아서 아이를 앞뒤로 끄덕끄덕하는 것입니다. 사람의 형체와 마음은 태극(太極)에서 받았고, 기맥(氣脈)은 하늘에서 받았으며, 신체는 지형(地形)에서 받은 것이므로, 나의 한 몸이 작은 우주입니다. 때문에 우주를 내 몸에 모신 것이니, 매사에 조심하고 하늘의 뜻, 우주의 섭리에 순응하겠다는 뜻을 내포한 것입니다.

세 번째 놀이는 '도리도리(道理道理)', 이것은 머리를 좌우로 흔드는 놀이입니다. 이리저리 생각해 천지(天地) 만물(萬物)의 도리를 깨우치라는 것입니다. 진정 세상의 모든 이치가 놀이 속에 담겨 있지 않습니까?

네 번째 놀이는 '곤지곤지(坤地坤地)', 이것은 오른손 집게손가락으로 왼쪽 손바닥을 찍는 놀이입니다. 하늘의 이치를 깨닫거든 사람과 만물이 서식하는 '땅=곤지(坤地)'의 이치도 깨달으라는 의미입니다.

다섯 번째 놀이는 '지암지암(持闇持闇)', 두 손을 내놓고 다섯 손가락을 쥐었다 폈다 하는 것입니다. 가질 '지'에 닫힌 문 '암' 자, 여기에는 "쥘 줄 알았으면 놓을 줄도 알라"는 가르침도 내포되어 있습니다. 참으로 심오한 뜻이 아닐 수 없습니다. 손이 간신히 들어가는 가는 목을 지닌 병 속에서 쌀 한 줌을 손에 쥐고 빼려면 닫힌 문처럼 손을 뺄 수 없는 법, 손을 빼려면 내려놓아야 합니다. 빈손으로 왔다가 빈손으로 가는 인생의 진리가 들어 있는 놀이입니다.

여섯 번째 놀이는 '서마서마(西摩西摩)', 이것은 아이를 손바닥 위에 올려 세우거나 일으켜 세우며 하는 말입니다. 선다(立)는 직접적 의미와 더불어 남에게 의존하지 말고 스스로 일어서 굳건히 살라는 함의가 있습니다.

일곱 번째 놀이는 '어비어비(업비업비業非業非)', 이것은 아이가 해서는 안 될 것을 이를 때 하는 말입니다. 커서 일을 할 때도 도리에 어긋남이 없어야 함을 강조한 말로서, 업을 인식하고 살아야 함을 가르칩니다. 우리는 직업을 갖는다고 할 때 사실상 '업'보다 '직'에 대한 관심이 많은데, '업'이 분명해야 '직'이 따라오는 이치를 깨달아야 합니다.

여덟 번째 놀이는 '아함아함(亞含亞含)', 이것은 손바닥으로 입을 막으며 소리 내는 것입니다. 땅의 기운이 하늘로 올라가는 형상으로 두 손을 모아 입을 막은 아(亞) 자의 형국은 입조심하라는 뜻이 내포된 것입니다.

아홉 번째 놀이는 '짝짜궁 짝짜궁(作作弓 作作弓)', 두 손바닥을 마주치며 소리 내는 놀이입니다. 작작궁은 음양의 결합, 천지조화를 상징합니다.

마지막 열 번째 놀이는 '질라라비 훨훨(支娜阿備 活活議)', 이것은 아이의 팔을 잡고 춤추는 것입니다. 아이의 영과 육이 잘 자라도록 기원하고 축복하며 춤추는 모습인데, 지나아비 활활의는 천지자연의 모든 이치를 갖추고 지기(地氣)를 받은 육신이 활활(活活) 자라나서 작궁무(作弓舞)를 추어가며 즐겁게 살라는 것입니다.

**발현시켜야 할
'놀이의
유전자'**

단동십훈은 그야말로 최고의 놀이교육입니다. 십훈에는 없지만 한국 사람이라면 누구나 사용하는 놀이언어 '깍궁'을 봅시다. 이것은 '각궁(覺躬)'의 뜻으로, 깨달을 '각', 몸 '궁', 즉 "자신을 깨달으라!"는 것입니다.

'도리도리 짝짜궁'은 어떻습니까. 이것은 도리도리 작작궁(道理道理 作作躬)의 뜻으로, '도리도리(道理道理)'는 천지만물의 도리를 알라는 것, '짝짜궁(作作躬)'은 천지 좌우와 태극을 맞부딪쳐서 흥을 돋운다는 것입니다. 즉 세상도리를 알고 흥을 돋우라는 것으로, 이것을 '짝짜꿍(作作躬)'으로 바꾸면 "세상 도리를 익혀 자신을 만들어가라"는 뜻이 되기도 합니다.

또한 '곤지곤지 잼잼'은 곤지곤지 지암지암(坤地坤地 持闇持闇)의 준말로서 '지암(持闇)'은 세상의 혼미한 것을 가려서 파악하라는 뜻이고, '곤지(坤地)'는 음양의 조화를 상징합니다. 따라서 곤지곤지 잼잼은 "세상의 혼미함을 가려서 파악해 음양의 조화를 이루라"는 심오한 뜻을 담은 말입니다. 그런데 이렇듯 심오하고 위대한 놀이교육의 가치가 현대에 위축되고 있지는 않은지 새삼 돌아볼 시점이 아닌가 싶습니다.

이러한 놀이는 본능적인 느낌과 직관을 통해 창조를 가능하게 만드는 힘이 있습니다. 결국, 놀이야말로 창조의 보금자리입니다. 그리고 놀이는 인간의 상상력을 키우는 매개체입니다. 인간은 야생의 사고, 훈련되지 않은 사고로 놀아야 합니다. 놀이와 사랑과 일(play, love, work)의 결합이 삶을 풍요롭게 만듭니다. 《놀이의 힘》의 저자 데이빗 엘킨드는 "하버드대나 스탠퍼드대에서도 창의력이나 상상력이 뒤처지는 학생을 여럿 봤다. 그들은 생각할 줄 모르고 행복해하지도 않았다"고 했습니다. 놀 줄 모르면 그게 바보입니다.

하지만 막상 한국인에게도 '논다'는 것은 어려운 일입니다. 어른은 일에, 아이들은 입시에 휘둘려 효과적인 휴식과 놀이 문화가 부재하기 때문입니다. 어른 아이 할 것 없이 다들 너무 바쁩니다. 물론 바빠도 놀 수 있습니다. 스스로의 틀만 깨면 얼마든지 놀 수 있습니다. 너무 규율과 스케줄만을 강조하다 보면 창의성이 사라집니다. 이때 필요한 것이 놀이입니다. 우리 한국인에게는 5000년 전 단동십훈 놀이의 유전자가 새겨져 있는데, 어릴 때부터 몸에 익힌 그 놀이의 근성을 자라면서도 계속 발현시켜야 하는 것입니다.

**놀이의**
**신명에**
**빠질 것**

그런데 사실 놀이를 만드는 것은 생각의 '변환'입니다. 나의 일상을 놀이라고 생각해보십시오. 주말에 가족을 위해 요리하는 것도 놀이고, 정원을 손질하며 흙을 만지는 것도 놀이입니다. 기꺼이 이렇게도 바꿔보고, 저렇게도 해보십시오. 그게 놀이입니다. 레고라는 장남감을 보면 기본칩을 어떻게 운용하느냐에 따라 집도 되고 비행기도 되는 등 결과

물이 달라지지 않습니까?

그와 마찬가지로 놀이란 트랜스포메이션(transformation, 변환)입니다. 단순한 재료를 변환시켜 온갖 놀이를 하는 것입니다. 지금은 축구공 따로, 농구공 따로, 배구공 따로이지만 옛날에는 공 하나로 모든 구기를 다했습니다. 그것이 놀이입니다. 놀이는 결코 사치스러운 일이 아닙니다. 아이건 어른이건 가지고 놀 장난감은 넘쳐나는 세상이지만 정작 놀 줄 모를 뿐! 무엇 때문일까요? 진짜 노는 것을 못해봤기 때문입니다.

아이와 함께 장난감가게에 갔던 기억을 되살려보십시오. 아이들이 장난감을 고릅니다. 하지만 부모, 특히 엄마는 거의 예외 없이 아이가 고른 것을 그냥 순순히 사주지 않습니다. 아이는 나름대로 자기 놀 궁리를 하고 장난감을 골랐지만 아이가 노는 방법은 엄마가 노는 방법에 밀리기 일쑤입니다. 정작 놀 사람은 아이인데 엄마가 아이의 노는 순서, 노는 방법까지 일일이 간섭합니다. 결국 엄마가 생각한 놀이의 방법과 순서에 맞는 장난감을 사게 되는데, 단언컨대 그럴 경우 그 아이에게 미래는 없습니다. 노는 것에서부터 아이 스스로 '결정하는 법'을 배우지 못하면 그 아이는 평생 자신의 삶을 결정하지 못하기 때문입니다.

노는 방법을 결정하는 것이 삶을 결정합니다. 장난감 하나를 살 때도 부모가 모든 걸 결정하고, 무엇을 살지 어떻게 놀지까지도 부모 머릿속에 다 들어 있다면, 어디에 창의력이 끼어들 여지가 있겠습니까? 비틀스의 노래 '렛잇비(Let it be)'처럼 내버려두십시오. 아이 교육에는 이 렛잇비 정신이 정말 중요합니다. 이것이 수많은 문제를 해결하는 진정한 해결책입니다.

그러니 아이에게 특별한 장난감을 제공할 게 아니라 아이가 뭔가를 장난감으로 만들도록 유도해보십시오. 때로는 스카치테이프 하나만 가지고도 하루 종일 놀 수 있는 것이 아이입니다. 논다는 것은 개방된 방 안으로 들어가는 일입니다. 어른이건 아이건 모든 것이 가능한 '기회'를 경험해봐야 합니다. 그것을 경험해봐야 상상력도 창조도 가능해집니다.

분명 미래는 놀이의 힘으로 만들어집니다.

김득황 디터 립
권정생 캐슬린
함민복 무라시
조경철 세르반
카를라 브루니
데즈먼드 투투
이수현

이제석

02

나만의 길을 내고 나만의 결을 찾다

# 길 없는 곳에서 길이 되다

## 나의 선물은 '사랑의 봄길'

"(…) 길이 끝나는 곳에서도 / 길이 되는 사람이 있다 / 스스로 봄
길이 되어 / 끝없이 걸어가는 사람이 있다 (…) 사랑이 끝난 곳에서
도 / 사랑으로 남는 사람이 있다 / 스스로 사랑이 되어 한없이 걸
어가는 사람이 있다."

정호승 시인의 〈봄길〉이란 시입니다. 그런데 꼭 이 시의 주인공
처럼 살다 간 분이 있습니다. 바로 김득황(金得榥, 1915~2011) 옹(翁)
입니다.

1915년에 평안북도 의주에서 5남 1녀 중 셋째로 태어난 김득
황 옹은 14세 때 가족과 함께 만주로 이주해서 그곳에서 자랐습니
다. 그의 부친은 황무지를 일궈 일가를 부양했습니다. 그 후 일본
으로 유학한 김득황 옹은 니혼대학교 법학부에서 공부한 후 졸업
하던 해인 1942년에 만주 고등문관 고시 행정과에 합격했습니다.

통화 지역에서 관방 사무관을 지내며 만주국 관리로 근무하던 그는 해방 후 귀국해서 신생 대한민국의 공무원으로 일했습니다.

그리고 1950년에 6·25전쟁이 터지자 서울 신계동의 일본식 목조 주택에 살고 있던 김득황 옹은 공무원 월급으로 5남 1녀를 키우면서도 전쟁고아 세 아이를 새로 수양딸로 거뒀습니다. 지리산 빨치산 토벌작전으로 부모를 잃은 아이, 길거리에 버려진 아이, 폭격으로 부모를 잃은 아이 등이었습니다. 사실 6·25전쟁 중에 가장 큰 희생자는 아이들이었습니다. 어른들이 싸우는 통에 아이들은 굶어 죽고, 얼어 죽고, 병으로 죽고, 총 맞아 죽고……, 너무 안타깝게 죽어갔던 겁니다. 김득황 옹은 그 아이들이 불쌍해서 거둘 수밖에 없었던 것이죠.

그래서 그는 퇴근 후에는 집에서 커다란 양철통에 팥죽을 끓여 집 근처 다리 밑이나 움막 등에서 지내는 굶주린 아이들에게 나눠주고는 했습니다. 그러자 그의 집에 밥을 얻어먹으러 오는 아이들이 하나 둘 늘어만 갔습니다. 그래도 그는 배고프다고 찾아온 아이들을 한 번도 빈손으로 돌려보내지 않고 밥과 죽을 줬습니다. 그는 "내가 특별한 일을 한 게 아니라, 길에 그대로 두면 굶어 죽을 게 뻔해서 거두지 않을 수 없었다"고 담담하게 말했습니다.

1960년에 참의원 법제조사국장을 지내고 1967년에 내무부 차관을 끝으로 공직에서 은퇴한 김득황 옹. 그는 어린이 구호단체인 한국십자군연맹 등에서 일하며 고아원 지원사업을 하다가 입양 문제에 관심을 갖게 됐습니다. 의지할 수 있는 가족이 생기고, 교육 기회도 많아지기 때문에 아이들은 고아원과 같은 시설보다

가정에서 자라는 것이 좋다고 생각한 김득황 옹은 환갑을 앞둔 1973년 4월, 미국 자선단체와 국내외 교회들의 도움을 얻어 본격적인 입양사업을 시작했습니다. 서울 태평로에 82제곱미터(25평)짜리 사무실을 차려 '동방사회복지회' 간판을 내건 것입니다. 동방사회복지회 직원은 10명 남짓이었는데 후원금이 넉넉지 않았던 까닭에 조금이라도 임차료가 싼 곳을 찾아 숱하게 이사를 다녀야 했습니다.

김득황 옹이 만든 동방사회복지회는 홀트아동복지회·대한사회복지회와 함께 국내 3대 입양아 보호단체로 꼽힙니다. 1973년 4월 창립 이후, 6만여 명의 오갈 데 없는 아이들이 이 단체를 통해 양부모를 찾았습니다. 그 중 4만 5000여 명은 해외로, 1만 5000여 명은 국내로 입양됩니다. 김득황 옹은 환갑 무렵이던 1973년 이후 돌아가시기 전까지 수십 년 세월 동안 입양되어 먼 나라로 떠나가는 아이들을 가슴에 품었습니다. 하루 너덧 명씩 공항으로 출발하기에 앞서 그의 방에 들르면 한 명 한 명을 끌어안고 올망졸망한 머리통을 쓰다듬으며 나지막하게 이런 기도를 올리곤 했습니다. "어린 것을 상처 입혀 또 이렇게 떠나보내오니, 꼭 이 생명을 지켜주시옵소서."

그렇게 눈물 속에 입양되었던 아이들이 잘 커서 다시 한국을 찾았을 때 김득황 옹은 가장 기뻐했습니다. 특히 라면박스에 담긴 채로 서울역에 버려진 생후 6개월짜리 여자아이가 미국에서 소아과 의사가 되어 돌아왔을 때, 쓰레기통에 버려진 생후 18개월짜리 남자아이가 호주에서 소믈리에가 되어 돌아왔을 때, 그리고 생후

9개월짜리 청각장애아가 미국 미네소타 주에서 되레 청각장애인을 가르치는 교사가 되어 왔을 때 특히 그랬습니다. 심지어 주한 미국 대사관 외교관이 돼서 돌아온 입양아도 있었습니다. 이처럼 김득황 옹은 입양됐던 아이들이 잘됐다는 소식을 들을 때가 자기 인생의 최고 보람이었다고 말했습니다.

1985년 경기도 평택에 양부모를 찾기 어려운 장애아들을 위한 보호시설을 짓기로 한 때의 일이었습니다. "장애인 시설이 들어오면 땅값이 떨어진다"고 거세게 반대하는 주민들 때문에 일이 진척되지 못하자 김득황 옹은 일일이 주민들을 찾아다니며 머리를 숙이고 통사정을 했습니다. 그렇게 해서 마침내 이듬해 장애아 480여 명과 미혼모 50여 명을 수용하고 초·중·고등학교까지 완비한 동방평택복지타운을 지을 수 있었습니다. 그야말로 해야 할 일이 있으면 반드시 뚫어내고야 마는 사람이 바로 김득황 옹이었습니다.

김득황 옹은 평생 그 흔한 자가용도 없이 살았습니다. 부하직원들이 이사장용 차량을 구입하려 했다가 "돈이 있으면 아이들한테 써야지 왜 쓸데없는 데 쓰느냐"고 오히려 호통을 들을 정도였습니다. 그가 살았던 서울 연희동 자택 역시 허름했습니다. 거기에는 수십 년 넘게 사용해서 온통 금이 간 갈색 가죽소파가 덩그러니 놓여 있을 뿐입니다.

김득황 옹의 평생은 사랑의 봄길을 열어온 생애였습니다. 그는 전쟁의 참화 속에서 길을 잃고 삶과 죽음의 기로에서 헤매고 서성이던 아이들을 거둬 새로운 삶을 다시 걸어갈 수 있도록 열어준 살아 있는 길이요 이정표였습니다. 그야말로 길 없는 곳에서 길이 되어준 사람이었던 겁니다.

## 덜할수록 더 좋은 법

몇 해 전 새해 벽두에 서울 종로구 통의동에 위치한 대림미술관을 찾았습니다. 'Less and More—디터 람스의 디자인 10계명'전을 보기 위해서였습니다. 날이 무척 찼지만 미술관 안은 젊은이들로 북적이는 것이 마치 대학 강의실에 온 느낌이었습니다. 예, 그렇습니다. 디터 람스(Dieter Rams, 1932~ )는 전설적인 산업디자이너일 뿐만 아니라 그의 전시회를 찾은 이들에게 예외 없이 위대한 선생이었던 겁니다.

이 전시는 독일 프랑크푸르트 응용미술관과 일본 오사카의 산토리 미술관이 공동으로 기획한 순회전시로 디터 람스가 독일 브라운사 디자인팀에 근무할 때 디자인한 가전과 생활용품 및 스케치 등 400여 점이 영상물과 함께 전시되었습니다. 그런데 재미난 것은 그것들이 길게는 반세기 짧게는 사반세기나 된 디자인임에도 불구하고 전혀 오래된 것이란 느낌이 들지 않았다는 겁니다. 제품에 그렇게 긴 생명력을 부여한 것은 디터 람스의 디자인 철학 즉 '적게 그러나 더 낫게(Less but better)'였는바, 이에 담긴 함의를 곱씹어보지 않을 수 없습니다.

디터 람스는 1932년 5월 20일에 독일 비스바덴에서 태어났습니다. 그는 목수였던 할아버지가 일하는 모습을 보며 자랐습니다. 할아버지는 철저하게 손을 써서 일을 했고 기계나 도구의 사용은 극도로 자제했습니다. 아마도 이것이 디터 람스의 뇌리에 깊이 각인되었음에 틀림없어 보입니다. 1947년, 16세가 된 디터 람스는 비스바덴의 수공예학교에 들어가 두 학기를 다닌 후 이웃 도시인 켈크하임의 한 목수공방에 들어가 3년간 도제수업을 받았습니다. 그 후 디터 람스는 1951년에 예전에 다녔던 수공예학교가 뒤셀도르프 예술아카데미 교수 출신인 한스 젠더의 지휘 아래 산업예술학교로 승격되자 다시 복학해서 네 학기를 공부합니다. 그리고 바우하우스의 전통을 이어받아 가르친 한스 하펜리히터와 휴고 퀴켈하우스의 생태주의에 깊은 영향을 받기에 이릅니다.

그 후 1953년 프랑크푸르트의 오토 아펠 건축사무소에 취직한 디터 람스는 공동작업을 통해 보다 넓은 시야를 확보하게 되었고 2년 후인 1955년 7월에 독일 가전회사 브라운(Braun)에 입사하게 됩니다. 디터 람스는 그로부터 1995년까지 40년간 브라운사의 핵심디자이너로 활동했고 나중에는 디자인팀을 총괄해 이끌었습니다. 그 40년 동안 브라운사는 1270개 이상의 제품을 판매했는데 이 가운데 디터 람스가 직접 디자인한 것이 514개였습니다. 결국 디터 람스와 그의 디자인팀이 이룬 성과는 브라운의 성취를 넘어서 전후 '모던 디자인의 가치 기준'이 됩니다.

오래전 일입니다만, 애플의 산업디자인 부사장 조너선 아이브가 독일에 있는 디터 람스에게 전화를 걸어 이렇게 존경을 표했다고 합니다. "선생님, 제 작품에 영감을 주셔서 진심으로 감사드립니다." 그리고 조너선 아이브는 자신이 디자인한 아이폰을 디터 람스에게 보냈다고 하네요.

조너선 아이브가 누구입니까? 맥북, 아이팟, 아이폰, 아이패드 등을 디자인해낸 애플의 디자인 아이콘 아닙니까? 혹자는 우리에게 필요한 사람은 스티브 잡스가 아니라 조너선 아이브라고까지 말할 정도로 그의 디자인은 엄청난 부가가치 창출의 원천이 되었습니다. 또한 디자인의 힘이 오늘날의 산업 시장에서 얼마나 중요한가를 단적으로 증명해줬습니다. 그런데 그런 조너선 아이브가 경의를 표하며 자신의 대표작을 헌정하듯 보낸 이가 바로 디터 람스라는 사실에 우리는 또 한 번 주목하지 않을 수 없습니다.

실제로 디터 람스가 1958년에 디자인한 브라운의 휴대용 라디오 T3와 2001년에 조너선 아이브가 디자인한 아이팟, 그리고 1987년에 디터 람스가 디자인한 태양열 계산기 ET 66과 2007년에 나온 아이폰의 원형 모습은 너무나도 흡사합니다. 그뿐만 아니라 디터 람스는 오디오에 처음으로 회색을 적용함과 동시에 투명한 플라스틱 뚜껑을 도입해 큰 화제를 모았습니다. 마치 순백색의 아이팟 본체와 아이폰이 인기를 얻은 것처럼 말이죠.

이에 대해 디터 람스는 이렇게 말합니다. "애플의 디자인과 제 디자인이 연결돼 있는 것은 맞습니다. 하지만, 그것은 카피한 게 아니죠. 응용한 거죠. 그리고 '덜할수록 더 좋다'는 제 디자인 철학을 따른 거죠. 그래도 조너선 아이브가 직접 전화해 고맙다는 말을 하니까 놀라웠고 그 또한 저에 대한 찬사라고 생각합니다."

이처럼 디터 람스가 40여 년 동안 독일 가전업체 브라운사의 디자이너로 일하며 보여준 군더더기 없이 간결하고 혁신적인 스타일의 디자인이야말로 현대의 고전이 된 겁니다. 휴대용 라디오,

TV, 계산기, 면도기, 하이파이 스테레오 등 가전의 고전이 된 제품을 통해서 말이죠. 군더더기 없는 심플함을 강조하는 디터 람스의 디자인 철학은 'Less but better(적지만 더 낫게)'라는 그의 지론에 함축돼 있습니다. 좋은 디자인은 질리지 않고 오래가야 하는데, 그러려면 최대한 단순해야 한다는 것이죠. 디터 람스의 디자인은 덜고 또 덜었지만 모자라거나 답답하다는 느낌이 전혀 들지 않고 오히려 단단한 균형과 절제된 디테일을 통해 되레 제품에 풍부한 힘과 긴 생명력을 불어넣었습니다.

아울러 디터 람스가 1980년대에 주창한 '좋은 디자인을 위한 10계명'은 지금도 회자되고 있습니다. 그 내용을 살펴보면 이렇습니다.

1. 좋은 디자인은 혁신적이다.
2. 좋은 디자인은 제품을 유용하게 한다.
3. 좋은 디자인은 심미적이다.
4. 좋은 디자인은 제품을 이해하기 쉽도록 한다.
5. 좋은 디자인은 정직하다.
6. 좋은 디자인은 요란하지 않다.
7. 좋은 디자인은 오래 지속된다.
8. 좋은 디자인은 마지막 디테일까지 철저하다.
9. 좋은 디자인은 환경친화적이다.
10. 좋은 디자인은 가능한 한 최소한의 디자인이다.

어린 시절 목수였던 할아버지의 손감각을 통해 디자인의 휴머니즘을 경험했던 디터 람스. 그의 나이는 이미 여든을 넘겼지만 그가 선보였던 디자인은 아직도 젊고 신선합니다. 물론 그것은 더할 것도 뺄 것도 없는 간결함 덕분이 아닐까 생각합니다. 더구나 그의 평생의 신조였던 'Less but Better' 즉 '적지만 더 나은'은 비단 디자인만이 아니라 우리 삶에도 그대로 적용될 만한 원칙이요 철학이 아닐까 싶습니다.

## 내 식대로 새 판을 짜라

지난 2009년 1월, 버락 오바마 미국 대통령의 취임에 맞춰 뉴욕과 워싱턴에 나붙었던 한 장의 포스터가 있습니다. 한 미군병사가 총을 겨누는 모습의 그 포스터는 표면이 둥근 전봇대에 붙여야 비로소 그 진짜 효력을 발휘합니다. 그 포스터를 전봇대에 붙이자, 적을 향했던 병사의 총구가 자신의 뒤통수를 겨냥하고 있기 때문입니다. 그 포스터에는 다음과 같은 문구가 적혀 있습니다. "뿌린 대로 거두리라(What goes around comes around)". 이것은 이라크 전쟁에 반대한다는 메시지를 담은 반전(反戰) 포스터였습니다. 이 작품을 만든 이가 광고쟁이 이제석(1982~ )입니다. 그는 이 작품으로 원쇼 페스티벌과 클리오 어워즈 등 이름난 국제 광고제에서 10여 개의 메달을 휩쓸다시피 했습니다.

여기 또 다른 이제석의 광고작품이 있습니다. 뉴욕 북동부의 100년도 넘은 5층짜리 건물 옥상 위의 시커먼 연기를 내뿜는 굴뚝 아래 건물 벽면에 설치된 대형 광고판이 어느 날 사람들의 시선을 사로잡았습니다. 그도 그럴 것이 그 광고판에 매그넘 리볼버 권총 사진을 붙이자 연기를 뿜던 굴뚝이 영락없는 권총의 총열로 변했기 때문입니다. 그리고 그 대형 광고판 하단에 이렇게 한 줄짜리 카피를 깔았습니다. "대기오염으로 한 해 6만 명이 사망합니다." '굴뚝총'이라는 애칭으로 더 유명해진 이 작품으로 이제석은 2007년에 세계적인 권위를 자랑하는 '원쇼 칼리지 페스티벌' 최고상을 거머쥐었습니다. 그런데 정작 이렇게 세계가 알아주는 광고쟁이 이제석은 한국 땅에선 찬밥 중의 찬밥이었습니다. 아무도 그에게 상은커녕 눈길조차 주지 않았으니까요.

1982년에 대구에서 태어난 이제석은 의과대학에 진학한 형에게 밀려 초등학교 때부터 만화만 그리면서 시간을 죽이며 살았다고 합니다. 대구 협성중학교에 다닐 때는 수업태도 불량으로 숱하게 얻어맞을 만큼 문제아 취급을 당했습니다. 간신히 고등학교에 진학해서, 그림으로도 4년제 대학에 갈 수 있다는 말에 죽도록 그림을 그렸다고 합니다. 그런 덕분인지 대구 계명대 시각디자인과에 입학했습니다. 그러나 거기까지였습니다. 대학 1학년 때부터 대학생 광고 공모에 꾸준히 응모했지만 코딱지만 한 상조차 타지 못했습니다. 4.5 만점에 4년 평균 평점 4.47로 수석 졸업했지만 국내에서는 발붙일 곳이 없었습니다. 졸업 후 수십 군데에 입사 원서를 냈지만 아무 곳에서도 그를 받아주지 않았던 겁니다. 실력보다 스펙이 우선하는 풍조 때문이었을까요? 그가 설 곳은 아예 없었습니다. 그는 미술학원 강사를 거쳐 결국에는 간판쟁이 일을 할 수밖에 없었습니다.

그러던 어느 날 그는 돌연 미국 유학을 결심합니다. 영어라고 해봐야 제대로 격식 갖춰 공부한 것이 아니라 1년 동안 미군 부대를 들락거리며 귀동냥한 것이 전부였지만 그는 거의 막무가내로 유학을 떠나기로 결심합니다. 세상에 얼굴 내민 이상 진짜 최고와 맞붙어서 뭐라도 한번 제대로 해보자고 마음먹었던 겁니다. 그 길로 이제석은 세계 최고의 광고쟁이들이 어디에 모여 있는지 찾기 시작했습니다. 그리고 주저함 없이 미국 뉴욕으로 떠납니다. 그 후 어찌어찌해서 마침내 2006년 9월에 뉴욕 '스쿨 오브 비주얼 아츠(School of Visual Arts)'에 편입하게 됩니다.

하지만 미국 뉴욕에서 공부한다고 당장 달라지는 것은 아무것도 없었습니다. 그는 여전히 변방인이었습니다. 그런데 1년 반쯤 지나서 늘 자신에게 '버럭' 화만 내던 미국 교수가 자신의 어깨를 툭 치면서 처음으로 칭찬 비슷한 것을 던집니다. 말인즉 "제석, 넌 더 잘할 수 있잖아?" 별반 감동할 만한 말은 아니었다 싶은데 이제석은 이 말 한마디에 "내 심장이 다시 뛰었다"고 말합니다. 그만큼 그는 관심에 목말라 있었는지 모릅니다. 일은 그때부터였습니다.

미국에 간 지 2년 만에 이제석은 국제 광고제를 휩쓸며 두각을 나타내기 시작했습니다. 국내에서는 상 근처에도 못 가본 그가 말입니다. 그는 광고계의 오스카상이라 불리는 클리오 어워드 동상, 미국광고협회가 수여하는 애디 어워드 금상 등 세계 유수의 국제 광고제에서 무려 29개의 메달을 휩쓸다시피 했습니다. 그리고 2007년, 세계 최고의 광고 공모전 중 하나인 뉴욕 원쇼 페스티벌 최우수상 시상식에서 이제석은 수상 소감을 밝히다가 느닷없이 큰 소리로 외쳤습니다. "인턴십 구합니다!" 하고 말이죠. 여기저기서 폭소가 터져나왔음은 물론입니다. 그 덕분에 이제석은 미국에서 가장 오래되고 가장 큰 초대형 광고회사에 이력서 한 장 안 내고 들어갈 수 있었습니다. 이후 그는 미국 내의 메이저급 광고회사들에서 몸값을 높였습니다.

그가 세계 3대 광고제를 석권한 후 귀국했을 때 국내의 한 광고대행사에서 공항으로 리무진을 보내주었다고 합니다. 하지만 이제석은 스카우트 제의를 거절하고 대신 그만의 광고를 만드는 '이제석광고연구소'를 세웁니다. 그리고 다시 뉴욕에서 대학원 공부를 병행하면서 코펜하겐 기후회의 포스터, 아름다운 가게 캠페인, 신문사들과의 공익광고 캠페인 등 세상을 바꾸는 광고를 만들기 시작했습니다. 재능이 올바른 곳에 쓰일 때 그 가치도 극대화된다고 믿는 이제석은 자신의 재능을 가장 가치 있고 유용하게 쓰는 길이 무엇일까를 고민한 끝에 UN과 함께 일하는 것을 꿈꾸고 있습니다. 인류가 안고 있는 문제점을 개선하거나, 인류의 더 나은 삶을 위해 노력하는 게 UN의 역할이라면 그 자신은 UN과 세계시민이 제대로 소통할 수 있는 좋은 캠페인을 만들고 싶다는 당찬 포부로 똘똘 뭉쳐 있습니다.

광고계의 전설인 데이비드 오길비도 한때 수세미 같은 것을 파는 방문 판매원이었던 시절이 있었다고 합니다. 아파트 문틈에 발을 집어넣고 "이거 하나 사주세요"라고 애걸하듯 외치며 처절하게 살았던 삶의 몸부림들이 있었기에 훗날의 오길비가 있었듯이 자신도 마찬가지라고 말하는 이제석. 그는 세상 모든 경험은 버릴

게 없다고 말합니다. 설사 자기한테 극도로 불리하게 주어진 상황일지라도 그것을 유리한 방향으로 바꾸는 것이 진짜 크리에이티브의 힘이고 그것이야말로 진정한 능력이라고 생각하는 광고쟁이 이제석! 그는 말합니다. "판이 불리하다고? 그렇다면 판을 뒤집어라! 내 식대로 새 판을 짜라!"고 말이죠.

# 텅 빈 충만으로 나를 채우다

## 자그마한 흙집의 성자

드라마로도 방영되어 화제를 모았던 〈몽실언니〉의 작가 권정생 선생(1937~2007)이 돌아가시고 난 뒤 그가 살던 경북 안동시 일직면 조탑리 노인들은 많이 놀랐다고 합니다. 혼자 사는 외로운 노인으로 생각했는데 전국에서 수많은 조문객이 몰려와 눈물을 펑펑 쏟으며 우는 것을 보고 놀랐고, 병으로 고생하며 겨우겨우 하루를 살아가는 불쌍한 노인인 줄 알았는데 연간 수천만 원 이상의 인세 수입이 있는 분이란 것을 알고 또다시 놀랐다고 합니다. 또 그렇게 모인 10억 원이 넘는 재산과 앞으로 생길 인세 수입 모두를 굶주리는 북한 어린이들을 위해 써달라고 조목조목 유언장에 밝혀놓으신 것을 보고 또다시 놀랐다고 합니다.

권정생 선생은 1937년 일본 도쿄의 빈민가에서 태어났습니다. 광복 직후인 1946년, 18세 나이에 외가가 있는 경상북도 청송으로 귀국했지만 가난한 탓에 가족들과 헤어져 어렸을 때부터 나무장수, 고구마장수, 담배장수와 가게 점원 등을 전전했습니다. 그 와중에 22세 되던 해에 전신 결핵에 걸려 대구, 김천, 상주, 문경 등지를 떠돌다가 30세 되던 1966년부터 경북 안동시 일직면 조탑동의 교회 문간방에서 1982년까지 마을교회 종지기를 하며 혼자 살았습니다. 그 후 1983년 교회 뒤편 빌뱅이 언덕 밑에 다섯 평짜리 자그마한 흙집을 짓고 살며 작품을 써왔습니다.

사실 권정생 선생은 건강하고 여유가 있어 글을 쓴 것이 아니었습니다. 그것은 한마디로 '견디기 위한 글쓰기'였습니다. 1966년 5월에 콩팥 하나를 들어내고 그 해 12월에 방광마저 들어내 남은 콩팥 하나에 고무호스를 연결해서 몸 바깥으로 소변을 뽑아내는 처지가 되었습니다. 권정생 선생은 생전에 이렇게 말했습니다. "아침에 소변을 뽑으러 가면 누런 고름이 축 빠져나오는데 햐, 그걸 볼 때마다, 참 인간이라는 것이 얼마나 질긴 목숨인가. 그래서 이래도 사는가 싶었어요. 당시 의사 선생님이 2년은 살 테니까 2년 견뎌라. 간호원은 오히려 6개월도 못 살아요. 금방 썩어버려요." 했다는 겁니다.

1968년도 가을이 되니 "이제 난 죽는구나" 하는 생각이 들더랍니다. 실제로 그때 당시 권정생 선생은 몸무게가 사십오륙 킬로그램 정도로 비쩍 말라서 사람들이 귀신같다고 할 정도였습니다. 그때 그에게 뭔가 쓰고 싶다는 생각이 들었다는 겁니다. 그래서 50일 정도 공을 들여 쓴 것이 바로 그의 첫 동화 〈강아지똥〉이었습니다. 1969년 그의 등단을 알린 동화 〈강아지똥〉은 아무도 알아주지 않는 강아지똥이 민들레의 거름이 되어 아름다운 꽃을 피운다는 내용입니다. 지금은 초등학교 교과서에 실리기까지 하며 어린이들의 사랑을 받고 있습니다. 그 후로도 그는 마을교회 종지기를 하며 틈틈이 동화를 계속 썼습니다. 특히 1984년에 출간한 동화 〈몽실언니〉는 분단시대 한국문학의 가장 사실적이고 감동적인 작품으로 손꼽힙니다. 텔레비전 드라마로도 만들어져 더 널리 알려진 이 동화는 가난과 전쟁으로 얼룩진 세상을 꿋꿋하게 살아가며 인간다움을 잃지 않는 주인공 몽실이를 통해 사랑과 희망의 의미를 보여주었습니다. 아동문학의 고전 지위에 오른 이 책은 일본어로도 번역돼 좋은 반응을 얻었습니다.

〈몽실언니〉와 〈강아지똥〉에서 엿보이듯 고인의 작품은 기독교적 믿음을 바탕에 두고 자연과 생명, 어린이, 이웃, 북녘 형제에 대한 사랑을 따뜻하게 그렸습니다. 깜둥바가지, 벙어리, 바보, 거지, 장애인, 외로운 노인, 시궁창에 떨어져 썩어가는 똘배, 강아지똥 등 그가 그려낸 주인공들은 다들 세상의 가장 낮은 곳에 있는 약한 존재들이었습니다. 그러나 그들은 자신을 죽여 남을 살려냄으로써 결국 영원히 사는 삶을 살아갑니다. 왠지 권정생 선생의 삶과 그의 작품 속 주인공들이 닮아 보입니다.

권정생 선생이 사시던 집은 다섯 평짜리 흙집입니다. 그는 그 집에서 정말이지 강아지 한 마리 그리고 여러 마리 쥐들과 함께 살았습니다. 권정생 선생이 돌아가시고 난 뒤 찾아간 집 댓돌에는 고무신 한 켤레가 가지런히 놓여 있었는데 보는 이들로 하여금 울지 않을 수 없게 만든 고무신이었습니다. 우리가 가지고 있는 수많은 신발과 옷을 생각하면 부끄러워지기 때문입니다. 동네 노인들이 알고 있던 것처럼 권정생 선생은 가장 낮은 자리에서 병들고 비천한 모습으로 살다 가셨습니다. 그의 삶은 진짜로 '무소유'를 실천한 삶이었습니다. 그는 세속적인 욕심을 아예 버렸고 명예와 문학권력 같은 것은 아예 꿈도 꾸지 않으셨습니다. 10여 년 전 윤석중 선생이 직접 들고 내려온 문학상과 상금을 우편으로 다시 돌려보냈고, 언젠가 문화방송에서 '느낌표'라는 이름으로 진행했던 책 읽기 캠페인에 선정도서로 결정되었을 때도 그것을 거부한 바 있습니다. 그때 달마다 선정된 책은 많게는 몇 백만 부씩 팔려나가는 선풍적인 바람이 불 때였는데 권 선생은 그런 결정 자체를 번잡하고 소란스러운 일로 여기셨던 겁니다.

다섯 평 남짓한 흙집 뒤에는 진보랏빛 엉겅퀴꽃이 가득 피어 있었고 그 중 한 송이가 앞마당 마루 끝에 혼자 서서 빈 집을 지키고 있었습니다. 선생이 드시던 것으로 보이는 뻥튀기 과자 반 봉지와 보리건빵 봉지가 어수선한 짐들 위에 놓여 있는 것도 보였습니다. 우리나라 어린이 문학의 가장 큰 어른은 그렇게 살다 가셨던 겁니다.

**여유와 무심의 소통**

전 주한미국대사 캐슬린 스티븐스(Kathleen Stephens, 1953~ )의 한국이름은 심은경입니다. 어떻게 그녀는 심은경이 된 걸까요? 본래 이름은 물론 캐슬린 스티븐스죠. 하지만 1975년에 그녀가 30여 명으로 구성된 미국평화봉사단의 일원으로 한국을 처음 찾았을 때 갖게 된 이름이 바로 '심은경'입니다. 당시 한국에 도착한 후 이틀을 서울에서 보낸 뒤 그녀는 충북 청주행 버스에 올라탔습니다. 그리고 그곳 청주에서 10주 동안 한국어 교육을 받았죠. 그 당시에는 외국인을 포함한 모든 사람들이 학교 직원으로 등록하거나 은행, 우체국일 등의 일상 업무를 보기 위해서는 반드시 도장이 필요했습니다. 그래서 그 도장에 새겨 넣을 한국어 이름으로 당시 평화봉사단장이 지어준 것이 바로 '심은경'이었던 겁니다.

이렇게 한국어 이름 심은경을 갖게 된 캐슬린 스티븐스는 한국에 머물면서 미국 외교관시험에 응시해 합격한 후 1978년에 직업외교관으로서 첫발을 내디뎠습니다. 직업외교관으로서의 첫 부임지는 트리니다드 토바고였지만 그 후 1980년부터 2년간 중국 광저우에서 영사로 근무한 뒤 본국으로 귀국했다가 지난 1984년에 다시 한국에 돌아와 1987년까지 주한미국대사관 정무담당관으로 근무했습니다. 아울러 1987년부터 89년까지는 부산 영사관에서 3년간 근무했을 만큼 그녀는 한국과 인연이 깊습니다.

그 후 유고슬라비아, 북아일랜드, 포르투갈 등의 나라를 돌며 외교관으로 활동한 그녀는 2005년부터는 미 국무부의 동아시아 태평양 담당 부차관보급으로 일하다 마침내 지난 2008년 9월 23일에 주한미국대사로 부임했습니다. 당시 그녀가 입국한 인천공항 입국장에는 1975년 예산중학교 시절 그녀가 제자들과 함께 찍은 사진이 확대되어 걸려 있었습니다. 33년 만의 금의환향이었던 겁니다. 그리고 그녀는 주한미국대사로 한국에 첫발을 디딘 후 공항에서 가진 도착성명의 일성을 "안녕하십니까? 심은경입니다"로 시작했습니다. 이처럼 캐슬린 스티븐스 아니 심은경은 한미 수교 후 첫 여성 미국대사로서뿐만 아니라 유창한 한국어와 함께 '한국을 가장 잘 이해하는 주한미국대사'로 평가받으며 많은 사람들의 환영을 받았습니다.

그리고 몇 년 후인 2010년 11월 17일, 서울 정동의 미 대사관저에서는 조촐하지만 의미 있는 출판기념 기자간담회가 열렸습니다. 출간된 책의 이름은 《내 이름은 심은경입니다》. 주한미국대사로 부임한 그녀가 평범한 한국인들과 소통하기 위해 찾은 방법이 미대사관 공식 인터넷 카페인 'cafe USA'에 열어놓은 블로그 '심은경의 한국이야기'였는데, 여기에 그동안 올린 글들을 묶어 책으로 내놓은 것이었습니다. 블로그에 올린 첫 글은 부임한 지 1주일 만인 2008년 9월 30일에 올린 것으로 글의 제목은 '한국에서 보낸 첫 번째 1주일'이었습니다. 블로그에 올렸던 글들을 한 권의 책으로 묶어낸 뒤에도 그녀의 블로그 글 올리기는 계속됐습니다. 그리고 마침내 2011년 2월 1일 100번째로 올린 글의 제목은 '오바마 대통령의 신년 국정연설에 언급된 한국'이었습니다.

그녀의 블로그 '심은경의 한국 이야기'에 올린 글들을 보면 그녀가 얼마나 한국과 한국인에 대해 깊은 애정을 갖고 있는지, 얼마나 폭넓게 듣고 보려고 노력하는지를 어렵지 않게 알게 됩니다. 그녀는 어린 시절부터 익숙한 자전거를 타고 우리나라 구석구석을 직접 페달을 밟아 달려갔습니다. 가깝게는 아름다운 한강 길을 따라서도 달리고, 송도 신도시까지 새로 개통한 인천대교를 건너기도 했습니다. 그리고 멀리는 군산에서 논산까지 금강을 따라 이동하기도 했고, 전라남도 무안에서 증도대교를 건너 슬로 아일랜드로 알려진 증도에 이르는 등 자전거로 우리나라 곳곳을 찾아다니기도 했답니다.

날씨 좋은 때만 그런 것이 아닙니다. 한겨울에 춥기로 소문난 강원도 철원과 횡성을 거쳐 안동까지 내달리며 지역민들을 만나고 6·25참전용사와 지역관료들을 만나기도 했습니다. 그녀는 그저 자전거 타고 유람하듯 둘러본 것에 그친 것이 아닙니다. 한국과 미국이 혈맹이 되어 함께 싸웠던 한국전쟁 발발 60주년을 기념해 '심은경 대사와 달리는 자전거 길 600리'라는 프로젝트를 기획하고 이를 실행하기도 했습니다. 전쟁 당시 처절한 전투가 벌어졌던 낙동강 전선 등의 지역들을 미 대사관 직원들은 물론 한국전쟁을 경험하지 않은 젊은 대학생들과 함께 직접 자전거를 타고 밟아본 겁니다.

그녀는 이처럼 자전거를 타고 몸을 움직여 전국 곳곳을 찾아다니는 것이야말로 자동차 타고 사무실 건물만 다니는 것보다 훨씬 더 의미 있고 심도 있게 한국을 알아가는 방법이라고 말합니다. 그래서 심은경 대사의 다음과 같은 말에선 그녀의 진심이 느껴집니다. "한국의 길과 들, 산, 강에서는 늘 이런 한국 사람들을 만나 한국적인 이야기들을 들을 수 있습니다. 훈훈한 정을 듬뿍 안겨주는 이런 사람들이 나에게는 가장 인상에 남는 사람들입니다. 그들이야말로 가장 한국적인 영혼을 갖고 있기 때문입니다. 이것이 바로 한국의 장점이고 한국의 진정한 미라고 생각합니다."

2010년 10월, 캐슬린 스티븐스 주한미국대사는 미국 외교관으로는 두 번째로 높은 고위직급인 '경력공사(career minister)'에 임명됐습니다. 그동안 한미관계의 질적개선과 강화에 기여한 점을 인정받은 것이라고 외교가에서는 말합니다. 그도 그럴 것이 심은경 대사는 미국과 한국 간의 비자 면제 프로그램(WWP)을 비롯해 실제 체감가능한 정책변화를 통해 한때 가파르게 긴장돼 보였던 한미 양국 간의 관계를 획기적으로 개선하고 증진시켰기 때문입니다. 어쩌면 그 모든 정책적인 성공 역시 그만큼 그녀가 한국과 한국인을 사랑하고 이해하려 애쓰며 쉼 없이 소통한 덕분이 아닐까 싶습니다.

이런 심은경 대사가 대사관저에서 키우던 삽살개 두 마리의 이름은 다름 아닌 '여유'와 '무심'이었습니다. 이 두 마리 암컷 삽살개는 공교롭게도 심은경 대사가 한국으로 부임해오던 날인 2008년 9월 23일에 태어났다고 합니다. 한국 부임 직전에 13년간 키워왔던 정든 개가 죽자 홀로 한국에 왔던 심 대사는 그 해 추수감사절에 문득 삽살개가 떠올랐다고 합니다. 몇 해 전 미국 존스홉킨스 대학 한미연구소(SAIS)에서 주최한 '한국의 밤' 행사에서 자신을 사로잡았던 귀여운 삽살개 두 마리가 말입니다. 그래서 여기저기 키울 만한 삽살개를 수소문했는데 때마침 충남 홍성에서 태어난 삽살개 예닐곱 마리가 분양 가능하다는 얘기를 전해듣고는 직접 홍성까지 찾아가 그 중 암컷 두 마리를 분양받아 왔던 것이죠. 그리고 강아지 분양자가 삽살개와 함께 건네준 명상서 두 권의 제목을 따서 각각 '여유'와 '무심'이라고 이름을 붙였다고 합니다.

애완견의 이름마저 한국인보다 더 한국적으로 지은 캐슬린 스티븐스 아니 심은경 전 주한미국대사. 그녀야말로 진정 우리 시대의 애정 어린 소통의 힘이 어떤 것인지를 자신의 일상으로 웅변해 주는 그런 인물이 아닐 수 없습니다.

## 말랑말랑 갯벌 같은 삶

혹시 함민복(1962~ ) 시인의 '눈물은 왜 짠가'라는 글을 보신 적이 있으신지요? 길지 않으나 매우 감동적인지라 그 내용 전문을 옮겨 보겠습니다.

지난여름이었습니다. 가세가 기울어 갈 곳이 없어진 어머니를 고향 이모님 댁에 모셔다드릴 때의 일입니다. 어머니는 차 시간도 있고 하니까 요기를 하고 가자시며 고깃국을 먹으러 가자고 하셨습니다. 어머니는 한평생 중이염을 앓아 고기만 드시면 귀에서 고름이 나오곤 했습니다. 그런 어머니가 나를 위해 고깃국을 먹으러 가자고 하시는 마음을 읽자 어머니 이마의 주름살이 더 깊게 보였습니다. 설렁탕집에 들어가 물수건으로 이마에 흐르는 땀을 닦았습니다. "더울 때일수록 고기를 먹어야 더위를 안 먹는다. 고기를 먹어야 하는데…… 고깃국물이라도 되게 먹어둬라." 설렁탕에 다대기를 풀어 한 댓 숟가락 국물을 떠먹었을 때였습니다. 어머니가 주인아저씨를 불렀습니다. 주인아저씨는 뭐 잘못된 게 있나 싶던지 고개를 앞으로 빼고 의아해하며 다가왔습니다. 어머니는 설렁탕에 소금을 너무 많이 풀어 짜서 그런다며 국물을 더 달라고 했습니다. 주인아저씨는 흔쾌히 국물을 더 갖다주었습니다. 어머니는 주인아저씨가 안 보고 있다 싶어지자 내 투가리에 국물을 부어주셨습니다. 나는 당황해 주인아저씨를 흘금거리며 국물을 더 받았습니다. 주인아저씨는 넌지시 우리 모자의 행동을 보고 애써 시선을 외면해주는 게 역력했습니다. 나는 국물을 그만 따르시라고 내 투가리로 어머니 투가리를 툭, 부딪쳤습니다. 순간 투가리가 부딪히며 내는 소리가 왜 그렇게 서럽게 들리던지 나는 울컥 치받치는 감정을 억제하려고 설렁탕에 만 밥과 깍두기를 마구 씹어댔습니다. 그러자 주인아저씨는 우리 모자가 미안한 마음 안 느끼게 조심, 다가와 성냥갑만한 깍두기 한 접시를 놓고 돌아서는 거였습니다. 일순, 나는 참고 있던 눈물을 찔끔 흘리고 말았습니다. 나는 얼른 이마에 흐른 땀을 훔쳐내려 눈물을 땀인 양 만들어놓고 나서, 아주 천천히 물수건으로 눈동자에서 난 땀을 씻어냈습니다. 그러면서 속으로 중얼거렸습니다. 눈물은 왜 짠가.

(함민복, 〈눈물은 왜 짠가〉, 《모든 경계에는 꽃이 핀다》, 창비, 1999)


삶이 힘겨웠던 시절, 어머니와 자식 간에 누구라도 있을 법한 삶의 한 장면을 참으로 담담하면서도 맛깔나게 묘사하지 않았습니까? 흔히 시인은 가난하다고 하지만 함민복은 정말이지 가난한 시인입니다. 1962년에 충북 중원군 노은면에서 태어난 함민복은 수도전기공고를 졸업하고 경북 월성 원자력발전소에서 4년간 의무근무를 마친 후 뒤늦게 서울예전 문예창작과에 입학했습니다. 그리고 2학년 때인 1988년 〈세계의 문학〉에 시 '성선설' 등을 발표하며 등단했습니다. 그 후 1990년 첫 시집 《우울氏의 一日》을 펴냈고

1993년에는 《자본주의의 약속》도 냈지만 정작 생활은 서울 달동네의 친구 방을 전전하며 떠도는 것을 면치 못했습니다.

그러다 1996년 강화도 마니산에 놀러갔다가 강화도가 너무 좋아 아예 동막리의 보증금 없는 월세 10만 원짜리 폐가에 둥지를 틀었습니다. 그 후 강화도 동막리에서 그 마을 주민이 되어 살던 함민복은 부드럽고 말랑말랑한 강화도 개펄의 힘을 시어에 담아 강화도 생활 10년 만에 《말랑말랑한 힘》이란 시집을 내놓았습니다. 그는 이 시집으로 제24회 '김수영 문학상'을 수상했는데 정작 이 시집은 시를 쓰기 위한 몸부림의 소산이기보다는 그의 담담했던 강화도 생활의 온전한 시적 보고서나 마찬가지였습니다. 바닷물처럼 섬으로 떠밀려온 시인은 10년의 섬 생활 동안 부드럽고 말랑말랑한 강화도 개펄에서 캐내 퍼올린 펄떡이는 시어들로 우리가 미처 잊고 지낸 것들을 새삼 되새김질하게 만들었던 겁니다. 그 중 한 편을 소개하면 이렇습니다.

거대한 반죽 뻘은 큰 말씀이다 / 쉽게 만들 것은 / 아무것도 없다는 / 물컹물컹한 말씀이다 / 수천수만 년 밤낮으로 / 조금 무쉬 한물 두물 사리 / 소금물 다시 잡으며 / 반죽을 개고 또 개는 / 무엇을 만드는 법을 보여주는 게 아니라 / 함부로 만들지 않는 법을 펼쳐 보여주는 / 물컹물컹 깊은 말씀이다

('함민복, 〈딱딱하게 발기만 하는 문명에게〉, 《말랑말랑한 힘》, 문학세계사, 2012)

그렇습니다. 이 시는 함부로 길을 내고 함부로 짓고 함부로 만든

다고 뻐기며 진짜 필요하고 소중하고 중요한 것을 잊고 사는 오늘의 허접한 문명인들에게 강화도 동막골의 한 가난한 시인이 보낸 경고서한 같기도 합니다. 하지만 함민복은 무슨 환경운동가나 문명비평가라도 되는 것처럼 자신을 우쭐하며 드러내지도 않습니다. 정말이지 그 자신이 말랑말랑한, 하지만 결코 스스로를 드러내지 않고 그 안에 생명의 모든 것을 담은 갯벌 같습니다.

몇 해 전 바로 그 가난한 시인 함민복이 늦장가를 갔습니다. 나이 오십에 말입니다. 상대는 그 몇 해 전 김포에서 열었던 그의 시 강좌를 찾아오곤 했던 동갑내기 노처녀였습니다. 결혼식 주례는 소설가 김훈 씨가 맡았는데 그는 이렇게 함민복을 하객들에게 소개했습니다. "오늘 결혼하는 함민복 시인은 고통, 고생, 가난, 외로움 속에서도 반짝이는 인간의 아름다움을 시로써 표현해온 시인입니다. 더 아름다운 것은 자신이 얼마나 중요하고 훌륭한 사람인지를 스스로 잘 모른다는 거지요." 정말 그렇습니다. 그는 그런 사람입니다.

그런데 정작 시인 함민복 자신은 결혼도 하기 전에 주례부터 선 경험이 있다고 합니다. 그때 후배의 주례를 서준 후 주례사를 시로 고쳐 쓴 것이 여기 있습니다. 한번 보시죠.


긴 상이 있다 / 한 아름에 잡히지 않아 같이 들어야 한다 / 좁은 문이 나타나면 / 한 사람은 등을 앞으로 하고 걸어야 한다 / 뒤로 걷는 사람은 앞으로 걷는 사람을 읽으며 / 걸음을 옮겨야 한다 / 잠시 허리를 펴거나 굽힐 때 / 서로 높이를 조절해야 한다 / 다

온 것 같다고 / 먼저 탕 하고 상을 내려놓아서도 안 된다 / 걸음의
속도도 맞추어야 한다 / 한 발 / 또 한 발

(함민복, 〈부부〉, 《말랑말랑한 힘》, 문학세계사, 2012)

정말 공감 가는 시가 아닐 수 없습니다. 이제 후배 주례사에서
말했던 대로 그가 살아야 할 차례가 됐습니다.

"시 한 편에 삼만 원이면 너무 박하다 싶다가도 쌀이 두 말인
데 생각하면 금세 따뜻한 밥이 되네"라고 말했던 시인 함민복. 그
는 가난하지만 정작 부자라고 으스대는 이들을 속으로 부끄럽게
만드는 아주 묘한 매력을 지닌 그런 사람인 겁니다.

# '이상'과 '신념'으로 채운 불꽃같은 인생

## 맛있는 밥이 아름답다

일본 오사카 사카이시에 긴샤리야게코테이(銀シャリ屋ゲコ亭)라는 작은 식당이 있습니다. 샤리는 흰쌀밥을 뜻하니 긴샤리야게코테이를 굳이 우리말로 풀자면 흰쌀밥을 파는 '은쌀밥가게' 혹은 '은쌀밥집 식당' 정도가 될 겁니다. 겉으로 보면 허름한 슬레이트 건물이지만 일본에서 가장 맛있는 밥을 파는 가게 겸 식당으로 통하는 곳이 바로 이곳입니다. 은쌀밥집, 긴샤리야게코테이의 주인장 겸 주방장이 무라시마 쓰토무(村嶋孟, 1931~ )입니다.

무라시마 쓰토무가 밥집을 연 것은 1963년이었습니다. "모든 사람에게 맛있는 밥을 먹이고 싶다"는 게 밥집 문을 연 이유라면 이유였습니다. 그의 나이 32세 때였습니다. 남들처럼 멀쩡한 샐러리맨이었던 무라시마 쓰토무는 어린 시절 전쟁으로 모든 것을 잃고 풀을 뜯어먹어야 할 정도의 배고픔을 경험했던 기억 때문에 다니던 방직회사를 그만두고 아내와 함께 밥집을 열었던 겁니다. 그리고 지금까지 반세기 가깝게 한결같이 흰쌀밥만을 고집해서 지으며 일본사회가 인정하는 밥짓기의 달인이 되었습니다.

그는 쌀을 손끝으로 만져보면 그날의 밥맛을 알 수 있다 할 정도로 밥에 달통한 사람입니다. 그런 무라시마 쓰토무는 매일 새벽 4시에 어김없이 일어나 밥을 짓습니다. 먼저, 쌀을 씻어 30분 정도 물에 담가 불립니다. 그리고 1시간가량 쌀을 체에 밭쳐 쌀 속까지 수분이 배도록 합니다. 그리고 불린 쌀을 밥솥에 담고 커다란 국자로 물을 조절합니다. 이때 물대중이 밥맛을 결정짓는 첫 번째 요체라 합니다. 물이 많으면 질고 물이 적으면 설게 된다는 가장 간단한 이치에 밥짓기의 명운이 걸려 있다는 이야기입니다.

그런데 대부분의 사람들이 이 점을 알고는 있지만 대체로 밥 물대중에 실패합니다. 그것은 30분 동안 불리고 1시간가량 체에 밭쳐 쌀 속 끝까지 수분이 배도록 하는 것을 거른 채 생쌀을 그대로 물대중하기 때문이지요. 쌀은 품종별로 흡수하는 물의 양이 다르다고 합니다. 따라서 물대중에 실패하지 않으려면 먼저 쌀 속 끝까지 수분이 배도록 한 후 국자든 뭐로든 정확히 물대중을 해야 하는 겁니다. 맛있는 밥을 짓는 두 번째 비결은 불때기에 있습니다. 무라시마 쓰토무는 밥솥을 가스 가마에 올리고 센 불로 밥을 짓습니다. 무라시마는 밥솥 앞을 지키고 서서 수증기와 솥뚜껑이 흔들리는 정도에 따라 불을 조절합니다. 이때 불을 너무 과하게 하면 타버리고 너무 약하게 하면 찰짐이 떨어진 채 퍼석거린다고 합니다. 한마디로 불의 강약을 주의 깊게 가져가야 진짜 맛있는 밥을 지을 수 있다는 겁니다.

하지만 물대중과 불때기 못지않게 밥맛을 결정하는 데 빠트릴 수 없는 것이 또 하나 있습니다. 다름 아니라 '뜸 들이기'입니다. 밥이 다 되면 불을 끈 뒤에 밥솥을 옮겨 뜸을 들입니다. 뜸을 들인다는 것은 단지 시간을 보내는 것이 아니라 밥에 호흡을 불어넣는 겁니다. 그 호흡이 없으면 밥은 생명으로 숨을 쉴 수 없는 것이죠. 그런 뜸들이기를 끝낸 후 밥을 커다란 나무통에 옮겨 담아 수분을 날리면 폭신하면서도 윤기가 흐르는 밥이 완성됩니다. 이처럼 밥은 뜸들이기가 없으면 밥으로 완성되지 않는다고 해도 과언이 아닙니다.

이렇게 지어진 밥은 오전 9시부터 점심 영업이 끝나는 오후 2시 무렵까지 손님상에 오릅니다. 무라시마 쓰토무는 매일 200인분의 밥만을 만들어냅니다. 그 밥이 다 팔리면 그는 더 이상 영업을 하지 않고 가게 겸 식당 문을 닫습니다. 주중에는 인근 직장인들이 대부분이지만 주말에는 다른 지방에서 찾아온 가족단위 손님들이 적잖게 붐빕니다. "집에서 평소 밥을 맛있게 먹지 않는 아이들도 이곳에만 오면 정말 맛있다며 한 그릇을 뚝딱 비운다"는 손님들의 평범한 칭찬이 무라시마 쓰토무에게는 가장 큰 마음의 보상인지 모릅니다.

밥알 하나하나가 살아 있으면서도 찰지다. 이것이 최고의 밥입니다. 촉촉하면서도 밥알 하나하나가 살아 있는 듯한 긴샤리야 게코테이 밥맛의 비결을 배우기 위해 전기밥솥 개발자와 도쿄 쓰키지(築地)의 초밥집 주인들이 찾아와 조언을 구할 정도입니다. 무라시마 쓰토무의 밥을 먹어본 식도락가들은 일본 다도의 창시자인 '센노리큐(千利休)'를 본따 그를 '밥집의 센노리큐'라고 부를 정도입니다. 긴샤리야게코테이에서는 흰쌀밥뿐만 아니라 생선구이와 계란말이 등 서른 가지 반찬을 부인과 두 아들이 만들어 밥과 함께 내놓습니다. 손님들이 밥과 미소시루(된장국), 그리고 원하는 반찬을 골라 먹는 뷔페식 간이식당이 같이 있는 셈이죠. 쌀밥에 관한 한 까다로운 원칙주의자인 무라시마 쓰토무는 각각 생선과 고기반찬을 담당하고 있는 두 아들을 한 가게에서 일하고 있으면서도 밥 짓는 근처에는 오지도 못하게 합니다. "밥에 반찬 냄새가 밸 수 있다"는 것이 이유입니다. 게다가 "여름 쌀은 맛이 좋지 않다"는 이유만으로 매년 6월부터 8월까지 석 달간은 아예 가게문을 닫습니다. 뿐만 아니라 유명 백화점과 프랜차이즈 식당에서 긴샤리야게코테이의 지점을 낼 것을 권유했지만 무라시마 쓰토무는 모두 거절했습니다. "내 눈앞에서 내 손으로 손님들에게 낼 수 있는 밥이 아니면 절대 안 된다"는 것이 그의 고집입니다.

그런데 그토록 까탈스러운 무라시마 쓰토무가 정작 밥짓는 데 쓰는 쌀은 품종을 가리지 않습니다. 곳곳의 농가에서 써달라며 보내오는 쌀을 간혹 쓰기도 하지만, 대개는 개업 때부터 거래하고 있는 쌀가게 주인이 매일 저녁 갓 찧어 보내주는 쌀 40킬로그램을 아무런 토도 달지 않고 그대로 씁니다. "밥짓는 건 내가 최고일지 모르지만 쌀 고르는 것은 쌀가게 주인이 최고"라는 이유에서 말입니다.

무라시마 쓰토무는 반세기 가깝도록 밥만 지어왔지만 "전수할 만한 기술이 아니다"라며 대를 이을 제자는 두지 않았습니다. 대신 밥짓는 노하우를 물어보는 사람에게는 꼼꼼하게 비결을 알려주고 는 했습니다. 그는 매주 한 차례 이상 등산을 하고 매일 2시간씩 골 프연습장에서 스윙 연습을 하며 체력을 단련하고 있지만 여든을 넘어서부터는 새벽에 일어나서 일하기가 부쩍 힘이 든다고 고백하듯 말합니다. 그래서일까요? '흰 쌀밥과 미소시루는 일본인의 영혼을 채우는 음식'이라는 그는 이제 "밥짓기 기술을 진지하게 배울 의욕이 있는 사람에게 자신의 손맛을 전하고 싶다"고 말합니다.

자고로 밥은 기본입니다. 밥은 삶의 기본을 상징하지요. 그래서 무라시마 쓰토무가 일러주는 밥짓기의 비결은 곧 우리 삶을 제대로 지어가는 비결과도 상통합니다. 진짜 맛있는 밥을 만드는 것과 진짜 멋지고 아름다운 삶을 만드는 방법이 상통한다는 것이죠. 밥물대중은 자신의 가능성의 함량을 제대로 재라는 말과 통합니다. 불때기는 자기 열정을 발휘하는 것이 선택과 집중을 통해 적절히 조율되어야 함을 가르쳐줍니다. 그리고 무엇보다도 뜸 들이기는 우리 삶에서 한 호흡의 정지와 한 템포의 멈춤이 얼마나 중요한가를 새삼 일깨워줍니다.

## 우주의 꿈을 심은 별이 되다

개그맨 이경규 씨의 트레이드마크처럼 되었던 텔레비전 프로그램 '몰래카메라'를 기억하실 겁니다. 누구라도 그 몰래카메라에 걸리면 참 어처구니없이 망가지고는 했죠. '아폴로 박사'라는 애칭으로 더 많이 불렸던 고 조경철(趙慶哲, 1929~2010) 박사도 예외가 아니었습니다. 1992년 4월 MBC TV '일요일일요일밤에-이경규의 몰래 카메라' 편에 등장한 우리나라의 대표 천문학자 조경철 박사는 개그맨 이경규 씨가 서울 한강변에 UFO가 나타난 것처럼 꾸미자 거기에 감쪽같이 속아 넘어갔습니다.

"UFO를 봤다"는 목격자들 제보에 그는 "(UFO가) 착지했다는 거예요? 이거 진짜 대단한데"라며 "서울 바로 이 한강변에서 이런 걸 제가 볼 수 있게 제보해주신 분께 감사드린다"고 말했습니다. 그러고는 "이건 정말이지 놀랄 만한 발견이라 아니할 수 없습니다. 제가 내일부터 조사대를 조직해 조사를 하겠습니다"라며 흥분을 감추지 못했습니다. 이때 개그맨 이경규 씨가 ET 분장을 하고 모습을 드러내자 당황한 표정으로 "안녕하세요"라고 말을 건넸고 이를 본 시청자들은 박장대소하지 않을 수 없었습니다. 얼마 안 지나 그는 천문학계 권위자로서 자신이 속은 것에 대해 화낼 법도 했지만 "사람을 이렇게 골탕 먹일 수가 있느냐"고 호탕하게 웃으며 오히려 더 재미있어 했습니다. 그리고 이 인연으로 조 박사는 개그맨 이경규 씨의 결혼식 주례를 맡기까지 했습니다. 조 박사의 소탈하고 어린아이 같은 인품이 그대로 드러난 일례가 아닌가 싶습니다.

사실 조경철 박사의 배꼽 잡는 에피소드는 얼마든지 더 있습니다. 1969년 7월 20일에는 아폴로 11호의 달 착륙 상황을 주한미군방송(AFKN)을 보면서 동시통역으로 해설하다 흥분한 나머지 의자에서 넘어지는 장면이 그대로 방영돼 '아폴로 박사'라는 별명을 얻기도 했습니다. 이처럼 조경철 박사는 '권위적이지 않지만 권위 있는 과학자', '재미있고 유쾌한 과학자'라는 이미지를 갖고 '아폴로 박사'라는 애칭으로 불리며 대중들에게 많은 사랑을 받은 보기 드문 사이언티스트였습니다.

1929년에 평안북도 선천에서 태어난 조 박사는 해방 이듬해인 1946년에 평양고등보통학교를 졸업하고 김일성대학교에 입학해 광산공학과를 다녔지만 극적으로 월남한 후 연희대학(현 연세대학교) 물리학과로 진학했습니다. 하지만 1950년에 6·25가 터지자 연락장교로 입대해 9사단 29연대에 배속되어 금성화랑무공훈장까지 받은 후 육군사관학교 교수로도 일했습니다. 전쟁이 끝난 후 1953년 첫 해외유학생 시험에 합격한 그는 구호물자를 수송하고 돌아가는 빈 배를 얻어 타고 미국에 유학을 갑니다. 그리고 그곳에서 처음에는 잘못된 정치를 바로 잡겠다는 생각에 정치학으로 전공을 바꿔 1955년 투스쿨럼대를 졸업했습니다.

그러나 학부 시절 연희대학 은사인 이원철 박사가 "별을 공부하라"는 편지를 보내오자 조경철은 8년 만에 받아든 은사의 편지 한 통에 정치학 공부를 미련 없이 접고 다시 천문학 공부로 방향을 틀게 됩니다. 다시 천문학으로 전공을 바꾼 그는 이원철 박사의 스승인 펜실베이니아대학 랜돌 교수의 조교가 되었습니다. 천문학 공부라고 해봐야 학부에서 아주 기초적인 것만 습득했던 그였기에 처음에는 고전에 고전을 거듭해야 했습니다. 하지만 이를 악물고 공부한 끝에 1959년에 그의 펜실베이니아 대학원 석사학위 논문이 미국천문학회지에 실려 그 학문적 성과를 인정받기에 이릅니다. 그리고 기어코 1962년에 펜실베이니아대학에서 천문학 박사학위를 수여받았습니다.

그 후 그는 미 해군천문대 천체물리연구원을 거쳐 1965년부터 2년간 한국인으로서는 최초로 미 항공우주국(NASA)에서 연구원으로 활동하면서 무인 우주선 로켓에 장치할 광전측광장치의 설계와 우주 비행 시의 천체 관측을 위한 선체고정장치 개발에 공헌했습니다. 아울러 미국 호와드대 교수로도 활동한 조 박사는 1967년에는 지오노틱스사 우주과학부장으로 일한 뒤 박정희 대통령의 지시에 따른 해외유치 과학자 1호로 발탁돼 귀국했습니다. 이후 1968년부터 모교인 연세대 교수, 경희대 부총장 등으로 재직하면서 후학 양성에 힘쓰는 한편, 과학기술정보센터 사무총장, 한국천문학회장, 한국산업정보기술연구소장 등을 역임하면서 천문학을 위시한 과학대중화에 진력해왔습니다.

아울러 그는 거의 불모지나 다름없는 우주과학을 국내 학계에 뿌리내리게 한 장본인이기도 합니다. 특히 조경철 박사가 1985년 창설한 경희대 우주과학과 1회 졸업생 50명 중 무려 10명이 박사가 돼서 조 박사의 뒤를 잇고 있습니다. 그들은 대부분 인간 조경철에 매력을 느껴 우주과학분야에 뛰어들었다고 말할 정도입니다.

실제로 조경철 박사는 그 누구도 따라 하기 힘들 정도의 열정 덩어리였습니다. 예순이 넘어 패러글라이딩을 배우는가 하면, F1 그랑프리에 남다른 관심을 갖고 자동차평론가로도 활동할 정도였으니까요. 특히 자신이 처음 산 차인 중고 '뷰익 로드마스터'부터 페라리·벤츠·롤스로이스·람보르기니·포르쉐·BMW 등의 각종 명차까지, 그리고 옛 소련의 차이카·보르가·라다 및 한국전쟁 당시 김일성이 타던 차 등 각종 차들을 시승한 이력은 국내에서 비견할 사람이 없을 정도입니다. 그는 이것을 〈자동차생활〉이라는 잡지에 자동차 시승기로 200회에 걸쳐 실었고, 한국모터스포츠연맹 회장을 맡아 자동차 경주대회까지 주최할 정도로 자동차에 대한 그의 애착은 정말이지 남달랐습니다.

이렇듯 삶을 열정으로 꽉 채운 조경철. 미국에서의 보장된 삶을 접고 1인당 국민소득이 200, 300달러에 불과했던 우리나라에 돌아와 국민들에게 별과 우주의 꿈을 키워준 사람. 그 누구보다도 별을 사랑했고 이제는 그 자신이 별이 된 인간적인 천문학자 고 조경철 박사. 그의 대중을 향한 애정과 삶에의 열정은 언제까지나 밤하늘의 별처럼 빛날 겁니다.

## 나는 돈키호테다

러시아의 작가 이반 투르게네프는 1860년에 '햄릿과 돈키호테'란 제목의 강연을 한 바 있습니다. 그는 고민만 하다 아무것도 하지 못하는 '햄릿형 인간'의 실천력 결여를 비판하고, 비록 반쯤 미쳐 보이지만 고집스럽게 목표를 추구하며 실행하는 '돈키호테형 인간'을 인류역사 발전에 기여하는 리더상으로 부각시켰습니다. 물론 돈키호테라고 해서 생각하지 않는 것은 아니지만 그는 생각하는 것에 머물지 않고 주저함 없이 실행하는 인물입니다. 그야말로 저지르는 것의 위대함이 어떤 것인지를 보여주는 사람이죠.

엉뚱하지만 고집스럽게 목표를 추구하며 쉼 없이 저지르는 '돈키호테형 인간'을 창출해낸 에스파냐의 대문호 미겔 데 세르반테스

(Miguel de Cervantes, 1547~1616). 그는 '햄릿'을 만든 동시대의 영국 작가 셰익스피어와 같은 날 죽었습니다. 1616년 4월 23일이 바로 그날입니다. 하지만 두 사람이 창조해낸 인물의 성격은 앞서 본 것처럼 판이했습니다. 그리고 정작 작가 본인의 삶도 그러했습니다. '돈키호테'의 저자가 세르반테스인 것은 대개 알지만 그가 '레판토의 외팔이'란 별명까지 얻은 상이용사였던 것을 아는 이는 드뭅니다. 그는 1571년 10월 7일, 베네치아와 제노바와 에스파냐의 연합군이 투르크 군과 지중해 패권을 놓고 격돌한 레판토 해전에 참전해서 왼손과 가슴에 총상을 입은 후유증으로 평생 왼팔을 쓰지 못했습니다. 그야말로 세르반테스는 살면서 산전, 수전, 공중전을 모두 겪은 인물이었습니다.

세르반테스는 1547년 9월 29일, 에스파냐 마드리드의 대학가 알칼라 데 에나레스에서 태어났습니다. 그는 하급 귀족 출신인 로드리고 데 세르반테스의 일곱 자녀 중 넷째였고, 그의 아버지는 그 지역의 외과의사였습니다. 하지만 당시의 외과의사는 지금과 달리 그리 존경받는 직업도 아니었고 부자는 더더욱 아니었습니다. 그래서 가난을 면치 못했던 세르반테스는 제대로 교육받지 못한 채 그의 가족을 따라 여러 도시를 기웃거리며 이사를 다녀야 했습니다. 그는 20세 무렵인 1568년경 마드리드의 로페스 데 오요스의 사숙(私塾)에서 잠시 공부한 것 외에는 이렇다 할 학교교육을 거의 받은 적이 없습니다.

결국 1570년 23세 때 베네치아에 주둔한 에스파냐 군대에 자원입대해 군인이 된 세르반테스는 이듬해 레판토 해전에 참전해 앞서 언급한 것처럼 평생 왼팔을 쓸 수 없는 불구자가 되었습니다. 그는 외팔이가 된 후에도 몇 년을 더 군에 있다가 1575년에 퇴역하는데 고향으로 돌아가던 길에 그만 해적선의 포로가 돼 또다시 5년 동안이나 알제리에서 노예 생활을 해야 했습니다. 그나마 그는 성삼위일체 수도회의 도움으로 몸값을 지급한 후 1580년 천신만고 끝에 고향으로 돌아옵니다.

그 후 1584년에 37세 나이로 19세의 카탈리나 데 살라사르와 결혼한 세르반테스는 군인 시절의 인맥을 이용해 공직으로 진출하려고 시도했지만 번번이 좌절합니다. 그리고 막막한 생계를 타계하려고 몇 편의 시와 희곡과 소설 등을 써서 팔았지만 빈궁함을 떨치기에는 역부족이었습니다. 그 후에도 제대로 된 일자리를 갖지 못하다 간신히 에스파냐 무적함대의 물자조달업무를 맡은 세르반테스는 마침내 세무징수원이 되었지만 억울하게 비리혐의로 고발당해 결국 옥살이까지 하고 맙니다. 소설 〈돈키호테〉는 바로 그 감옥살이를 하던 1597년 가을에 에스파냐 남부에 있는 세비야에서 구상한 것입니다.

감옥에서 나온 후 58세가 된 세르반테스는 1605년에 소설 〈돈키호테〉 제1부를 발표해 대단한 인기를 끌게 됩니다. 그러나 생활고로 인해 서둘러 출판업자에게 판권을 넘겨버린 까닭에 경제적으로 큰 이득을 얻지는 못했습니다. 소설 〈돈키호테〉의 정식명칭은 〈재치발랄한 향사(鄕士) 돈키호테 데 라만차(El Ingenioso Hidalgo Don Quixote de la Mancha)〉입니다. 소설의 주인공으로 돈키호테라 불린 알론소 키하노라는 노인은 중세의 기사 모험담에 매료되어 낡고 녹슨 갑옷을 차려입고, 늙고 말라빠진 말 로시난테에 올라타 충성스러운 부하 산초를 데리고 기사로서의 편력에 나섭니다. 풍차를 거인으로 알고 덤볐다가 나가떨어지기도 하고, 여관을 성으로 착각한 채 여관 주인에게서 가짜 기사 작위를 받기도 하며, 죄 없는 시골 사람들을 적이나 마귀로 오인해 덤벼들기도 합니다. 하지만 주위 사람들은 그에게 화를 내기보다는, 대개는 그의 엉터리 기사 행각을 재미있어 하고 도리어 놀려먹기도 합니다.

10년 후인 1615년에 세르반테스는 〈돈키호테〉 제2부를 내놓아, 이것으로 말미암아 당대의 대작가로 떠오릅니다. 하지만 정작 그는 빈궁한 생활을 면치 못한 채 그 이듬해인 1616년 4월 23일에 69세를 일기로 세상을 뜨고 맙니다. 사망한 이듬해에 간행된 유작 〈사랑의 모험〉에는 저자가 사망하기 직전에 쓴 서문이 있는데, 그 마지막 대목은 마치 유언처럼 들립니다.

"모든 시간은 계속해서 이어지는 것이 아닙니다. 아마도 이 끊어진 실을 이으면서, 내가 여기서 쓰지 않은 것들, 그리고 잘 어울렸던 부분들을 언급할 시간이 올 겁니다. 안녕, 아름다움이여. 안녕, 재미있는 글들이여. 안녕, 기분 좋은 친구들이여. 만족스러워하는 그대들을 다른 세상에서 곧 만나길 바라면서 난 죽어가고 있다오!"

저명한 평론가 해럴드 블룸이 한 말처럼 세르반테스는 글 쓰는 방법을 알고 있었고, 돈키호테는 행동하는 방법을 알고 있었습니다. 이 두 사람은 오로지 서로를 위해 태어난 하나였던 겁니다.

# 나는 감히 나를 호출한다

## 바로 '지금' 당장 실행하라

세상에서 가장 먼 거리가 어디에서 어디까지인지 아십니까? 한국에서 브라질까지라고요? 물론 그것도 지리적으로는 틀리지 않습니다. 하지만 실제로 가장 먼 거리는 다름 아닌 '머리에서 손까지'가 아닐까요? 머리에서 생각은 많은데 그것이 정작 손으로 실행되기까지는 너무 시간이 오래 걸리다 못해 아예 실종되는 경우도 적지 않기에 하는 말입니다. 하지만 재닛 로빈슨(Janet Robinson, 1950~ )은 "최선이란 머리나 입으로 외치는 것이 아닌 바로 지금 '실행'하는 것이다"라고 말할 만큼 강력한 실행력의 인물입니다. 그녀에게는 실행력이 곧 경쟁력인 셈이죠.

재닛 로빈슨은 1972년에 로드아일랜드 주 뉴포트 소재 살브 레지나 칼리지 영문학과를 졸업한 뒤 자신의 고향인 메사추세츠 주 서머싯 공립학교에서 교사생활을 시작했습니다. 그런데 그녀가

11년간의 교편생활을 정리하고 33세 나이에 새롭게 시작한 일은 뉴포트 소재의 영세한 주간신문사의 판매광고일이었습니다. 하지만 그 일을 발판으로 그녀는 1983년 뉴욕타임스사가 발행하는 테니스 잡지에 취직했고 거기서 탁월한 마케팅 감각과 승부근성으로 승승장구하며 마침내 1987년 광고국장으로 승진했습니다. 하지만 이것은 시작에 불과했습니다. 그녀는 1990년에 뉴욕타임스의 스포츠, 여성 저널그룹의 마케팅 담당 부사장이 되었고 3년 후에는 뉴욕타임스 본사 광고담당 부사장이 되었습니다. 그리고 그다음 해부터 2년간 광고 매출액을 1억 달러 이상 끌어올려 1996년에는 뉴욕타임스사 사장으로 승진해 신문편집을 제외한 경영전반을 책임지게 됩니다. 그 후 마침내 2004년에 와서 그녀는 뉴욕타임스사 최고경영자 자리에 오르면서 뉴욕타임스 153년의 역사를 고쳐 쓰게 됩니다.

아시다시피 뉴욕타임스사는 세계적인 권위지 〈뉴욕타임스〉 외에도 〈보스턴글로브〉 〈인터내셔널 헤럴드 트리뷴〉과 같은 19개의 유수한 신문매체와 〈타임〉지 등 잡지매체 그리고 디스커버리 채널과 8개의 지상파 지역방송국과 40여 개의 언론유관 웹사이트를 거느린 초거대 언론그룹입니다. 시골학교 교사 출신으로 기자 경험조차 전무한 여성이 세계 최고 권위의 뉴욕타임스사 최고경영자가 될 수 있었던 비결은 과연 무엇이었을까요? 도대체 그녀에게 무엇이 있었기에 이런 일이 가능했던 것일까요?

신문기자 출신도 아니고 MBA 출신도 아닌 그녀가 이처럼 승승장구할 수 있었던 것은 고정관념에 사로잡히지 않고 떠오른 생각을 과감하게 실행했던 그녀의 독특한 삶의 태도에 기인한 것이었습니다. 그녀는 기존 언론인들이 자기 한계에 봉착할 때마다 그 틀을 깨자고 외치며 과감하게 새로운 길로 앞장섰습니다. 그녀는 '더 큰 세상으로'를 슬로건으로 내걸고 뉴욕 메트로에 안주하던 뉴욕타임스가 안온한 자기 틀을 깨고 전국지로 나아가도록 자극했습니다. 그래서 1996년에는 46퍼센트에 불과했던 전국광고비율이 2003년에는 90퍼센트 이상이 될 수 있었던 것이죠. 〈뉴욕타임스〉가 확고하게 전국지로서의 위상을 갖게 되자, 이번에는 인터넷판을 강화하고 신문의 해외 현지 발행 등을 통해 세계화 전략에 박차를 가했습니다. 뉴욕타임스사 사주인 아서 설즈버그 주니어 회장도 그녀를 가리켜 '탁월한 전략가이자 실행가'라며 칭찬을 아끼지 않고 있습니다.

사실 우리는 대부분의 경우, 생각은 많지만 실행에는 주저하기 일쑤입니다. 하지만 재닛 로빈슨은 생각에 그치지 않고 반드시 실행에 옮겼습니다. 경영은 곧 실행입니다. 실행 그 자체가 곧 전략입니다. 실행력 없는 비전은 비극이라고 하지 않습니까? 실행력의 차이가 곧 경쟁력의 차이인 겁니다. 래리 보시디와 램 차란은 《실행에 집중하라》는 책에서, '실행할 책임이 있는 리더의 7가지 행동수칙'을 다음과 같이 요약합니다.

첫째, 인력과 비즈니스를 정확히 파악하라. 둘째, 현실을 직시하라. 셋째, 목표와 우선순위를 명확하게 설정하라. 넷째, 적극적으로 추진하라. 다섯째, 실적으로 보상하라. 여섯째, 코칭을 통해 구성원들의 역량을 계발하라. 그리고 마지막 일곱 번째로 '감성의

지(emotional fortitude)'를 가지라는 겁니다.

'감성의지'가 없으면 자신에게마저 솔직할 수 없고, 비즈니스와 조직현실을 있는 그대로 받아들이는 일도, 구성원들을 솔직하게 평가하는 일도 어렵습니다. 뿐만 아니라 다른 사람들의 다양한 시각이나 사고방식도 인정하지 못합니다. 이런 것이 되지 않는다면 실행은 불가능한 것이죠. 시골학교 교사 출신으로 기자경험마저 전무했던 재닛 로빈슨이 뉴욕타임스사의 최고경영자로 자리할 수 있었던 것은 바로 그녀만의 '감성의지'에 힘입은 바 컸을 겁니다. '감성의지'를 갖고 실행에 집중했기에 그녀의 성공 스토리가 존재하는 것입니다. (* 재닛 로빈슨은 2011년 12월 뉴욕타임스사 최고경영자(CEO) 자리에서 물러났습니다.)

## 단지 나의 남편이 대통령일 뿐

이탈리아 출신의 모델이자 가수, 그리고 프랑스 대통령 니콜라 사르코지의 아내로 더욱 유명한 카를라 브루니(Carla Gilberta Bruni Tedeschi, 1967~ ). 그녀는 1967년 12월 23일 이탈리아 토리노에서 '카를라 질베르타 브루니 테데스키'란 이름으로, 기업가이자 클래식 작곡가인 아버지와 피아니스트인 어머니 사이에서 태어났습니다. 이탈리아 재벌가의 막내딸로 태어나 풍요로운 유년 시절을 보낸 카를라 브루니는 이탈리아의 거대 타이어 제조사(CEAT)의 상속녀이기도 합니다. 그녀의 할아버지가 1920년 타이어 생산회사를 설립해 운영했는데 브루니가 이 기업의 상속녀가 된 겁니다.

어렸을 때부터 피아노, 바이올린, 기타 등을 공부하며 음악적

소양을 키운 브루니는 4세 무렵에 가족과 함께 이탈리아에서 프랑스 파리로 거처를 옮깁니다. 그 후 스위스의 학교에서 건축을 공부하다가 다시 파리로 돌아왔습니다. 브루니는 대학에서 예술과 건축을 공부했지만 당시 모델이었던 오빠 여자친구의 권유로 모델에 도전합니다. 그리고 1987년 19세에 게스의 설립자 폴 마르시아노에게 발탁되면서 패션계에 발을 들여놓게 되었습니다. 그 후 순식간에 스타덤에 오른 그녀는 프라다, 샤넬, 크리스찬 디올, 지방시 등의 모델로 일하며 연간 750만 달러의 수입을 올려 가장 소득이 높은 패션모델 톱20에 랭크되기도 하며 1980~90년대 최고의 모델로 각광받습니다. 주위의 반대를 무릅쓰고 모델의 길로 뛰어들었던 그녀는 철저한 자기관리, 기품 있는 태도, 뛰어난 미모, 이상적인 몸매로써 세계적인 톱 모델로 사랑받았던 겁니다.

이때 브루니는 톱모델로서의 인기를 업고 롤링스톤스의 리드 싱어 믹 재거, 기타리스트 에릭 클랩턴 등 당대 최고가수들과 사귀었습니다. 또 브루니는 1997년에는 작사가로 활동하다 가수로 변신해 성공하면서 2003년에 자신의 데뷔 앨범 '누군가 내게 말했어(Quelqu'un m'a dit)'를 발표합니다. 이 앨범은 프랑스에서만 100만 장을 비롯해 유럽에서 200만 장 이상의 판매고를 올리고 앨범차트 1위를 기록하며 브루니의 두 번째 새로운 성공신화를 씁니다.

2007년 1월에 발매한 두 번째 앨범 '약속이 없어(No Promises)'도 프랑스, 벨기에, 독일에서 골든 레코드를 기록합니다. 그리고 2008년에 선보인 세 번째 앨범 '아무 일 없었던 것처럼(Comme Si de Rien N'Etait)'은 앨범이 발매되기 이전에 온라인에서 딱 두 시간

동안만 선공개되었는데 프랑스의 각 방송국이 이를 대대적으로 보도할 정도였습니다. 그도 그럴 것이 그녀가 프랑스 대통령 니콜라 사르코지와 3개월간의 데이트 이후 2008년 2월 2일, 엘리제궁에서 결혼식을 올린 직후였기 때문입니다. 이때 사르코지는 앨범 출시를 위해 G8 정상회담 일정을 늦출 정도로 각별히 신경을 썼다고 합니다. 이 앨범의 수익금 23만 8000유로는 아이티 어린이들을 돕는 자선단체에 기부됐습니다.

프랑스 대통령의 영부인이 된 카를라 브루니는 사르코지와 결혼하기 전에도 케빈 코스트너, 도널드 트럼프, 프랑스 배우 뱅상 페레 등 수많은 남성들과 염문을 뿌렸습니다. 그래서 그녀는 '맨 이터(man eater)'로 불리기까지 했는가 하면 '모든 남성의 꿈, 모든 여자의 악몽'이란 수식어를 동반하기도 했습니다. 심지어 자신과 동거하던 남자의 아들인 프랑스의 유명한 철학교수 라파엘 앙토방을 사랑하고도 모자라 그를 위한 노래를 만들어 발표하고 그의 아이를 낳는 등 그야말로 자신이 원하는 대로 정말이지 자유분방하게 살아왔습니다. 최근에도 프랑스가 자부하는 천재 아티스트인 벤자민 비올레와 염문설에 휩싸이기까지 했습니다. 하지만 영부인으로서의 카를라 브루니는 그녀의 지적이고 우아한 태도 덕분에 외교 면에서는 오히려 긍정적인 영향을 미쳤다는 평가를 받기도 했습니다.

카를라 브루니는 이전의 대통령 부인들과는 다르게 순종적인 아내의 모습에 머물지도, 남편의 뒤에 숨어 있지도 않았습니다. 오히려 브루니는 에이즈 퇴치에 앞장서고 여성 인권을 옹호하는 등 각종 현안에 목소리를 냈습니다. 그녀는 마치 "나는 대통령의 아내가 아니라 단지 대통령이 나의 남편일 뿐!"이라고 외치는 듯싶었습니다. 브루니는 남편과 가족을 사랑하지만 그렇다고 해서 자신의 일을 포기하지 않은 '노래하는 영부인'이었습니다. 이처럼 당당히 자신의 인생을 살았던 카를라 브루니는 프랑스 여대생이 뽑은 멘토 1위에 오르기도 했습니다. 그런가 하면 10년 전 우연히 만난 파리의 노숙인과의 우정을 지금도 이어갈 만큼 그녀는 따뜻한 마음의 소유자이기도 합니다.

수백만 달러의 재산을 가진 토리노의 유명한 기업가이자 예술가 집안인 브루니 테데스키의 막내딸로서가 아니라 자신을 있는 그대로 봐주기를 원했던 그녀. 이탈리아 재벌 상속녀로 태어나 주변의 만류에도 아랑곳 않고 당당히 톱모델로 성공했던 카를라 브루니. 가수로 변신해서 앨범차트 1위를 기록하며 또 한 번 세상을 놀라게 했던 그녀. 사르코지 프랑스 대통령과 전격 결혼하며 세기의 연인이 되었던 카를라 브루니. 그녀는 그 어떤 것도 두려워하지 않는 자유로운 영혼이며, 또한 독일의 〈슈피겔〉지 표현대로 '프랑스의 부드러운 힘'입니다.

## 자만 없는 자부심으로 나를 일구다

"문장과 말은 짧고 실질적이며, 새로운 이념·사고를 제시해야 합니다. 거창하지만 공허하고, 거짓 수사로 가득 찬 말은 자신뿐만 아니라 당의 이미지까지 떨어뜨립니다." 시진핑(習近平, 1953~) 중국 국가 주석이 베이징 중앙당교(黨校) 입학식에서 당 간부들을 상대로 말과 문장의 중요성을 1시간 가까이 역설하며 한 이야기입니다. 그는 '장(長)·공(空)·가(假)' 대신 '단(短)·실(實)·신(新)'을 말과 문장 구사의 원칙으로 제시했습니다. 이른바 '문풍(文風) 개혁'입니다. 어쩌면 이 짧은 말 안에 중국의 현재권력 시진핑의 핵심이 들어 있지 않나 싶습니다.

시진핑은 비록 중국 고위 관료들의 자제 그룹인 이른바 '태자당(太子黨)' 출신이지만 되레 그에게서는 평민 냄새가 난다는 말이 적잖습니다. 그 내력은 이렇습니다. 그의 아버지 시중쉰은 산시(陝西)성 출신으로 10대에 혁명에 뛰어들어 21세에 산시·간쑤변구(陝甘邊區) 소비에트의 주석이 됐습니다. 1930년대 국민당 군대에 쫓겨 2만 5000리 대장정을 떠났던 마오쩌둥의 중국 공산당은 시중쉰이 개척한 산시성에서 근거지를 확보함으로써 생존할 수 있었고 1949년 마침내 중화인민공화국을 세울 수 있었습니다. 그만큼 시진핑의 아버지 시중쉰은 중국혁명사에 중요한 기여를 한 인물이었습니다. 그러나 1962년 그 아버지가 반당(反黨)분자로 몰리고 문화대혁명을 겪으면서 공직에서 쫓겨나 사상개조 대상으로 전락하고 맙니다. 이에 시진핑도 문화대혁명 와중인 1969년에 아버지가 일구어냈던 산시성 옌안(延安) 량자허(梁家河)촌으로 하방(下放)당해 7년을 보내야 했습니다.

시진핑은 "량자허 촌사람들과 함께 똥지게를 지고, 석탄을 나르고, 강을 막아 둑을 쌓고, 퇀즈 즉 쌀·옥수수·밀가루 등으로 둥글게 빚은 떡 비슷한 음식도 나눠 먹던 그때가 나를 키웠다"고 고백하듯 말합니다. 그는 당시 공산당에 입당하기 위해 열 번 이상

신청서를 썼지만 번번이 허가를 받지 못했습니다. 하지만 그는 자신을 낮추고 꿋꿋이 풍파를 견뎌냈습니다. 결국 성실한 그를 눈여겨본 현 위원회 서기에게 추천을 받아 그는 간신히 1973년 공산당에 입당했고, 곧바로 량자허 대대 지부 서기로 발탁됐습니다. 그리고 1975년 옌안지구 정원 두 명 가운데 한 자리를 배정받아 베이징대와 함께 중국 2대 명문으로 꼽히는 칭화(淸華)대 화공과에 입학했습니다. 칭화대에 입학할 때까지 7년간의 하방 경험은 되레 그에게 실사구시(實事求是)가 무엇인지, 인민대중이 누구인지를 깨닫게 했고, 자신감도 키우는 소중한 기회였던 겁니다.

1979년 칭화대를 졸업한 시진핑은 허베이(河北)성과 푸젠(福建)성에서 기층 간부로 19년 동안 실무 경험을 쌓은 후 마침내 1999년 푸젠성 성장이 되었습니다. 그는 푸젠성 닝더(寧德)시 서기로 재직할 때 규정을 어기고 주택을 지은 공무원 2000명을 적발, 조사해서 사람들을 놀라게 한 적이 있습니다. "시민 300만 명에게 원성을 듣느니 수천 명한테서 원성을 듣겠다"는 게 그의 소신이었습니다. 그만큼 시진핑은 강단이 있습니다.

그 후 시진핑은 2002년 저장성 당서기 겸 성장, 2007년 상하이시 당서기 등을 거치며 착실하게 지도자 경력을 쌓았습니다. 그리고 마침내 2007년 10월 당 서열 6위의 중앙정치국 상무위원에 선출되면서 차기 지도자로 부각되기 시작했습니다. 특히 그는 국가부주석이 된 2008년 베이징 올림픽 개최 당시 총책임을 맡아 이를 성공적으로 수행했다는 평가를 받았습니다. 그리고 2012년 중국은 제18차 당 대회를 통해 5세대 지도부를 선출하면서 시진핑을 차기 주석 자리에 앉혔습니다.

사실상 시진핑은 스스로가 무리수를 두면서까지 권력을 거머쥐기보다는 주변의 호응과 환호 속에 권력의 자리로 추대되는 '황포가신의 리더십'을 보였습니다. 이를 통해 그의 지위가 고위층의 낙점이 아닌 당원들의 마음을 얻어 이루어진 것이라는 메시지를 알려왔습니다. '황포가신의 리더십'이란 송(宋)나라 건국사에서 유래한 겁니다. 후주의 장군 조광윤이 960년 조정의 뜻을 받들어 오랑캐를 막기 위해 출병했으나 당시 군주에 대한 불만이 팽배했던 부하들이 "조 장군을 황제로 옹립해야 한다"고 주장합니다. 조광윤은 이를 만류했지만 끝내 부하들은 미리 준비한 황포 즉 황제를 상징하는 누런 곤룡포를 그에게 강제로 입히고 그를 황제로 등극시켰다는 것입니다.

180센티미터가 넘는 훤칠한 키, 100킬로는 족히 넘어 보이는 약간 비만형의 체형, 묵직한 중저음, 신중한 표정에 옅은 미소. 이런 시진핑의 인상을 그대로 표현하자면 '중후장대(重厚壯大)' 그 자체라고 해야 할 겁니다. 그는 아버지의 숙청으로 힘든 시절을 겪었으나 그 덕에 서민 친화적인 성향을 띠고 있습니다. 동시에 인민해방군 가무단장 출신의 아내 펑리위안과 미국 하버드대생 외동딸 시밍저를 둔 개방과 성장을 중시하는 시장 친화주의자로도 인식되곤 합니다. 아울러 그는 무척 신중한 사람으로 정평이 나 있습니다. 그는 보수적인 만큼 실수를 거의 하지 않는다는 것이죠.

그래서일까요? 덩샤오핑에게 중국의 개혁개방을 코치했던 리콴유(李光耀) 전 싱가포르 총리는 시진핑에 대해 "지각 있는 사람이다. 강한 감정 절제력을 갖고 있다. 개인의 불행이 판단에 영향을 미치지 않을 사람이다"라며 높이 평가한 바 있습니다.

중국의 제5세대 집단지도부의 리더로서 시진핑은 2012년 가을부터 10년 동안 중국을 통치할 겁니다. 그의 임기 말인 2021년은 중국공산당 창당 100주년이 되는 해입니다. 2021년 7월 1일의 중국공산당 창당 100주년 기념식은 과연 어떤 모습일까요. 그저 아시아의 대국으로서 만족하는 중국일까요? 아니면 미국을 능가할 기세로 욱일승천하는 중국일까요? 시진핑의 어깨에 그 향방이 가늠될 큰 짐이 지워져 있는 것은 틀림없는 사실입니다.

중국의 현재권력 시진핑의 좌우명은 "자부심을 갖되 자만하지 않고, 기상을 높이되 떠벌이지 않으며, 실무에 힘쓰고 경솔히 행동하지 않는다"는 겁니다. 어쩌면 바로 여기에 미래 중국의 세계를 향한 자세가 담겨 있는 것 아닌가 싶습니다.

# 진정으로 위대해진다는 것

**'우분투' 정신으로**

"79세가 된 10월 7일 나의 생일 이후 공적인 생활에서 은퇴하겠다." 데즈먼드 투투(Desmond Mpilo Tutu, 1931~ ) 대주교가 몇 년 전 성명까지 내고 밝힌 은퇴선언입니다. 그는 이제는 정말이지 "품위 있게 늙어가고 싶다"고 말했습니다. 하지만 '품위 있게 늙고 싶다'는 그의 말은 결코 남들에게 그럴듯하게 보이겠다는 허세의 표현이 아닙니다. 그것은 그저 온전히 아내와 손자들과 함께하겠다는 소박한 바람입니다. 근데 아내와 손자라뇨? 신부님인데? 투투는 성공회 신부이기에 결혼을 하는 것이 용인된 신부입니다.

그는 말합니다. "가족을 위해 온전히 헌신할 수 있는 시간이 오기를 기대해왔다. 특히 아내와 손주들에게. 손자와 손녀가 일곱 명이나 된다. 대단하지 않은가? 아내는 언제나 내 일 때문에 바빴다. 이제 둘이 값진 시간을 보낼 때가 왔다"고 말이죠.

아울러 투투 대주교는 이렇게 말합니다. "이제 조금 느긋해질 때가 왔다. 사랑하는 아내와 오후에 루이보스차를 마시고 크리켓을 관람하며, 컨퍼런스나 회의, 대학 캠퍼스 등을 가는 대신 자식들과 손자 손녀들을 만나러 다닐 때다. 그동안 여기저기를 오가며 너무 많은 시간을 공항과 호텔에서 보냈다. 이제는 집에서 가족들과 함께 지내며 독서, 집필, 기도, 사색을 하면서 품위 있게 늙어가겠다." 그저 바쁘게 돌아가는 삶이 최고인 줄 아는 이들에게 참으로 따끔한 일침이 아닐 수 없습니다.

데즈먼드 투투 대주교는 1984년도 노벨평화상 수상자입니다. 그는 1931년 10월 7일 남아공 트란스발 주 클럭스도프 지역 광산촌에서 가난한 흑인교육자의 아들로 태어났습니다. 1951년에 밴투 노르말대학에 입학해서 3년 만에 졸업한 투투는 고등학교 교사로 재직하던 중 흑인을 차별하는 남아공 정부의 교육 정책에 반대하며 교직을 떠났습니다. 그 후 1958년에 투투는 다시 세인트피터스 신학교에 입학해서 공부한 뒤 1961년, 남아프리카공화국 흑인으로서는 처음으로 성공회신부로 서품을 받았습니다. 그 뒤 1962년부터 66년까지 성공회 본산인 영국 런던으로 유학을 떠나 킹스 칼리지에서 신학석사학위를 받은 후 1967년에 귀국해 흑인학교인 포트해어대학의 교목이 되었고, 이어 요하네스버그 성공회 교회 수석신부가 되었습니다. 이 무렵부터 요하네스버그의 흑인도시 소웨토에서 남아프리카공화국의 인종분리주의정책에 반대하는 투쟁을 벌였습니다.

투투 주교는 1972년부터 75년까지 다시 영국으로 건너가 이른바 교회일치운동 즉 에큐메니칼 운동의 총본산이라 할 수 있는 세계교회협의회(WCC)에서 협동총무로 일합니다. 그 후 남아공으로 돌아와 1976년에 레소토의 주교가 되고 1978년에는 남아프리카공화국교회협의회(SACC) 사무총장이 되어 인종정책에 비폭력투쟁으로 대항하는 흑인의식화운동의 기수가 되었습니다. 1984년, 인종차별문제를 평화적으로 해결하려는 그의 지속적인 노력이 인정되어 노벨평화상을 받은 투투 주교는 1986년, 흑인 최초로 케이프타운 대주교가 돼서 160만 명의 신자가 있는 남아프리카공화국 성공회의 수장이 되었습니다.

17세기 중엽 백인 이주와 더불어 시작된 남아프리카공화국의 백인우월주의는, 1948년 네덜란드계 백인인 아프리카너를 기반으로 하는 국민당의 단독정부 수립 후 강화되어 '아파르트헤이트' 즉 인종차별 체제를 낳았습니다. 국민의 16퍼센트밖에 안 되는 백인이 84퍼센트나 되는 흑인을 무참하게 차별한 이 정책은 46년간 지속됩니다. 그러다가 1994년 4월 27일, 남아공 최초의 민주 선거가 치러진 그 해 5월에 넬슨 만델라가 대통령에 취임함으로써 일단 법적, 제도적으로는 종식되었습니다. 하지만 여전히 그 잔재는 남아 있다고 봐야 할 겁니다.

실제로 아파르트헤이트는 46년이라는 긴 세월 동안 다른 인종 간의 결혼을 법적으로 금하고, 인구등록법에 따라 사람유형을 백인, 흑백 혼혈인 컬러드, 인도인, 흑인이라는 네 개 인종군으로 나누었습니다. 그리고 집단지역법을 만들어 인종별로 거주지를 규정해 강제 이주시켰음은 물론, 유권자 분리대표법을 두어 유색 인종이 중앙 정치에 참여하는 것을 제한했습니다. 또 반투(Bantu)교육법을 실시해서 모든 흑인 아동의 취학을 정부 통제하에 둔 뒤 흑인 아동들에게는 고등 교육을 시키지 않고 급식도 제한했습니다. 정말이지 믿기지 않는 수준의 차별이 아닐 수 없습니다.

하지만 아파르트헤이트 즉 인종차별은 법적이고 제도적인 것에 그치지 않았습니다. 남아공의 소수 백인들은 인종차별 체제를 유지하기 위해 흑인 및 여타 유색인종에 대한 잔혹 행위를 수도 없이 저질렀습니다. 그것은 차마 입에 담기 힘들 정도의 잔혹함이었습니다. 투투 주교는 단지 피부색이 다르다는 이유만으로 그런 잔혹함이 버젓이 행사되고 사람이 물건 취급당하는 현실을 비판하고 그것을 자행하는 백인정부의 권력에 죽기를 각오하고 온 몸으로 맞섰던 겁니다. 그 공로로 투투 주교는 1984년 노벨 평화상을 받았던 것이죠. 투투는 아파르트헤이트 즉 인종차별 반대운동뿐만 아니라 에이즈, 결핵, 빈곤 등과 관련해서도 국제적인 활동을 펼쳐왔습니다.

1994년, 극적으로 남아공의 대통령이 된 넬슨 만델라는 그동안 아파르트헤이트로 극심한 억압 속에 살아온 흑인 지지자들에게 오히려 백인과의 화해를 위해 일하자고 촉구한 뒤 스스로 화해의 사도가 되었습니다. 그리고 '진실화해위원회'를 설립합니다. 만델라 대통령은 투투 대주교를 진실화해위원회 의장에 임명했습니다. 남아공을 또다시 극심한 분열의 위기에서 구해낼 사람은, 신앙에서 우러난 맑고 투명한 통찰과 지혜로 무장한 투투밖에 없었기 때문입니다.

투투 대주교가 진실화해위원회를 이끌면서 가장 중요하게 여긴 것은 바로 '우분투' 철학이었습니다. 응구니족 언어로 '우분투(Ubuntu)'는 인간됨의 본질을 뜻합니다. 관대하게 호의를 베풀며 친절하고 다정하며 남을 보살필 줄 알고 자비롭다는 뜻입니다. 또 가진 것을 나누는 사람이라는 뜻이기도 합니다. 우분투가 있는 사람은 열려 있고, 다른 사람을 위해 시간을 내고, 다른 사람들을 인정하면서도 스스로는 그 어떤 위협에도 굴함 없이 당당합니다. 이런 우분투 정신에 입각해서 투투 대주교는 '회복의 정의'를 표방했습니다. 징벌과 복수를 목표로 한 '응보의 정의'가 아닌 우분투 정신에 따른 불화의 치유, 불균형의 시정, 깨어진 관계의 회복, 희생자와 범죄자 모두의 복권(復權)을 추구하는 것이지요. 투투 대주교는 회복의 정의를 실현하기 위해서는 반드시 치유와 용서, 화해를 위한 노력을 병행해야 함을 직시하고 있었던 겁니다.

지난 2007년 투투 대주교는 간디 평화상을 받았습니다. 그리고 2013년 5월에는 종교 분야의 노벨상으로 불리는 템플턴상을 받기도 했습니다. 복수와 보복이 아닌 화해와 회복의 정의를 표방하고 실천해온 것에 대한 국제사회의 거듭된 인정이었던 셈입니다. 그리고 지난 10월 7일 82회 생일을 맞았던 투투 대주교는 자신이 거주하는 케이프타운 인근 빈민촌에서 쓰레기 줍는 행사를 벌이는 것으로써 생일잔치를 대신했습니다. 그는 지금도 '우분투' 정신을 여전히 펼치고 있습니다.

## 한마디의 진실을 써내리다

고등학교 1학년 여름방학 때였습니다. 〈이반 데니소비치의 하루〉라는 소설을 읽은 적이 있습니다. 강제노동수용소에서의 하루 생활을 소재로 한 소설이었는데 어린 생각에 하루 이야기를 가지고 이렇게 긴 소설을 쓰다니 참 대단하다는 생각을 혼자 했던 기억이 납니다. 바로 그 소설을 쓴 사람이 알렉산드르 솔제니친(Aleksandr Isayevich Solzhenitsyn, 1918~2008)입니다.

솔제니친은 소비에트 사회주의 혁명 직후인 1918년, 카프카스의 키슬로보츠크에서 지식인 계급 즉 인텔리겐챠 출신 군인의 유복자로 태어났습니다. 그의 아버지가 붉은 군대의 적(敵)이었던 러시아제국의 군인 신분이었기에 그는 이를 숨기며 살아야 했고 그 때문에 그의 유년생활은 피폐하고 곤궁했습니다. 그 후 어렵사리 그는 로스토프대학교에서 물리와 수학을 전공한 후 제2차 세계대전에 장교신분으로 참전했습니다. 그러나 1945년 2월 독일과의 국경지역에서 근무할 당시 "스탈린의 전쟁 수행 방식이 잘못됐다"고 비판하는 편지를 친구에게 보낸 사실이 적발됩니다. 이로써 반(反)소련 선전활동을 했다는 죄목으로 굴락(Gulag) 즉 강제노동수용소에서의 징역형을 선고받아 8년을 살았고, 다시 추방 3년형을 언도받아 1956년까지 유형생활을 해야 했습니다.

1957년에 복권되어 랴잔시에서 중학교 교사로 재직하던 중, 솔제니친은 1962년에 '새 시대'라는 뜻의 〈노브이 미르〉지 9월호에 강제노동수용소에서의 경험을 바탕으로 한 〈이반 데니소비치의 하루〉를 써서 일약 세계적인 작가가 되었습니다. 〈이반 데니소비치의 하루〉는 평범한 농민 출신의 목수 슈호프가 스탈린 시대의 강제노동수용소에서 보내는 가혹하고 참담한 일상과 그곳에서도 사라지지 않았던 '인간애'를 오버랩시켜 담담하게 그려낸 작품입니다. 물론 이 작품의 출간은 스탈린에 대해 비판적이었던 니키타 흐루시초프가 집권한 후였기에 가능했습니다.

그 후 솔제니친은 1963년에 〈크레체토프카역에서 생긴 일〉과 〈마트료나의 집〉 그리고 〈공공을 위해서〉 등의 세 단편을 잇달아 발표해 호평을 받았습니다. 하지만 1964년에 레오니드 브레즈네프가 새 서기장이 된 뒤 문학작품에 대한 이념적 규제가 심해지면서 솔제니친은 반체제인사로 낙인찍히고 말았습니다. 그리고 결국에는 작품 발표의 길이 막혀버리게 되죠. 이에 항의해, 그는 1967년 소련작가대회에 '검열폐지'를 호소하는 편지를 보내 커다란 반향을 일으켰습니다. 그리고 이 무렵부터 소련에서 발표되지 못한 그의 작품들이 해외에서 잇달아 간행되기에 이릅니다.

솔제니친의 문학에서 정점을 차지하는 한편 죽음을 기다리는 암 환자와도 같은 소련 사회의 분위기를 문학적으로 표현해낸 장편 〈암병동〉, 풍자와 알레고리를 구사한 정치적 장편소설 〈연옥 속에서〉와 〈1914년 8월〉 등이 잇달아 소련의 국경을 넘은 해외에서 출판되었습니다. 하지만 다시 이것이 빌미가 되어 솔제니친은 1969년 소련작가동맹에서 제명당하고 말았습니다. 그러나 해외에서 출간됐던 〈암병동〉은 솔제니친에게 1970년도 노벨문학상의 영예를 가져다주었습니다. 1970년 스웨덴 학술원은 "솔제니친이 윤리적인 힘을 갖고 러시아 문학의 전통을 추구하고 있다"며 그에 대한 노벨상 수상을 결정했던 겁니다. 하지만 정작 솔제니친은 소련 당국이 귀국길을 막을 것을 우려해 수상식장에는 가지 않았습니다. 그러나 그는 "한마디 진실이 백 마디 말보다 더 가치 있다"는 수상 소감을 전달해서 깊은 감동을 주었습니다.

그 후 솔제니친은 1973년에 파리에서 강제노동수용소 내막을 폭로한 〈수용소 군도〉를 국외 출판한 것을 계기로 1974년 2월, 소련에서 강제추방당하고 맙니다. 추방 당시 프랑크푸르트 공항에 도착한 그는 이렇게 말합니다. "작가는 조국과 모국어를 떠나서는 존재할 수 없다"고. 그 후 스위스를 거쳐 1976년에 미국으로 망명한 솔제니친은 버몬트 주 카벤디시에 칩거하면서 〈붉은 수레바퀴〉 〈수용소 군도〉 2, 3부 등을 집필했습니다. 하지만 그는 훗날 피아니스트가 된 아들 스테판 솔제니친을 미국 교육기관에 맡기지 않고 스스로 가르쳤을 만큼 민족주의적이었고 철저하리만큼 러시아적이었습니다. 1978년, 미 하버드대학 연설에서 솔제니친이 "러시아는 서구의 민주주의나 공산주의와도 화합할 수 없는 독특한 문명을 지니고 있다"고 말한 것도 같은 맥락이었습니다.

소련 즉 소비에트연방 붕괴 후인 1990년에 솔제니친은 러시아 시민권을 회복했고 1994년, 20년간의 망명생활을 마치고 러시아로 돌아갔습니다. 하지만 러시아로 돌아온 솔제니친은 곧 실망하고 맙니다. 스탈린의 동상은 사라졌는지 몰라도 그 유습과 잔재 그리고 변형들은 곳곳에 산재해 있었기 때문입니다. 특히 솔제니친은 러시아를 경제위기로 몰아넣은 보리스 옐친 대통령과는 극심한 불화를 보였습니다. 그는 러시아에는 세 번의 위기가 있었는데 그것은 바로 17세기 로마노프 왕조의 등장, 1917년 볼셰비키 혁명, 그리고 옐친의 취임이라고 말했을 정도였습니다. 반면에 블라디미르 푸틴 대통령과는 끈끈한 관계를 유지했습니다. 위대한 조국의 부활을 주창하는 푸틴의 정책 기조가 솔제니친의 민족주의적 정서와 맞아떨어졌기 때문입니다.

그래서일까요? 옐친이 수여하고자 했던 훈장은 거듭 거부했던 솔제니친이 푸틴이 수여하는 국가문화공로훈장은 흔쾌히 받은 겁니다. 몸이 불편해 시상식에 직접 참석하지 못한 솔제니친은 영상으로 전하는 인사말을 통해 "역사가 우리의 기억뿐 아니라 양심을 되살려줄 것을 믿는다"고 했습니다. 그리고 "러시아가 겪은 고난은 우리가 같은 실수를 저지르는 것을 막고 우리를 파멸로부터 구원할 것"이라고도 말했습니다. 솔제니친은 2008년 8월 3일, 향년 89세를 일기로 타계했습니다. 미국의 〈뉴욕타임스〉는 그를 이렇게 애도했습니다. "솔제니친은 외롭고 고집스러운 전투적인 문학적 투쟁으로 구소련 공산독재가 무소불위의 권력을 행사하던 시기에 이미 그 체제의 종식을 예언했으며, 그가 남긴 작품들은 20세기의 가장 위대한 문학적 업적 중 하나가 되었다"고.

흔히 솔제니친은 폭압적 스탈린 체제를 정면에서 고발한 '러시아의 양심'으로 불립니다. 영국 BBC 방송이 적절히 코멘트했듯이 "그의 삶은 한 사람의 불굴의 용기가 종국에는 전체주의적 독재체제의 종식마저 이끌어낼 수 있음을 보여줍니다." 그는 펜의 힘이 얼마나 위대한지를 여실하게 보여준 산 증인이었습니다.

## 영혼의 한류를 일군 '의인'

2001년 1월 26일 오후 7시 18분쯤 일본 도쿄의 JR신오쿠보(新大久保)역 플랫폼에서는 퇴근길 사람들이 전철을 기다리고 있었습니다. 그때 한 일본인 취객이 그만 발을 헛디뎌 플랫폼 아래 선로로 떨어지고 말았습니다. 때마침 역 구내로 전동차가 들어온다는 벨신호가 울렸지만 취객은 일어날 기미가 보이지 않았습니다. 이를 지켜본 사람들은 발만 동동 구른 채 속수무책이었습니다. 바로 그때 건너편 플랫폼에서 한 젊은이가 플랫폼 아래 선로로 뛰어내렸습니다. 그리고 선로에 떨어진 취객을 일으켜 세우려 했지만 역부족이었습니다. 뒤이어 이를 도우려 한 중년 사내도 플랫폼 아래로 뛰어내렸습니다. 하지만 비상정지벨이 작동하지 않아 전동차는 그대로 역 구내로 진입했고 결국 취객과 한 젊은이 그리고 한 중년 사내 등 세 사람 모두 전동차에 치여 그 자리에서 숨지고 말았습니다. 참으로 안타까운 일이 아닐 수 없었습니다.

조사결과 밝혀진 세 사람의 신원은 이러했습니다. 만취한 취객 37세 사카모토 세이코. 그를 구하기 위해 플랫폼 아래로 뛰어내렸던 젊은이 26세 이수현(李秀賢, 1974~2001). 그리고 이를 돕기 위해 역시 플랫폼 아래로 뛰어내려간 47세 중년의 카메라맨 세키네 시로! 다음 날 아침 〈아사히신문〉 등 일본의 유력 언론들은 '술 취한 승객을 구하기 위해 자신의 목숨까지 던진 살신성인'이라며 만취한 일본인을 구하기 위해 제일 먼저 플랫폼에 내려섰다가 목숨을 잃은 젊은 한국인 이수현씨의 이야기를 집중해서 보도했습니다. 이수현. 그는 26세 꽃다운 나이에 남을 구하기 위해 자신을 바치고 세상을 뜬 젊은 의인이었습니다.

2011년 1월 26일 오후 도쿄 지요다(千代田)구에 있는 한 회관에서는 '고 이수현 10주기 추모 행사'가 열렸습니다. 이날 추모행사에는 2001년 당시 일본 외무상을 지낸 고노 요헤이 전 의원과 다나카 가쿠에이 전 수상의 딸이자 역시 일본 외상을 지낸 다나카 마키코 의원 등 300여 명이 참석했습니다. 그리고 당시 이명박 대통령과 간 나오토 일본 총리 그리고 하토야마 유키오 전 총리 등이 보낸 추모사가 낭독됐습니다. 이 자리에서 고 이수현씨의 부친 이성대씨는 아들과의 기억을 담담하게 회상하며 이렇게 말했습니다.

"하고 싶은 것도 많고, 욕심도 많던 내 아들 수현이. 초등학교 때는 소풍 때 도시락 못 싸오는 친구를 위해 대신 도시락을 싸가고, 고등학교 때는 군고구마 파는 학생에게 자신의 점퍼를 벗어주고, 대학교 때는 자전거에 부딪쳐 쓰러진 한 할머니를 둘러업고 병원까지 달려가던 그런 아이였습니다. 죽어서 수현이는 국민훈장을 받았습니다. 하지만 훈장 받는 아이보다 평범해도 그냥 부모 곁에서 탈 없이 살아주는 아이였으면 하는 게 부모의 솔직한 심정입니다. 저도 그랬습니다. 그러나 오늘 저는 일본의 많은 시민이 수현이를 오랫동안 애도해주는 모습에 진심으로 감동을 받았습니다. 그래서 수현이도 외롭지 않게 하늘나라로 갈 수 있었을 겁니다."

1974년, 울산에서 부친 이성대씨와 모친 신윤찬씨 사이에서 남매 중 맏이로 태어난 이수현은 초등학교부터 고등학교까지를 부산에서 다닌 후 1993년에 고려대 무역학과에 입학했습니다. 군복무 후 4학년이던 1999년 12월에 휴학을 하고 일본으로 어학연수를 떠난 이수현은 이듬해인 2000년 1월, 일본 도교의 아카몬카이 (赤門會) 일본어학교에 입학해 공부하면서 아르바이트를 병행하고 있었습니다. 2001년 1월 26일 운명의 그날에도 이수현은 아르바이트하던 인터넷 카페에서 일을 끝낸 후 기숙사로 돌아가기 위해 전철을 기다리던 중이었습니다. 전철역에서 만취한 일본인을 구하려다 변을 당하기 5분 전 휴대전화로 자신의 여자친구에게 "이제 전철 탄다. 30분 후면 집에 도착한다"고 전했다는데, 이것이 그가 세상에 남긴 마지막 말이 될 줄 그 누가 알았겠습니까?

일본어 학교에서도 최상위 성적을 기록한 이수현은 그 해 여름 어학연수를 마치고 한국으로 귀국해서 대학에 복학할 계획이었습니다. 그리고 졸업 후 한국이나 일본의 무역회사에 입사해 두 나라의 교역 부문에서 확실한 일인자가 되고 싶다는 당찬 포부를 갖고 있었습니다. 하지만 그는 끝내 복학하지 못했습니다. 물론 졸업하지도, 자신의 포부처럼 무역일꾼이 되지도 못했습니다. 그는 싸늘한 주검이 되어 한국으로 돌아왔습니다. 하지만 그는 일본인들의 가슴에 의로운 한국인이라는 놀라운 불씨를 지폈습니다. 그리고 일본인들 영혼에 깊이 아로새겨진 정신적 한류의 표상이 되었습니다.

한국으로 돌아온 그의 유골은 부산 금정구 청룡동 부산시립공원묘지(일명 영락공원)에 고이 묻혔습니다. 그리고 그를 기리는 추모비가 부산어린이대공원 내 학생교육문화회관 앞뜰과 모교인 내성고등학교 교정에 세워졌습니다. 그리고 그의 사후 모교인 고려대는 총장 주재 긴급회의를 열어 고 이수현씨에게 명예졸업장을 수여하기로 결정했습니다. 아울러 2001년 2월에 대한민국 정부는 그에게 대한민국 국민훈장 석류장을 추서하기도 했습니다. 그 후 2007년에는 그의 삶을 기린 〈너를 잊지 않을 거야〉라는 영화가 하나도우 준지 감독에 의해 만들어져 일본에서 먼저 개봉된 후 이듬해에는 한국에서도 개봉되었습니다. 또 10년이 지난 2011년 1월 28일에는 요쓰야(四谷) 구민홀에서 추모 자선 음악회 '아시아의 바람이 되어'가 개최되기도 했습니다.

자신의 홈페이지를 만들어 '수현이의 전국일주여행'을 실을 정도로 산악자전거와 기타 연주 그리고 스킨스쿠버 등을 즐기며 활달했던 젊은이 이수현. 그는 생전에 자신의 홈페이지의 자기 소개 글에서 이런 글을 남겼습니다. "저는 최대한 인생을 즐기며 살고 싶습니다. 즐긴다는 게 매일 논다는 뜻이 아니라 일을 해도, 공부를 해도 즐겁게 하고, 되도록 제가 하고 싶은 것을 할 수 있을 때 하며, 언제든지 뒤돌아서면 후회 없는 생활을 하는…… 그런 저를 만들어가려고 노력하고 있습니다. 물론 살아가면서 안 될 때도 있고 힘든 날도 있겠지만 그 까짓것 때문에 피해가고, 뒤로 물러서고 싶지는 않습니다. 그 고난과 역경도 제 인생의 한 부분이기 때문이죠. 언제든지 받아들일 준비가 되어 있고 헤쳐나갈 용기가 있습니다."

26세의 꽃 같은 나이에 살신성인을 몸으로 실천하고 저세상으로 먼저 간 이수현의 육성은 오늘 여기 살아남아 있는 우리 모두에게 적잖은 울림으로 다가옵니다. 지금 생명이 있는 이 시간에 무엇을 할 것이며, 어떻게 살 것인가를 다시 한 번 생각하게 만드는 의인 이수현입니다.

# 상생의 동지, 애증의 라이벌

**인류의
역사는
라이벌의
역사**

인류역사를 이끈 힘은 라이벌의 존재라 해도 과언이 아닙니다. 카인과 아벨부터가 라이벌이었습니다. 에덴동산에서 쫓겨난 아담과 이브가 동침해 낳은 첫아들이 카인이고 그 아우가 아벨입니다. 카인은 농사짓는 자(정주민)요 아벨은 양치는 자(유목민)였습니다. 카인은 땅의 소산으로 제물을 삼아 여호와께 드렸고 아벨은 양의 첫 새끼와 그 기름으로 드렸더니 여호와께서 아벨과 그의 제물을 열납했습니다. 이를 시기하고 분해한 카인이 아벨을 들에서 돌로 쳐 죽였습니다. 비록 형제였지만 라이벌과의 경쟁심이 불러일으킨 결과였습니다.

라이벌의 사전적 정의는 같은 목적을 가졌거나 같은 분야에서 일하면서 이기거나 앞서려고 서로 겨루는 '맞수'를 뜻합니다. 라이벌(rival)의 라틴어 어원은 강(江)을 뜻하는

'리부스(rivus)'와 연관됩니다. 즉 라이벌은 그 강물을 함께 사용하는 주민을 일컫는 '리발리스(rivalis)'라는 말에서 나왔습니다. 여기에는 동료와 앙숙의 의미가 공존합니다. 강물이 풍부하면 그 물을 함께 나누면서 친구와 동료가 되지만, 가물면 그것을 두고 싸움이 벌어지는 앙숙이 되는 겁니다.

이러한 라이벌은 적(enemy)과는 다릅니다. 적은 그저 섬멸의 대상이지만 라이벌은 때로 대립하고 때로 협력하는 공존공생의 대상입니다. 숙명적으로 하나의 강물을 나눠 쓰는 사이이기 때문입니다. 그러다보니 라이벌 중 어느 한쪽이 사라지면 다른 한쪽도 사라지는 경우가 많습니다.

결국 라이벌은 서로를 존재케 하는 숙명의 관계입니다. 라이벌만 없다면 두 다리 쭉 뻗으며 만사가 형통할 것 같아도 실상은 그 없이는 아무것도 해낼 수 없는 관계인 것입니다. 늘 눈엣가시 같은 라이벌이 있기에 한 번 더 조심하고 두 번 더 따져보고 세 번 더 긴장해서 결국 승리를 쟁취하기 때문입니다. 즉 라이벌은 서로를 긴장시키고 서로를 키웁니다. 라이벌에게 감사해야 할 이유가 바로 여기에 있습니다.

그럼 역사상 대표적인 라이벌 관계, 그 두 사람의 긴장된 일생을 살펴보겠습니다.

**사반세기에
걸친 애증의
라이벌**

여자의 최고 라이벌은 여자이고, 남성들로 인해 발생하는 갈등보다 여성들이 야기하는 갈등이 훨씬 미묘하고 복잡해 해결하기도 어렵습니다. 엘리자베스 1세와 메리 스튜어트 간의 문제도 예외가 아니었습니다.

먼저 엘리자베스 1세(1533~1603, 재위 1558~1603)를 봅시다. 그녀는 초년운이 없었습니다. 헨리 8세의 두 번째 왕비 앤 불린의 딸로 태어났으나 어머니 앤 불린은 간통과 반역죄로 참수됐고 헨리 8세의 첫 번째 왕비 캐서린의 딸인 이복언니 메리 튜터가 메리 1세로 즉위합니다. 그리고 1554년 21세 때 엘리자베스는 반란동조 혐의를 받아 런던탑에 유폐됩니다. 그러다 4년 후인 1558년 11월 17일, 메리 1세가 죽자 엘리자베스는 극적으로 25세에 잉글랜드의 여왕으로 즉위합니다. 정말이지 지옥과 천당을 오간 셈이었습니다.

한편 같은 해 4월, 15세의 메리 스튜어트(1542~1587, 재위 1542~1567)가 프랑스 황태자와 결혼합니다. 스코틀랜드의 왕 제임스 5세와 프랑스 왕녀인 기즈의 마리(Marie de Guise) 사이에서 태어난 메리는 출생과 거의 동시에 스코틀랜드 여왕으로 즉위하는데, 그녀가 태어난 지 6일 만에 부왕 제임스 5세가 죽었기 때문입니다. 1548년에 앙리 2세의 장남이자 황태자인 두 살 연하의 프랑수아 2세와 약혼했던 메리는 그 후 프랑스 궁정에서 양육되다 1558년에 결혼한 것입니다.

그런데 1559년에 앙리 2세가 낙마사고로 서거하자 프랑수아 2세가 즉위하면서 메리 스튜어트는 실질적으로 스코틀랜드와 프랑스의 공동통치자가 됩니다. 하지만 즉위 후 1년 만인 1560년에 프랑수아 2세 역시 급서하고 맙니다. 1561년, 남편을 잃은 메리 스튜어트는 귀국해서 스코틀랜드 여왕으로 남습니다. 이때 그녀의 나이 19세였습니다. 스코틀랜드로 돌아온 메리 스튜어트는 잉글랜드 여왕 엘리자베스 1세에게 가장 위협적인 존재였습니다. 왜냐하면 그녀가 잉글랜드 왕위계승 제1순위였기 때문입니다.

바티칸과 가톨릭 국가들의 시선으로 볼 때 헨리 8세와 캐서린의 이혼은 명백한 불법이었고 헨리 8세와 앤 불린의 결혼은 중혼(重婚)이며 대죄였습니다. 헨리 8세는 캐서린과의 이혼을 교황이 허락하지 않자 가톨릭에서 개종해 영국국교회(성공회)의 수장이 되었고, 결국 영국국교회의 수장 자격으로 캐서린과의 이혼을 합법화하고 엘리자베스의 생모인 앤 불린과 재혼할 수 있었던 것입니다. 그 중혼의 소산인 엘리자베스 1세는 가톨릭 본산인 바티칸과 같은 계열의 프랑스 그리고 스페인의 왕가가 볼 때는 후안무치한 왕위찬탈자에 불과했습니다. 당연히 그들에게는 스코틀랜드의 메리 스튜어트가 잉글랜드 왕위의 적법한 계승자였던 겁니다.

하지만 만약 메리 스튜어트가 그토록 매혹적이고 또 그토록 위험하지 않았다면 엘리자베스 1세는 결코 그녀에게 눈길조차 주지 않았을 것입니다. 엘리자베스 1세는 스코틀랜드의 이 매력적인 여인이 얼마나 자신에게 위협적인 존재인가를 본능적으로 알았습니다. 그 후 사반세기에 걸쳐 엘리자베스 1세와 메리 스튜어트 두 여인 사이의 라이벌전이 펼쳐집니다.

프랑수아 2세의 사망 전까지 엘리자베스 1세는 유럽에서 가장 이상적인 왕실 혼처였습니다. 전 유럽의 왕족들이 그녀에게 구혼했지만 메리 스튜어트가 느닷없이 미망인이 되자 사정이 순식간에 바뀌고 말았습니다. 메리 스튜어트는 매혹적이었습니다. 키 180센티, 풍성한 갈색머리, 깎아놓은 조각상 같은 그녀의 아름다운 외모와 고혹적인 성적 매력에 전 유럽의 왕자와 귀족들이 빨려들어갔습니다. 칼뱅주의 설교자 존 녹스조차 "그녀는 모든 남자들을 매혹시키는 독특한 매력을 지녔다"고 말할 정도였습니다.

메리 스튜어트가 어떤 배우자를 선택할 것인가는 엘리자베스 1세에게 초미의 관심사였습니다. 만약 메리 스튜어트가 강력한 가톨릭 국가의 왕자와 재혼하면 그것이야말로 엘리자베스 1세에게는 재앙 그 자체였기 때문입니다.

엘리자베스 1세는 스코틀랜드의 사신 제임스 멜빌 경을 만난 자리에서 메리 스튜어트가 자기보다 더 매력적인 여자냐고 물었습니다. 멜빌 경은 엘리자베스 1세는 잉글랜드에서, 메리 스튜어트는 스코틀랜드에서 가장 아름다운 여왕이라고 전략적으로 답변했으나 엘리자베스 1세는 분명하게 대답하라고 재차 촉구했습니다. 결국 멜빌 경은 메리 스튜어트가 더 아름답다고 대답했습니다. 그러자 엘리자베스 1세는 메리 스튜어트가 자기보다 더 키가 크냐고 물었습니다. 멜빌 경이 그렇다고 답하자 엘리자베스 1세는 이렇게 대꾸했습니다. "그럼 그녀는 너무 키가 큰 거예요. 난 크지도 작지도 않아요!"

## 매력과 마력, 그 질투의 산물들

엘리자베스 1세는 메리 스튜어트를 만나고 싶어했습니다. 정말 메리 스튜어트의 미모가 소문 그대로인지 직접 확인해보고 싶었던 겁니다. 엘리자베스의 질투심은 어쩔 도리가 없었습니다.

엘리자베스 1세는 메리 스튜어트가 결혼을 통해 자신의 왕국과 왕좌를 압박하지 못하도록 먼저 선수를 쳤습니다. 메리 스튜어트의 신랑 후보를 자신이 천거한 것입니다. 첫 번째 인물은 엘리자베스 1세에게 구혼을 해왔던 로버트 더들리 경이었습니다. 메리 스튜어트는 물론 더들리 경을 반길 리 없었습니다. 메리는 더들리 경이 그토록 좋은 혼처라면 왜 그와 혼인하지 않고 자기에게 천거하느냐고 반문하기까지 했습니다.

이에 엘리자베스 1세는 메리 스튜어트에게 두 번째 혼처를 제시했습니다. 상대는 잉글랜드에서 가장 매력적이라고 소문난 단리 경이었습니다. 1565년 2월에 단리 경이 에든버러에 도착하자 메리 스튜어트는 그에게 단번에 녹아버렸습니다. 결국 6개월 후인 7월 29일, 메리 스튜어트와 단리 경은 결혼에 성공했지만 이것은 메리 스튜어트 일생일대의 실수였습니다.

단리 경은 메리 스튜어트를 박대했습니다. 단리의 박대를 못 이긴 나머지 메리 스튜어트도 다른 남자에게 한눈을 팔았지만 그녀가 눈길을 줬던 이탈리아인 비서 다비드 리치오는 단리와 그 휘하 사람에게 무참히 난자당해 살해됐습니다. 그런 일이 있은 지 3개월 후에 메리 스튜어트는 아들 제임스(훗날 스코틀랜드의 제임스 6세, 잉글랜드의 제임스 1세)를 낳았는데 그 아버지가 단리가 아니라 리치오일지 모른다는 은밀한 소문이 에든버러에 파다했습니다.

애인이 비참하게 살해당하고 결혼이 파탄 난 상황에서 메리는 단리에 대한 복수심에 불타올랐습니다. 이때 사기성 농후한 보스웰 백작이 등장해서 1567년에 커크 오필드라는 여관에 머물던 단리 경을 폭사시켰습니다. 그 후 메리 스튜어트는 보스웰 백작과 세 번째 결혼을 했습니다. 스코틀랜드 사람들은 메리 스튜어트가 보스웰 백작과 공모해 남편 단리 경을 죽였다고 믿었습니다.

결국 스코틀랜드 귀족들은 보스웰을 덴마크로 쫓아내고 메리 스튜어트를 강제로 퇴위시켜 13개월 된 제임스 6세에게 양위하도록 강요했습니다. 사실상 연금 상태에 있던 메리 스튜어트는 1568년에 엘리자베스 1세의 잉글랜드로 망명했습니다. 당시 그녀 나이 26세였습니다.

메리 스튜어트의 오랜 측근인 윌리엄 메이틀런드는 엘

리자베스 1세를 만나고 난 후 만약 메리 스튜어트와 엘리자베스 1세가 직접 마주 앉는다면 메리는 일방적으로 당하고 말 것이 분명하다고 생각했습니다. 엘리자베스 1세는 메리보다 나이만 아홉 살 많은 것이 아니었습니다. 메리에 비하면 엘리자베스 1세는 산전수전 다 겪어 닳고 닳은 노회한 정객 같았던 것입니다. 하지만 사실 메리 스튜어트도 그리 만만한 상대는 아니었습니다.

메리 스튜어트의 잉글랜드 망명은 잉글랜드를 엄청난 혼란으로 몰아넣었습니다. 그녀는 이제 스코틀랜드 왕위를 되찾을 생각보다는 잉글랜드 왕위에만 관심을 집중했습니다. 하지만 엘리자베스 1세는 메리 스튜어트를 유럽 대륙으로 내몰 수도 없었습니다. 자칫 그녀의 마력 같은 매혹이 유럽의 강력한 가톨릭 군주를 유혹하는 데 성공한다면 그것은 더 큰 재앙이기 때문이었습니다.

프랑스 궁중의 음모술을 보며 자란 메리 스튜어트는 음모를 꾸미는 일에 강했습니다. 잉글랜드에 도착한 그 순간부터 그녀는 음모의 화신이 됐습니다. 그녀는 스페인 대사에게 몰래 편지를 보내기도 했는데, 내용인즉 만약 스페인 왕이 도와준다면 3개월 안에 자신은 잉글랜드의 여왕이 될 것이고 전국 교회에서 미사가 집전될 것이라는 호언장담이었습니다.

타인의 도움을 이끌어내는 메리 스튜어트의 능력은 초자연적인 신비에 가까웠습니다. 마침내 1570년 2월 25일,

교황 피우스 5세는 엘리자베스 1세를 파문하는 회칙을 반포하고 가톨릭 세력들이 궐기해서 메리 스튜어트를 잉글랜드의 새 여왕으로 옹립할 것을 촉구했습니다.

그러나 엘리자베스의 메리 스튜어트에 대한 감정은 이중적이었습니다. 한편으로는 메리를 대단한 위험인물로 인식하면서 또 다른 한편으로는 같은 고충을 지닌 군주요 고종사촌으로서의 유대감마저 지녔습니다. 이 점은 메리 스튜어트도 마찬가지였습니다.

**무승부로
끝난
그녀들의
승부**

원수는 외나무다리에서 만난다고 하지만 자고로 진짜 라이벌은 때로 마주치지조차 않는 법인가 봅니다. 엘리자베스 1세와 메리 스튜어트는 단 한 번도 직접 마주한 적이 없지만 서로는 서로에게 최고의 라이벌이었기 때문입니다.

1583년 1월, 50세가 된 엘리자베스 1세는 신하들에게 슬픈 목소리로 말했습니다. "난 이제 늙은 여자예요. 결혼보다는 하늘에 계신 우리 아버지(=하나님)가 더 소중한 그런 여자가 됐어요." 엘리자베스 1세의 유일한 희망은 메리 스튜어트보다 더 오래 사는 것이었습니다.

1583년 봄, 메리 스튜어트와 그녀의 참모들은 아들 제임스 6세 측에 그녀와 아들이 함께 스코틀랜드의 공동군주로 복위하되 권력의 상당부분은 그녀가 차지한다는 계획을 전했습니다. 하지만 제임스 6세는 매몰차게 이 제안을 거절했습니다.

1584년, 세월 앞에서 메리 스튜어트의 전설적인 미모도 빛을 잃어가기 시작했습니다. 유럽 최고의 매혹적인 여인 메리 스튜어트도 살이 찌고 관절이 아파오기 시작했으며 머리는 반백이 된 42세의 중년 여성일 뿐이었습니다. 물론 지금이야 40대도 얼마든지 아름답지만 당시에는 이 나이라면 완숙하다 못해 늙은 나이였습니다. 게다가 간통죄, 남편살인죄, 반역죄 등의 죄목으로 그녀를 사형에 처해야 한다는 원성이 그치지를 않았습니다. 하지만 그녀는 다행히 엘리자베스 1세의 호의로 여전히 여왕 신분에 걸맞은 대우를 받고 있었습니다.

그러던 중 1586년에 메리 스튜어트를 지지하는 앤서니 배빙턴의 쿠데타 음모가 적발됐습니다. 배빙턴은 7월 6일자 편지에서 메리 스튜어트를 '경외하는 군주이자 여왕 폐하'라고 지칭하고 엘리자베스 1세를 '왕위 찬탈자'라 지칭한 가운데 메리 스튜어트를 구금상태에서 해방시켜 잉글랜드 왕위에 올릴 계획을 전했습니다. 이에 대해 메리 스튜어트 역시 7월 17일자의 암호로 된 편지로 그 음모를 승인하고 엘리자베스 1세의 암살을 재가함으로써 자기 운명에 결정적 대못을 박고 말았습니다.

그러나 음모는 실패했습니다. 앤서니 배빙턴과 그 일당은 체포돼 재판을 받고서 목이 잘린 후 거세당하고 아직 의식이 남아 있는 상태에서 내장이 꺼내지는 참형을 당했습니다.

하지만 엘리자베스 1세는 메리 스튜어트의 처형을 극구 반대했습니다. 물론 거기에는 그녀에 대한 연민과 더불어 한때 국왕이었던 그녀에 대한 처형이 자칫 국왕으로서 자신의 권위에 침해를 가져올지 모른다는 우려도 없지 않았습니다. 하지만 메리 스튜어트를 반역죄로 처형하라는 소리가 점점 높아져 엘리자베스 1세도 마침내 그녀의 처형에 동의할 수밖에 없었습니다. 몇 차례 결정을 유보하던 엘리자베스 1세는 1587년 2월 1일, 사방에서 밀려드는 압력에 끝내 굴복해 사형명령서에 서명하고 맙니다. 결국 그 위협적 존재에 대한 최후의 대응방법은 그녀를 죽이는 길뿐이었던 것입니다.

그로부터 일주일 후인 1587년 2월 8일 아침, 45세의 아직 죽음의 때가 이른 메리 스튜어트는 포더링게이의 그레이트 홀에서 참수당했습니다. 그녀는 용감하고 씩씩하게 죽음을 맞았는데 오히려 자신의 신산한 삶이 마침내 끝나서 다행이라는 표정이었습니다. 런던 시민들은 메리 스튜어트의 목이 날아가자 환호했지만 엘리자베스 1세는 진실로 슬퍼했습니다. 라이벌의 역설이 아닐 수 없습니다.

1603년 3월 24일, 엘리자베스 1세도 69세의 나이로 사망했습니다. 그녀는 메리 스튜어트가 죽은 후에도 16년이라는 세월을 더 살았습니다. 메리 스튜어트보다 아홉 살 위였던 엘리자베스는 늘 마음속의 바람처럼 그녀보다 더 오래 살았습니다. 하지만 단지 오래만 산 것이 아니었습니다. 그녀는 그 누구보다도 강력한 근대적 여성이었고 영국 사상 가장 위대한 군주의 반열에 오른 인물입니다. 자신이 즉위했을 당시보다 훨씬 강대한 나라를 이끈 통치자로 신하에게 사랑받고 시인과 예술가들에게 글로리아나(처녀여왕)로 칭송받았습니다.

그런데 엘리자베스 1세는 후사가 없었습니다. 때문에 공교롭게도 메리 스튜어트의 아들인 스코틀랜드의 제임스 6세가 잉글랜드의 제임스 1세가 돼 후계자로 즉위합니다. 이로써 스튜어트 왕조가 시작됐으니 라이벌 간의 승부는 무승부라고 해야 할까요? 실로 역사의 아이러니가 아닐 수 없습니다!

**가장 강력한 라이벌은 바로 '나'**

당연히 라이벌이 있어야 발전합니다. 삼성과 애플을 보십시오. 하지만 눈에 보이는 경쟁상대가 모두 라이벌은 아닙니다. 이미 알고 있는 라이벌은 더 이상 라이벌이 아닙니다. 시대가 변하면 라이벌도 달라져야 합니다. 진짜 라이벌이 누구인지 알면 절반은 이긴 겁니다.

그러니까 나이키의 라이벌은 아디다스가 아닙니다. 오히려 나이키의 진짜 라이벌은 닌텐도입니다. 왜냐고요? 게임에 빠진 아이들이 거리에서 뛰놀지 않게 만들기 때문입니다. 닌텐도보다 더 재미있고 흥미롭고 신나게 뛰어놀도록 유혹해야 나이키는 살 수 있습니다. 그래야 라이벌을 이기는 것입니다. 아디다스하고만 싸워봐야 그건 그저 제 살 깎아먹기 이상이 될 수 없습니다.

라이벌에 대한 관점과 생각을 달리해야 합니다. 같은 그룹, 동종 업종의 라이벌이 전부가 아닙니다. 지금은 통섭의 시대, 잡종의 시대, 네트워크의 시대입니다. 라이벌은 도처에 숨어 있고 눈앞에 보이는 라이벌이 전부인 것도 아닙니다. 오히려 라이벌과 연대하고 라이벌과 윈윈전략을 세우고 라이벌과 함께 성장해야 합니다.

그렇다면 '나'의 가장 강력한 라이벌은 누구일까요?

아베베 비킬라는 1960년 로마올림픽과 1964년 도쿄 올림픽에서 마라톤 2연패를 했던 인물입니다. 그는 1968년 멕시코시티 올림픽 마라톤에서 3연패에 도전했지만 도중에 레이스를 포기하고 말았습니다. 그 후 그는 재기를 꿈꾸며 훈련에 임하던 중 교통사고를 당해 하반신 마비의 중증 장애자가 됐지만, 결코 포기하지 않았습니다. 포기하고 싶은 자신과 싸웠습니다.

그는 장애인 올림픽의 전신인 '스토크 맨더빌 게임즈'에 다시 출전해 이번에는 양궁과 탁구 부문에서 우승했습니다. 그의 가장 강한 라이벌은 다름 아닌 '포기하고 싶은 자기 자신'이었던 겁니다.

피겨 요정 김연아는 동갑내기 일본 피겨스타 아사다 마오와 라이벌 관계로 주목받았습니다. 하지만 김연아 스스로가 말하는 라이벌은 다릅니다. '그만하면 됐다고 타협하는 나', '더 이상은 안 된다고 투덜대는 나'가 진짜 라이벌이라는 것입니다. 결국 자신의 가장 강한 라이벌은 바로 '나 자신'입니다. 그 라이벌을 이겨야 진짜 '뜨거운' 승리자가 되는 것입니다.

바네사 레드그래
장욱진 존 우드
유리 테미르카노
라인홀트 메스너
시바타 도요 인
압둘 칼람 티짜
에릭 섄토 크라

부딪친 만큼 삶은 단단해진다

# 나의 가장 젊은 날은 바로 '오늘'

## 제일 멋진 일은 '할머니가 된 것'

언젠가 뉴욕에 갔을 때 일이었습니다. 때마침 '드라이빙 미스 데이지'라는 연극이 유서 깊은 존 골든 시어터에서 있기에 보게 되었습니다. 저녁 8시에 시작하는 연극을 보기 위해 7시 45분쯤 극장에 도착했는데 이미 극장 안은 빈 좌석이 눈에 띄지 않을 만큼 초만원이었습니다. 8시가 되자 관객석의 조명은 꺼지고 암전상태에서 곧이어 무대에만 조명이 들어왔습니다. 어느 새 무대 위에는 붉은색 드레스를 입고 하얀 앞치마를 두른 훤칠한 키의 할머니가 양손에 요리기구를 든 채 서 있었습니다. 그 순간 관객들은 환호성과 함께 손바닥이 터져라 박수를 쳐댔습니다.

솔직히 저는 좀 당황스러웠습니다. 연극무대의 막이 막 오른 참에 터진 박수라니……. 우리나라에서는 배우들의 연기집중에 방해되기에 철저히 금기시된 일이기 때문입니다. 하지만 막이 오르자

184

마자 터진 박수는 다름 아닌 바로 그 할머니 역의 배우를 향한 관객들의 참을 수 없는 마음의 표시였던 것이죠. 할머니의 극중 이름은 데이지였지만 그 역을 맡은 그녀의 실제 이름은 바네사 레드그레이브(Vanessa Redgrave, 1937~ )였습니다.

바네사 레드그레이브는 영국 런던대학교의 센트럴스쿨 오브 스피치 앤 드라마(Central School of Speech and Drama)에서 연기수업을 받고 1958년에 영화 〈비하인드 더 마스크(Behind the Mask)〉로 영화계에 먼저 데뷔했습니다. 하지만 데뷔작 이후 8년간 로열 셰익스피어 극단에 합류해 웨스트엔드 연극 무대에만 섰을 만큼 그녀는 자기고집이 강했습니다. 1966년에 이탈리아의 명감독 미켈란젤로 안토니오니가 각본을 쓰고 연출까지 맡은 영화 〈욕망(Blowup)〉에서 강렬한 인상을 남기며 영화계로 복귀한 그녀는 역시 그 해 제작된 영화 〈모간(Morgan)〉으로 칸영화제 여우주연상을 받았습니다. 그 후 바네사 레드그레이브는 전설적인 무용가 이사도라 던컨의 일대기를 그린 1968년 카렐 라이즈 감독의 작품 〈이사도라(Isadora)〉에서 열연하며 〈모간〉에 이어 칸영화제에서 두 번째 여우주연상을 수상합니다. 아울러 이 영화에서의 독립적이고 의지 강한 이사도라 던컨의 이미지는 평생 그녀의 이미지로 남게 됩니다.

사실 그녀는 이미 20대부터 인권운동과 인도주의 활동에 열심이었고, 반유태주의를 표방하기를 꺼리지 않을 만큼 소신이 뚜렷한 배우였습니다. 그런 바네사 레드그레이브는 1977년 프레드 진네만 감독의 영화 〈줄리아〉로 아카데미 여우조연상을 수상한 자

리에서 팔레스타인 사람들의 권리를 옹호하는 연설을 해서 화제가
되기도 했습니다. 하지만 아이러니컬한 것은 〈줄리아〉에서의 극중
역할이 유태인 박해에 저항하는 여인 역할이었던 겁니다. 〈드라이
빙 미스 데이지〉에서도 연기한 데이지가 유태인 할머니였음도 물
론입니다. 하지만 바네사 레드그레이브는 "정치적 신념과 배우로서
좋은 역할에 최선을 다하는 것은 전혀 별개의 문제"라고 단호하게
말하는 쿨한 성격의 배우이기도 합니다.

어쨌든 그녀는 자신의 신념을 여과 없이 드러내는 까칠한 성격
이면서도 칸과 베니스영화제를 비롯해 아카데미상과 골든 글로브,
에미상과 토니상을 모두 수상한 당대 최고의 배우입니다. 그래서
그녀는 '육체와 정신 모든 면에서 완벽한 정점에 오른 배우'라는 평
을 받아왔습니다. 뿐만 아니라 당대 최고의 극작가 아서 밀러와 테
네시 윌리엄스로부터 '현존하는 최고의 여배우'로 칭송받은 바 있
는 전설적 배우입니다. 이처럼 바네사 레드그레이브는 수십 년 동
안 영국을 대표하는 세계적인 여배우로 자리를 지켜왔고 그 업적
을 인정받아 1999년에는 영국여왕으로부터 명예기사작위를 받기
도 했습니다.

그 누구보다도 사람다운 삶에 관심을 갖는 그녀는 이 시대의
실천적인 예술가 모습에 대해 이렇게 말합니다. "어린이나 젊은 사
람들을 위한 연극을 개발하는 게 중요하다고 생각합니다. 그냥 앉
아서 보는 연극이 아닌 만드는 연극, 참여하는 연극으로요. (…)
난민수용소 한구석에 바닥이 평평한 트럭을 하나 구해놓고 거기
서 난민들이랑 무대를 만들어 함께 춤추고 노래를 부르는 것 같은

(…) 사회 속에서 연극의 역할이 무엇인지 복잡하게 따질 것도 없이, 이런 게 바로 예술가가 할 수 있는 일입니다."

이처럼 바네사 레드그레이브는 삶과 예술이 하나가 되고 자신의 신념과 연기에의 열정이 조화된 인생을 살고 있는 겁니다. 연극 〈드라이빙 미스 데이지〉에서 자신과 엇비슷한 나이의 유태인 할머니 역을 너무나 사실감 있게 연기한 그녀를 보고 있노라면 나이 들어간다는 것이 참 멋있고 아름다울 수 있다는 것을 새삼 깨닫게 됩니다. 그렇습니다. 누구나 나이를 먹습니다. 세월을 피해갈 수는 없는 겁니다. 하지만 그 피할 수 없는 세월의 흐름 속에서 자신이 어떤 모습일까를 결정하는 것은 바로 자기 자신일 뿐입니다.

그래서 그녀는 이렇게 말할 수 있는 것인지 모릅니다. "할머니가 됐다는 게 제일 멋진 일이죠. 할머니가 돼보면 왜 이 나이까지 지구에서 얼쩡거리고 있는지 알게 돼요. 할머니란 자연 속에서 특별한 생물학적 위치를 차지할 뿐만 아니라 문화적으로 매우 의미 있는 존재니까요." 얼핏 들으면 무슨 소리인가 싶지만 곰곰이 되씹으면 정말 맞는 말입니다.

인류는 할머니의 이야기를 들으며 성장한 족속이란 공통점이 있습니다. 그래서 할머니라는 존재는 세대와 세대를 잇고 문화를 전수하는 역할을 누대에 걸쳐 감당해왔던 것이죠. 할머니가 된 바네사 레드그레이브도 그 역할의 의미를 알게 된 겁니다. 나이 들어갈수록 이 지구 위에서 그처럼 특별한 문화적 존재가 되어갈 수 있다면 그 자체로 아름답고 의미 있는 것 아니겠습니까?

## '왜?'라는 질문으로 정상에 서다

세계에서 가장 오랜 시간 동안 같은 시간대에 같은 진행자가 방송한 텔레비전 프로그램이 무엇인지 아십니까? 다름 아닌 CNN의 간판 프로그램이었던 '래리 킹 라이브'입니다. 래리 킹(Larry King, 1933~ )은 1985년부터 2010년 12월 말까지 자그마치 25년 동안 주말을 제외한 매일 밤마다 자신의 이름을 건 텔레비전 토크쇼를 진행하며 지금까지 5만 명 가까운 사람들을 인터뷰해서 기네스북에까지 등재됐습니다.

지난 2010년 12월 16일 '래리 킹 라이브'의 마지막 방송은 화상 통화로 이루어진 토크쇼로 문을 열었습니다. 버락 오바마 미국 대통령과 빌 클린턴 전 대통령, 아널드 슈워제네거 캘리포니아 주지사 등이 화상 통화로 래리 킹에게 인사말을 전했습니다. 오바마 대통령은 래리 킹을 향해 "당신은 '내가 할 수 있는 유일한 건 질문뿐'이라고 말했지만 그 질문에 대한 답으로부터 우리 세대는 많은 것을 배웠다"고 말했습니다. 오바마 대통령까지 찬사로 가득한 영상메시지를 보내오자 래리 킹은 "이렇게 할 말이 떠오르지 않는 경우가 많지는 않았다"며 잠시나마 감상에 젖은 표정을 짓기도 했습니다.

하지만 이내 빌 클린턴 전 대통령과 화상으로 연결되자 그는 특유의 유머감각을 담아 이렇게 말문을 열었습니다. "우리 둘 다 지퍼 클럽 회원이죠?" 언뜻 듣기에는 여덟 번 결혼한 화려한 여성 편력의 래리 킹이 '지퍼 게이트'로 불리던 클린턴 전 대통령의 성추문 사건을 언급하는 듯해 순간 긴장감이 돌았습니다. 하지만 곧 래리 킹이 자신과 클린턴 모두 심장수술을 받았다는 뜻이라고 설명하자, 클린턴 전 대통령도 "말뜻을 분명히 해줘 고맙다"고 받아 넘겼습니다. 그리고 이내 클린턴 전 대통령은 "죽을 때까지 일을 해야 젊게 산다는 당신의 충고처럼 나도 계속 일하고 있다. 젊어졌는지는 모르겠지만 덕분에 무덤 신세는 면하고 있다"며 농담도 건넸습니다.

또한 래리 킹의 열성팬을 자처하는 슈워제네거 캘리포니아 주지사는 "킹이 마지막 방송을 한 오늘을 '래리 킹의 날'로 지정했다"고 말했습니다. 그러자 래리 킹은 슈워제네거가 출연한 영화 '터미네이터'의 유명한 대사를 연상시키듯 "감사합니다. 그리고 기억하세요. '나는 돌아올 겁니다(I'll be back)'"라고 재치 있게 답했습니다.

이처럼 '래리 킹 라이브'는 종방되는 그 순간까지 긴장된 순간들을 연출하며 시청자들을 텔레비전 앞으로 끌어모았습니다. 출연자를 일순간 팽팽한 긴장 속에 몰아넣는 특유의 수사법과 허스키한 목소리 그리고 도수 높은 뿔테 안경 너머의 미간에서 느껴지는 부드럽지만 결코 녹록치 않은 카리스마, 아울러 그의 트레이드마크가 돼버린 멜빵 패션에 이르기까지 래리 킹이 만들어낸 스타일은 한 시대를 풍미했습니다.

CNN방송의 간판 프로그램인 '래리 킹 라이브'는 각계 유명인사들을 초청해서 대담하는 생방송 프로그램으로 지금까지 5만 명 가까운 사람들을 인터뷰했다고 합니다. 래리 킹은 무엇보다도 상대를 호되게 몰아붙이지 않으면서도 출연한 게스트로부터 솔직한 이야기를 이끌어내는 능력이 탁월했다고 평가받습니다. 거기에는

"사회자는 듣는 사람이다. 손님을 가르치려는 건 절대 안 된다"는 그의 평소 지론이 짙게 깔려 있습니다. 아울러 그는 출연자에 대한 선입견을 갖지 않기 위해 사전 자료조사에 의존하는 일 없이 그냥 '날것'으로의 현장 이미지를 중시한 진행으로 정평이 나 있습니다. 그러면서도 '엄숙주의' 관행을 깨고 출연진의 '흉중'을 단번에 꿰뚫는 평이하면서도 직설적인 단문성 질문으로 시사토크쇼의 새 장르를 개척했던 겁니다.

그래서인지 '래리 킹 라이브'에는 제럴드 포드 이후 모든 미국 대통령이 초대됐으며 거의 모든 분야의 사람들이 총출연해 래리 킹의 질문에 답해야 했습니다. 넬슨 만델라에서부터 블라디미르 푸틴에 이르기까지 전 세계 정치지도자는 물론 플레이보이 설립자 휴 헤프너와 권투선수 마이크 타이슨부터 O. J. 심슨과 모니카 르윈스키와 같은 화제의 인물들에 이르기까지. 정말이지 "신 빼곤 다 인터뷰했다"는 말이 나올 정도였습니다. 특히 지난 2001년 9·11사태 때는 래리 킹 혼자 700여 명의 목격자들과 인터뷰한 진기록을 세우기도 했습니다.

본명이 '로렌스 하비 자이거'인 래리 킹은 1933년에 미국 뉴욕 브루클린에서 유태계의 러시아 이민자 아들로 태어났습니다. 9세 때 아버지를 잃자 그와 그의 가족들은 어쩔 도리 없이 생활보호대상자가 됐습니다. 그가 생애 처음 쓴 안경도 정부 구호금을 타서 구입한 것이었습니다. 간신히 고등학교를 졸업한 후 하릴없이 허송세월을 보내던 그는 22세 되던 1955년에 방송인의 꿈을 안고 플로리다 주 마이애미로 갔습니다. 방송국 주변을 맴돌다 지역방송국

잡역부로 들어간 래리 킹은 2년을 온갖 허드렛일로 고생한 끝에 결근한 아나운서 대신 마이크를 잡게 되면서 인생이 바뀌게 됩니다. 마침내 그는 1957년 5월에 마이애미의 한 라디오방송에서 주급 55달러짜리 토크쇼 진행자로 첫 방송을 시작하게 됩니다. 당시까지만 해도 래리 자이거로 불리던 그는 첫 방송을 앞두고 이름을 바꿉니다. 방송국 임원이 아무래도 이름이 촌스러우니 다른 이름을 찾아보라고 닦달하던 중 마침 책상 위에 펼쳐진 신문광고에서 '킹 주류 도매'라는 광고를 본 그 임원이 "래리 킹 어때?"라고 묻는 순간부터 '래리 킹'이 된 겁니다.

그 후 1960년에 WPLG TV의 '마이애미 언더커버'라는 일요일 밤 토론 프로그램을 맡아 10년 정도 방송 경력을 쌓았습니다. 하지만 그에게 청천벽력 같은 일이 터지고 말았습니다. 1971년, 잘못된 계약 때문에 기소돼 교도소를 가게 된 겁니다. 그나마 다행히 무죄로 풀려났지만 그 후 3년간 방송에서 퇴출되는 암울한 시기를 보내야 했습니다. 하지만 래리 킹은 거기서 주저앉지 않았습니다. 그는 잡초 같은 근성을 갖고 다시 일어났습니다. 마침내 1978년부터 '뮤추얼 라디오 네트워크'의 5시간 30분짜리 밤샘 생방송 프로그램을 진행하며 래리 킹의 진가를 본격적으로 세상에 드러내놓기 시작합니다. 그리고 마침내 1985년에 CNN 창립자 테드 터너에게 스카우트돼 '래리 킹 라이브' 진행자로 토크쇼의 전설이 된 겁니다. 24세 나이에 방송에 뛰어든 지 28년 만의 일이었고 당시 그의 나이 52세 때의 일이었습니다. 그리고 마침내 2010년 말까지 꼬박 25년을 진행하며 하나의 프로그램을 최장시간 진행한 인물로 기네스북에까지 올랐던 겁니다.

래리 킹이 그 부침 많은 방송 토크쇼에서 장수할 수 있었던 비결은 아는 척하지 않고 대중의 눈높이에 맞춰 짧고 단순한 질문을 던졌기 때문이었습니다. 이를테면 출연자로 물리학자가 나오면 "왜 우리는 학교 다닐 때 물리를 그렇게 싫어했을까요?"라는 물음부터 던지는 식이었습니다. 아울러 "대통령과 배관공 모두 똑같은 호기심을 갖고 대했다"는 그의 말처럼 출연자의 사회적 명성이나 부 혹은 권력에 주눅 들거나 휘둘리지 않았습니다. 그리고 항상 '새로운 시각'과 '폭넓은 시야'를 갖고 인터뷰에 임했으며 무엇보다도 상대의 이야기를 들어주는 '침묵과 경청의 중요성'을 잊지 않았습니다. 그 덕분에 바람 잘 날 없는 방송계에서 그 흔한 대학 졸업장도 없이 오로지 끈기와 집념만으로 마침내 최고가 된 겁니다.

'래리 킹 라이브'가 마지막 방송을 타던 날, 코미디언 프레드 아미슨이 킹의 트레이드마크인 멜빵과 뿔테 안경을 착용하고 커다란 구식 마이크를 든 채 방송에 출연해 래리 킹을 거꾸로 인터뷰하는 '깜짝쇼' 순서가 있었습니다. 여기서 아미슨은 "25년간 당신이 던진 질문 중 최고의 질문이 무엇이냐?"고 물었습니다. 그러자 래리 킹은 "'왜'라는 질문"이라고 답했습니다.

1957년 첫 방송 이후 53년 동안 마이크를 잡은 '토크쇼의 전설' 래리 킹. 오랫동안 변두리 인생이었다가 45세가 돼서야 비로소 전국 네트워크에 진출했고, 본격적인 중앙무대인 CNN에 등장한 건 52세가 돼서야 가능했던 래리 킹. 하지만 그는 지난 25년간 미국 CNN의 간판 프로그램 '래리 킹 라이브'를 통해 자신의 진가를 유감없이 발휘했습니다. '왜?'라는 질문을 던지면서 말이죠.

## 나를 던진 자유로운 무애의 삶

지난 2011년 1월, 20세기 한국 미술을 대표하는 화가 중 한 명으로 꼽히는 장욱진(張旭鎭, 1917~1990) 화백의 서거 20주기를 맞아 갤러리현대와 장욱진미술문화재단이 공동주최하는 회고전이 열렸습니다. 이 전시에서는 초기작인 '독'을 비롯해 걸작으로 꼽히는 '자화상' 등 대표작과 미공개 작품 70여 점이 선보였는데, 특히 장욱진 화백의 대표작으로 꼽히는 '자화상'이 인상적이었습니다. 그것은 6·25전쟁 당시인 1951년 고향인 충남 연기에서 그린 작품으로 손바닥만 한 종이에 연미복을 입고 황금벌판을 걷는 자신을 상상해 그린 것이었습니다.

현실은 전쟁의 포화가 그치지 않은 가운데 피난 중이라는 정말 처참하고 피폐했던 상황이었는데 화면 속의 모습은 그와는 정반대로 황금 들판에 멋진 연미복을 차려입은 신사가 걸어가는 모습이라니. 대단한 역설이 아닐 수 없었습니다. 거기에는 절망을 디디고 선, 결코 놓아버릴 수 없는 희망 같은 것이 담겨 있는 듯싶었습니다. 전쟁의 참화라는 현실을 넘어 풍요로운 대자연 속에서 절대 고독을 즐기는 자기 자신을 그리며 전쟁을 잊고 또 뛰어넘은 화가의 마음을 드러냈다고나 할까요?

1917년, 충남 연기에서 태어난 장욱진 화백은 경성사범부속보통학교 시절에 '전일본소학생미전'에서 1등을 할 정도로 일찌감치 미술에 재능을 보였습니다. 하지만 장욱진은 경성제2고보 즉 지금의 경복고 재학 당시 일본인 교사의 부당함에 맞서 싸우다 퇴학당한 후 양정고보를 거쳐 일본으로 건너가 도쿄 데이코쿠미술학교(帝國美術學校, 현 무사시노미술대학) 서양화과에 입학해서야 본격적인 그림 수업을 받았습니다. 일본 유학 시절이나 귀국 후 활동기는 서양의 입체파를 비롯해 추상표현주의 등 다양한 사조가 실험되던 시기였지만 장욱진 화백은 오로지 자신만의 소박한 그림세계를 추구해나갔습니다.

해방 후 그는 국립박물관(현 국립중앙박물관) 진열과에서 1945~47년까지 2년간 일하면서 한국의 전통 예술작품을 깊이 있게 접하는 기회를 가졌습니다. 심미안이 뛰어났던 그는 백자와 민화(民畵), 전통 공예품에 심취했고 고분 발굴단을 따라다니며 벽화를 공부했습니다. 그 후 장욱진 화백은 신사실파 동인으로 활약하다가 1954년 서울대 교수가 됐지만 작품에 몰두하기 위해 1960년 교수직을 사임했습니다.

이후 장욱진 화백은 경기도 덕소(1963~75)를 거쳐 서울 명륜동(1975~79)과 충청북도 수안보(1980~85), 경기도 용인 구성(1986~90) 등에 소박한 화실을 마련해 그림에만 열중했습니다. 그는 화실에서 혼자 자취하며 그림을 그렸고 작업을 쉴 때는 술을 벗삼아 지냈습니다. 특히 죽을 때까지 그림을 그려 몸과 마음을 다 써버릴 작정이었던 그는 그림과 주도(酒道) 사이를 오가며 '자유로운 무애의 삶'을 산 것으로 유명합니다.

맏딸 장경수 장욱진미술재단 이사의 증언에 따르면 덕소 시절, 아버지를 뵈러 청량리에서 덜덜거리는 버스를 타고 한참을 가곤 했는데, 그때 아버지가 홀로 외로이 생활하며 작업하시는 광경은 차마 눈물 없이는 볼 수 없는 열악한 환경이었다고 합니다. 먹을 물도 없어서 오빠가 한참을 나가 물을 길어 날라야 했을 정도였답니다. 그녀에 따르면 아버지 장욱진 화백은 "그림은 나의 일이요, 술은 위안이자 휴식"이라며 일단 술을 마시기 시작하면 한 달 내내 소금만을 안주삼아 드셨다고 합니다.

그리고 장욱진 화백은 술을 마시면 항상 "너는 뭐냐, 나는 뭐냐?"라는 말을 자주 했다고 합니다. 그러면 어린 딸은 "아버지가 무슨 소크라테스야?" 하고 대꾸하곤 했답니다. 그때의 모습이 딸에게는 아버지의 '귀여운(?) 술주정'으로 기억되고 있는 겁니다. 하지만 그것은 새로운 예술사조가 들어오는 가운데 처한 장욱진 화백의 예술적 고민이 담긴 화두였습니다.

사실 장욱진 화백은 예술에 관한 한 그 누구보다도 치열했습니다. 그는 늘 "작가는 고요와 고독 속에서 그림을 그린다. 자기를 한곳에 몰아세워놓고 감각을 다스려 정신을 집중해야 한다"고 말하고는 했죠. 언뜻 보기에 장욱진의 작품은 어린아이 그림처럼 간단하고 단순해 보이지만 정작 그 자신은 줄 하나를 긋기 위해 며칠을 고민하는 등 스스로에게 치열하고 준엄했습니다. 이렇게 해서 나온 작품은 10호 미만의 작은 것들이었지만 안정된 구도와 색의 통일, 생명력 강한 이미지를 드러낼 수 있었습니다. 아울러 농촌 풍경과 가족, 새와 달·해 등을 담은 우화적 화면이 우리에게 생명의 강렬함과 시들지 않는 소박한 아름다움을 안겨준 까닭도 이런 보이지 않는 작가의 치열함에 기인한 것이라고 봐야 할 겁니다.

하지만 장욱진 화백은 그림 이외에는 정말이지 할 줄 아는 것이 거의 없었습니다. 아니 관심조차 갖지 않았습니다. 그나마 1972년에 첫딸이 시집을 간다고 하자, 이때만큼은 아버지로서 뭔가 잘해보고 싶었는지, 틀니를 끼려고 마음먹고 성치 못한 이들을 모두 빼냈다고 합니다. 그런데 한편으로는 맏딸이 시집간다는 서운함에 그만 매일매일 과하게 술을 들다가 정작 결혼식 날 입안이 퉁퉁 부어 틀니마저 못 낀 채 나왔다고 하더군요. 이 일화를 들으며 저 역시 마음 한구석이 '짠'했습니다. 그러나 맏딸이 첫애를 낳았을 때, 눈을 떠보니 남편도 아닌 아버지가 옆에서 자기 손을 꼭 잡고 계셨다는 얘기를 들으며 비록 평생 제대로 가정을 돌보지는 못했지만 속 깊은 정이 없던 것은 아니라는 생각도 들었습니다.

물론 이런 장욱진 화백이 평생 그림에 정진할 수 있었던 것은 가족의 희생이 있었기에 가능했던 일이었습니다. 좋은 집안에서 교육받고 곱게 자란 그의 아내 이순경은 역사학계의 태두(泰斗) 이병도 박사의 딸이었습니다. 이병도 박사는 생전에 딸을 고생시키는 가난한 화가 사위의 전시에 한 번도 가지 않았다고 합니다. 그런 장인이 좀 야속했던지 장욱진 화백은 이렇게 말하고는 했답니다. "거긴 다 박사야, 사람은 나 하나야!" 그러나 결국 평생 그림만 그린 남편을 뒷바라지하느라 혜화동에 동양서림이라는 책방을 열어 30년 넘게 홀로 가계를 꾸려간 그의 아내 덕분에 장욱진의 그림 세계는 빛을 볼 수 있었던 겁니다.

1990년 12월 27일, 장욱진 화백은 타계했습니다. 세상을 떠나기 두 달 전 그가 그린 '밤과 노인'에는 죽음이 암시돼 있었습니다.

장 화백이 죽은 후 어느 날 그의 아내는 5남매를 불러놓고 "너희 아버지는 내게 해줄 것 다 해주고 돌아가셨다. 그러니 더 이상 아버지에 대해 안 좋은 기억일랑 갖지 마라"고 당부할 정도로 남편에 대한 애정과 신의가 깊었습니다.

생전에 장욱진 화백은 "취한다는 것은 절실한 정신의 휴식이다. 인생의 벌판을 방황하는 자유는 얼마나 아프고도 감미로운가. 의식의 밑바닥에 잔잔히 깔려 있는 허무의 서글픈 반주에 맞춰 나는 생의 환희를 노래한다"고 했습니다. 정말이지 그는 한 시대를 소박하게 살다간 진정한 예인이 아닐 수 없습니다.

# 최선을 다했으니 만족할 뿐

**나날이 '내 생애 최고의 날'**

야구나 축구와 같은 구기종목을 통해 사람들은 감독의 존재가 얼마나 큰가를 새삼 절감합니다. 하지만 농구도 예외가 아닙니다. 지난 1999년 미국의 스포츠 전문방송인 ESPN이 "20세기 최고의 스포츠 지도자는 누구인가?"라는 설문조사를 한 바 있습니다. 그 결과의 주인공, 존 우든(John Wooden, 1910~2010)을 소개합니다.

1910년, 미국 인디애나 주에서 태어난 존 우든은 선수로서, 또 감독으로서 두 번이나 미국농구 명예의 전당에 오른 사람입니다. 존 우든은 1948년부터 1975년까지 평생을 대학농구계에서만 보냈습니다. 그 중 UCLA 농구팀을 12회나 NCAA 선수권대회 결승에 진출시켜 NCAA 타이틀 7연패를 포함해 총 10회 우승이라는 대기록을 세웠습니다. 미국의 스포츠 메이저 종목 가운데 한 지도자가 통산 열 차례나 우승컵을 거머쥔 것은 존 우든이 유일합니다. 게다가 그는 88연승이라는 믿기지 않는 대기록도 세웠고 정규시즌 30승 무패의 경이적인 기록도 네 차례나 해냈습니다. 그래서 사람들은 존 우든을 가리켜 '감독 중의 감독', 'Forever Coach' 즉 '영원한 감독'이라고 부를 정도입니다.

그렇다면 존 우든에게 어떤 특별함이 있었기에 이런 놀라운 성과가 가능했던 걸까요? 존 우든은 어릴 때 아버지로부터 들은 한마디를 자신은 물론 선수들에 대한 지도이념과 생활철학으로 삼았습니다. 바로 "하루하루를 내 생애 최고의 날이 되게 하라"는 것이었습니다. 그래서 그는 모든 선수가 혹독한 훈련 끝에 잠자리에 들 때조차도 "오늘 나는 최선을 다했나?"라고 스스로에게 묻도록 독려했습니다.

또한 존 우든 감독은 정상에 올라가게 하는 것은 실력이지만, 그곳에 머물게 해주는 것은 그 사람의 성품이라고 말하면서 다음과 같은 덕목들을 선수들에게 강조했습니다.

1. 상대를 존중하되 두려워하지 마라.
2. 아주 작은 일부터 시작해라.
3. 명성보다는 인성이 중요하다.
4. 실수를 해도 실패는 하지 않는다.
5. 신속하되 서두르지 않는다.
6. 열심이 행운을 부른다.
7. 자신을 먼저 안다.
8. 준비에 실패하는 것은 결국 실패를 준비하는 것이다.

아울러 존 우든 감독은 "재능은 하느님께서 주시는 것이니 겸손해라. 명성은 사람이 주는 것이니 감사해라. 자만은 자기가 주는 것이니 조심해라"라고 말하며 항상 겸손하고 감사하며 늘 스스로를 성찰하라고 말했던 겁니다.

농구는 길이 28미터 폭 15미터의 코트에서 펼쳐집니다. 그 안에서 쉴 새 없이 움직이며 펼쳐지는 현란한 드리블과 패스, 그리고 덩크슛까지! 농구의 매력은 끝이 없습니다. 특히 마지막 남은 1초까지 안심할 수 없을 만큼 긴장감 있고 박진감 넘치는 경기가 바로 농구입니다.

그런데 언젠가 〈뉴스위크〉 기자가 존 우든 감독의 훈련법에 대해 물은 적이 있습니다. 그때 그의 대답이 두고두고 화제가 됐습니다. 이런 내용이었습니다. "선수들에게 좀 더 시간을 들여서라도 신발과 양말을 제대로 신도록 하는 것이지요. 신발과 양말을 신는 일은 농구에서 아주 기초가 되는 일입니다. 그러나 몇 분도 채 안 걸리는 이 일을 제대로 했는가에 따라 경기 승패마저 달라질 수 있습니다."

이 말은 우리가 사소하다고 무심결에 지나는 일이 결과를 다르게 만들 수도 있음을 깨우쳐주는 말이 아닐 수 없습니다. 그래서일까요? 대학농구 명예의 전당과 NBA 명예의 전당 모두에 이름이 오르고 훗날 NBC의 농구해설가가 된 빌 월튼은 존 우든 감독에 대해 이렇게 말했습니다. "존 우든 감독은 이 시대를 통틀어 가장 위대한 농구감독입니다. 내가 그분께 배운 것은 농구를 어떻게 하는가보다는 삶을 어떻게 살아야 하는가에 관한 것이 더 많았습니다. 감독님은 우리에게 단지 농구만 가르쳐주신 게 아니라 인생에 관해서도 가르쳐주셨습니다. 감독님은 우리에게 훌륭한 선수가 되기 위해 필요한 가치와 자질만을 가르쳐주신 게 아니라, 훌륭한 인간이 되기 위한 가치와 자질도 가르쳐주셨습니다."

최다 MVP선정, 최다 올스타 게임 출전기록의 전설적인 농구선수로 역시 대학농구 명예의 전당과 NBA 명예의 전당 모두에 이름이 올라 있는 카림 압둘 자바 또한 이렇게 존 우든 감독을 이야기합니다. "감독님은 우리들에게 스스로를 규율하는 법을 가르쳐주셨고, 언제나 당신이 그 본보기를 보여주셨습니다. 우든 감독님의 지혜는 운동선수로서의 내게 아주 큰 보탬이 되었습니다. 그러나 한 인간으로서 내게는 더욱 크고 깊은 영향을 끼쳤습니다. 내가 오늘 이 같은 모습을 갖게 된 것은 그분의 가르침 덕분입니다."

한마디만 더! 존 우든은 성공에 대해 이렇게 정의합니다. "나에게 있어 성공이란 다른 사람보다 높은 점수를 내는 것이 아니라, 자신이 최선을 다했다는 사실을 알 때 느낄 수 있는 자기만족을 통한 마음의 평화입니다"라고! 그렇습니다. 최선을 다하는 삶, 그것을 통해 하루하루를 내 생애 최고의 날들이 되게 하는 삶을 살아간다면 그 누구나 승리자입니다.

**시대를 위로한 웃음의 배달부**

2010년 원로 코미디언 백남봉(1939~2010) 씨가 오랜 투병 끝에 폐암 합병증으로 별세하셨습니다. 향년 71세. 고인은 세 살 연상인 코미디언 남보원 씨와 함께 흔히 '원맨쇼'로 불리는 1인 토털 개그의 대명사나 다름없었습니다. 그의 빈소에서 평생의 라이벌이자 동반자이기도 했던 남보원 씨는 이렇게 '한오백년' 한 자락을 뽑아내며 고인을 추모했습니다. "한 많은 이 세상, 야속한 백남봉, 정만 두고 몸만 가니 눈물이 나네……."

1939년, 전북 진안에서 태어난 백남봉은 7세 되던 해 집안이 평남 진남포(현 남포시)로 옮겨가 그곳에서 어린 시절을 보냈습니다. 그러던 중 1950년에 6·25전쟁이 터지자 월남하던 길에 그만 가족을 잃어버리고 말았습니다. 이후 그는 고아원에서 자라 날품팔이, 구두닦이, 장돌뱅이 생활을 전전하며 방방곡곡을 떠돌았습니다. 그의 장기인 구수한 팔도 사투리는 일부러 익힌 재주가 아니었던 겁니다. 야생에서 실전으로 익힌 것들이었습니다. 본래 그의 이름은 박두식이었습니다. '백남봉'이라는 예명은 '난봉꾼 백 명과 맞먹는다'는 뜻으로 한 코미디 작가가 지어준 것이라고 합니다.

타고난 끼와 함께 밑바닥 인생에서도 삶을 포기하지 않고 긍정하고 낙관하며 살려고 몸부림치다 자연스레 건져올린 남을 웃기는 재주를 밑천 삼아 백남봉은 1967년에 서울의 물랭루즈쇼 단원으로 데뷔합니다. 그리고 1969년, TBC 라디오 장기자랑에 출연해 김장재료인 마늘, 양파, 고춧가루 등이 모여서 마라톤을 벌이는 모습을 중계방송 형식으로 풀어낸 '김장 마라톤'을 선보여 폭발적인 인기를 얻습니다. 그것이 백남봉의 데뷔 방송이 된 겁니다. 그후 그는 맛깔스러운 사투리와 구수한 입담, 주정뱅이 연기 등을 통해 전국적으로 큰 인기를 얻었습니다. 말 그대로 전국구 스타가 된 겁니다. 특히 뱃고동, 말발굽, 탈곡기 소리 등의 성대모사는 신기에 가까워 김병조, 심형래, 이홍렬 등 후배 코미디언들은 그의 LP를 틀어놓고 연습을 했을 정도였다고 합니다.

백남봉은 각종 쇼 무대와 텔레비전 심지어 영화에까지 출연하며 화려한 희극인 인생을 누렸습니다. 하지만 그는 세상에 이름이 알려지고 사람들이 그를 향해 웃으면 웃을수록 늘 마음 한쪽이 허전했습니다. 피난길에 세상을 떠난 아버지와 어느 날 홀연히 사라진 어머니. 한때는 그런 부모를 원망했으나 막상 자기 자신이 부모가 되고 보니 되레 그분들이 몸서리쳐지도록 그리웠던 겁니다. 그래서 어느 날 백남봉은 아내가 마련한 조촐한 음식 앞에 동네 어르신들을 모시고 마치 친아들이 부모 앞에서 재롱부리듯 그분들을 즐겁게 해드렸습니다. 무대에서보다 더 흥겨운 노랫가락과 살갑게 착착 감기는 입담으로 웃음을 잃고 지내던 동네 노인분들이 배꼽을 잡고 웃으며 박수치고 덩실덩실 춤까지 추도록 만들었던 겁니다. 그것이 그 후 30년 동안 이어진 '백남봉 효도잔치'의 시작이었습니다.

그는 30여 년간 크고 작은 효도잔치로 대한민국 방방곡곡 어르신들의 아들이 되었고 지난 2000년에는 그런 숨은 노력 덕분에 대한민국 연예예술상 대통령표창을 받았습니다. 백남봉은 동물·휘파람·기관총·말발굽 등 수백 가지 소리 모사의 '달인'이었고 전국 각지의 사투리를 활용한 입담으로 한국형 스탠드업 코미디를 뿌리 내린 예능인이었지만 방송의 MC와 리포터로도 활발히 활약했습니다. 1989년에 KBS 텔레비전에서 '전국일주' 진행을 맡은 것을 시발로, SBS 개국 직후에는 '젊은 인생'을 맡아 MC 겸 리포터로 6년 이상 활약했습니다. 또 2005년 말에는 케이블 채널 실버 TV에서 '백남봉의 실버전국노래자랑' 등을 진행했고 피겨스케이트 선수로 활동했던 딸 박윤희와 함께 '스타 베스트 쇼'를 맡아 부녀 MC로도 활동해 화제를 모으기도 했습니다. 그 후 암선고를 받기 전까지 2007년에는 KBS1 라디오 '언제나 청춘'과 교통방송 '2시가 좋아'의 진행자로도 왕성하게 활동했던 그였습니다.

백남봉을 말할 때 떼놓을 수 없는 이가 평생의 라이벌이자 콤 비였던 남보원 씨입니다. 남보원이 주로 뱃고동, B29 등과 같은 폭 격기나 전투기, 포탄 떨어지는 소리 등의 성대모사에 능했다면 백 남봉의 주무기는 팔도 사투리로 풀어내는 입담이었습니다. 세 살 연상의 형님 남보원은 먼저 간 아우 백남봉의 빈소를 지키다시피 하며 이렇게 말했습니다. "남봉이가 먼저 가니 나는 이제 누구를 의지하나……." 그는 지난 1985년 남북예술공연단의 일원으로 함 께 평양에 가서 백남봉과 투맨쇼를 했던 기억을 떠올리며 병이 낫 거든 함께 멋진 투맨쇼를 다시 국민 앞에 선보이자 했는데 하며 눈 시울을 붉혔습니다. 분명 두 사람은 라이벌이었지만 진정 우정의 콤비이기도 했던 겁니다.

백남봉은 생전에 30여 년 동안 하루에 담배를 네 갑씩 피웠다 고 합니다. 그 후 당뇨진단을 받은 것을 계기로 1988년에 금연을 시작했고 이후 매일 2~3시간씩 자전거를 타며 건강을 회복했지만 결국 2008년 4월 폐암 진단을 받고 말았습니다. 그 뒤 항암치료를 받으며 투병생활을 해왔는데 결국 폐암 합병증으로 세상을 뜨고 말았습니다. 이제 우리는 더 이상 백남봉의 원맨쇼를 구경할 수 없게 되었습니다. 하지만 전쟁 통에 부모를 잃고 고아원을 전전한 후 껌팔이, 구두닦이, 장돌뱅이로 전국을 떠돌며 삶의 온갖 신난산고를 스스로 겪으면서 그 상처와 아픔을 넉넉한 웃음으로 뒤집어내 역시 그 시절에 함께 힘들었던 수많은 사람들을 웃기고 위안했던 백남봉의 진짜 공로는 잊히지 않을 겁니다.

정부는 그의 빈소에 화관문화훈장을 추서했지만 사실 그에게 마음의 훈장을 걸어줘야 할 사람들은 다름 아닌 우리 대한민국 국민이 아닐까 싶습니다. "그 친구는 '웃음의 배달부'로 평생 남들에게 웃음을 주다가 갔다. 저세상에서 잘 쉬었으면 한다." 라이벌이자 우정의 콤비였던 남보원 씨가 남긴 이 한마디에 어쩌면 백남봉의 모든 것이 담겨 있다고 해도 과언이 아닐지 모릅니다.


## 삶의 희로애락을 지휘하다

'맨손의 거장'이라 불리는 지휘자인 유리 테미르카노프(Yuri Khatuevich Temirkanov, 1938~ ). 레닌그라드 국립음악원 출신인 그가 상트페테르부르크 필하모닉 오케스트라의 전신인 레닌그라드 필하모닉 오케스트라의 예술감독 겸 상임지휘자 자리에 오른 것은 1988년의 일이었습니다. 역사의 격동이 몰아치기 1년 전이었죠. 1989년 동유럽의 소비에트 블록이 붕괴되기 시작했고 마침내 1991년 12월에는 70여 년을 지속해온 소비에트연방 즉 소련이 해체됐습니다. 역사의 소용돌이 속에서 구소련의 예술가들은 앞을 다투어 서방세계로 떠나버렸습니다. 실력은 있지만 가난으로 내몰렸던 아티스트들의 엑소더스였던 겁니다.

하지만 유리 테미르카노프는 이미 망해버린 조국을 떠나지 않았습니다. 덕분에 그는 곤궁과 망각이라는 어두운 터널 속에서 여러 해를 힘겹게 버텨내야 했습니다. 그는 당시 서방세계로 자신의 삶의 근거를 옮기지 않은 이유를 이렇게 말했습니다. "우리가 어머니를 선택해서 태어날 수 없듯이, 내게는 국가가 그러했다." 그 격정의 시대로부터 20년이 넘은 세월이 지났습니다. 50세의 짱짱했던 그가 어느새 70세가 넘었습니다. 인생 황혼기에 접어든 것입니다.

자고로 격동의 세월을 견디어낸 거장은 감동을 부르게 마련인가 봅니다. 몇 년 전 예술의 전당 콘서트홀을 감동의 도가니로 몰아넣었던 '맨손의 거장' 유리 테미르카노프와 그가 이끄는 상트페테르부르크 필하모닉 오케스트라의 황홀한 연주는 지금 생각해도 흥분이 될 정도였습니다. 특히 차이코프스키의 '1812년 서곡'이 마지막으로 연주되고 나서 거의 모든 청중들이 일어나 10분이 넘도록 기립박수를 보냈던 기억이 지금도 새롭습니다.

쫓기던 러시아군이 전세를 역전시켜 되레 나폴레옹군을 퇴각시키고 승리를 거두는 스토리가 담긴 격정적인 '1812년 서곡'! 웅장한 러시아 국가와 혁명의 열기를 담은 프랑스 국가 '라 마르세예즈'가 전황과 전세에 따라 잦아들고 커지기를 반복하며 교차하는 가운데 대포소리와 승리의 종소리가 압도하는 피날레에서 감동하고 감격하지 않을 사람은 없을 겁니다. 어쩌면 유리 테미르카노프는 그 자신의 인생역정과 '1812년 서곡'에 담긴 역전승의 의미를 참으로 절묘하게 지휘를 통해 풀어낸 것인지도 모르겠습니다.

사실 요즘 세계 지휘계는 젊은 지휘자들의 질풍노도 시대라고 해도 과언이 아닐 겁니다. 런던필을 이끄는 블라디미르 유로프스키, LA필을 이끄는 구스타보 두다멜과 같은 젊은 지휘자들이 세계 지휘계를 휩쓸고 있기 때문이죠. 하지만 1938년생의 노장 테미르카노프는 그들이 결코 흉내조차 낼 수 없는 삶의 역정에 토대한 놀라운 카리스마를 뿜어내며 여전히 살아 있는 경륜을 과시하고 있습니다. 그가 지휘하기 위해 무대에 오를 때 그로부터 느껴지는 카리스마는 온화하지만 당찬 기운 그 자체였습니다.

그가 포디엄에 서서 '맨손의 거장'이란 별칭처럼 맨손으로 지휘하는 모습은 그 자체로 이채롭고 우아하며 때로는 황홀하기까지 합니다. 하지만 무엇보다도 그가 지휘를 마친 후 관중을 향해 정중히 답례하며 서 있는 모습은 그 자체로 위엄과 당당함을 보여줍니다. 그러면서도 진심과 위선의 박수갈채조차 구별할 줄 아는 지혜의 눈빛을 담고 있었습니다.

세월은 거칠고 삶은 팍팍합니다. 게다가 늦가을의 스산한 기운은 사람들을 움츠리게 만듭니다. 그런데 바로 이럴 때 들어야 정말 제 맛 나는 교향곡이 있습니다. 차이코프스키의 '비창'입니다. '비창' 교향곡에는 삶의 희로애락이 고스란히 담겼습니다. 그만큼 격정적이고 처절하기까지 합니다. 그래서 제아무리 세상에 속고 세월 때문에 운 사람일지라도 자신의 것보다 더 큰 비애가 스며 있는 '비창' 교향곡을 듣노라면 자신의 아픔이나 상처는 별것 아니라는 위안을 얻게 되는 것인지도 모릅니다. 대개 나의 슬픔보다 더 큰 슬픔을 목도하고 마주하면 정작 내 슬픔은 오히려 별것 아닌 것이 돼버리는 이치와 같은 겁니다.

몇 년 새 우리나라를 찾아온 세계 유수의 오케스트라들이 적잖게 '비창' 교향곡을 들려준 바 있습니다. 블라디미르 유로프스키가 이끄는 런던 필, 자난드레아 노세다가 이끈 BBC 필, 그리고 크리스토프 에셴바흐가 이끈 필라델피아 오케스트라 등이 '비창' 교향곡을 들려줬습니다. 하지만 '비창'을 가장 비창답게 연주하는 오케스트라는 따로 있습니다. 바로 유리 테미르카노프가 이끄는 상트페테르부르크 필하모닉 오케스트라입니다. 그것은 비단 '비창'을 작곡한 차이코프스키가 러시아인이고 상트페테르부르크 필이 러시아 최고의 연주기량을 갖고 있기 때문만은 아닙니다. 다름 아닌 지휘자 유리 테미르카노프의 깊은 맛이 더해지기 때문입니다.

적어도 '비창' 교향곡을 지휘하려면 그만한 삶의 연륜이 묻어나야 하지 않을까요? 유로프스키가 제아무리 뛰어난 감성을 갖고 있어도 삶의 희로애락이 고스란히 담긴 '비창' 교향곡을 70세가 넘어 80세를 바라보는 노장 테미르카노프만큼 풀어낼 수 있을까요? 에셴바흐의 지휘가 제아무리 정교하다 해도 러시아적 정서가 묻어날 수밖에 없는 차이코프스키의 '비창'을 테미르카노프만큼 속 깊고 울림 있게 펼쳐내기는 어려울 겁니다.

'비창' 교향곡이 거친 세월을 이겨내고 팍팍한 삶을 추스르게 만드는 응원가일 수 있다면, 차이코프스키의 '1812년 서곡'은 삶의 역전을 희망하는 모든 이들에게 용기를 주는 '18번곡'이 될 수 있습니다.

지금, 세월이 거칠고 삶이 팍팍하다고 느껴진다면 마음을 위로하고 다시 삶을 추스르게 해줄 '비창' 교향곡을 한번 들어보는 게 어떨는지요. 그리고 다시 한 번 인생역전의 쾌거를 이루도록 '1812년 서곡'에 빠져보는 것은 또 어떨는지요. 움츠린 삶의 안이함과 구차함을 그 대포소리가 깨워줄 것입니다. 특히 유리 테미르카노프가 지휘한 연주라면 더 좋을 듯합니다.

# 오르려고 하면 결국 오른다

## 이기고자 하면 이기는 법

자, 여러분이 에베레스트 정상에 올랐다고 한번 상상해보시죠. 과연 어떤 기분일까요? 해냈다는 성취감에 젖어 '만세'를 외칠 것 같다고요? 산 아래를 내려다보며 "야, 여길 내가 어떻게 올라왔지?" 하며 스스로 감개무량해할 것 같다고요? 혹은 다시 내려갈 걱정부터 들 것 같다고요? 그런데 정작 전설적인 산악인 라인홀트 메스너(Reinhold Messner, 1944~ )에 따르면 에베레스트 정상에 선 순간, 완전히 "텅 비어버린다"고 합니다. 그리고 자신이 산을 정복했다는 오만함 대신 오히려 산이 나를 받아주었다는 생각에 스스로 겸허해진다는 겁니다. 결국 정상에 오르면 군림하듯 아래를 굽어볼 수 있는 것이기보다는 오히려 겸허히 자신의 내면과 정면으로 마주하게 된다는 것이죠. 그래서 정상에 선다는 것은 더욱 고독한 일인지도 모르겠습니다.

라인홀트 메스너는 아마도 이런 정상에서의 경험을 가장 많이, 또 가장 절실하게 했던 사람일 겁니다. 그는 1944년 이탈리아의 남부 티롤에서 태어나 20대 초반에 이미 알프스를 500회 이상 등반했고 그 후 히말라야로 눈길을 돌려 1970년에 '낭가파르바트'를 시작으로 1986년에는 '로체' 등반에 이르기까지 히말라야의 8000미터급 고봉 14좌를 세계 최초로 모두 등정했습니다. 특히 메스너는 에베레스트를 최초로 무산소 등정했고 한 시즌에 칸첸중카, 가세르브룸2봉, 그리고 브로드피크를 모두 올랐는가 하면, 가세르브룸1봉과 2봉을 종주등반하는 불후의 기록을 세우기도 했습니다.

하지만 그의 등반이 결코 순조로웠던 것만은 아니었습니다. 낭가파르바트 등반 때 그는 자신의 동생을 졸지에 산사태로 잃었고 자신마저도 동상으로 발가락 여섯 개와 손가락 끝을 잘라내야 했습니다. 그럼에도 불구하고 메스너는 지금껏 자신을 받아준 산에게 감사하며 등반을 통해 진정한 자기 내면과 마주할 수 있었다고 고백합니다. 그가 후배 등반가들에게 '정복을 위한 등반'이 아니라 '존재를 위한 등반'을 해야 한다고 강조하게 된 배경도 여기 있는 겁니다. 그가 무산소 등반을 고집하는 이유도 같은 맥락입니다.

사실 해발 8000미터 이상 되는 곳에서의 산소농도는 해수면의 3분의 1에 지나지 않습니다. 산소가 부족하면 육체적으로나 정신적으로나 신체 기능은 크게 떨어집니다. 그만큼 얼어 죽을 위험도 커지게 되고 혈액농축으로 생기는 혈전증과 출혈 그리고 폐수종의 위험도 증가합니다. 하지만 정복하기 위해 오르는 것이 아니라 자기 자신의 깊은 내면과 마주하고 싶어 산을 오른다는 그의 고백처럼, 라인홀트 메스너는 더 높이 오를수록 그리고 더 숨이 차오를수록 자기 자신을 더 깊이 들여다보게 된다고 말합니다.

라인홀트 메스너는 대규모 원정대를 동원하지 않고 한두 명이 직접 장비를 짊어지고 산을 오르는 이른바 알파인 스타일을 고집하는 것으로도 유명합니다. 그는 등반가가 자신이 해야 할 일을 셰르파에게 맡기고 산을 오른다면 그건 관광에 지나지 않는다고 잘라 말합니다. 아울러 다른 사람이 오른 길을 따라 오르는 것도 의미가 없다고 말합니다. 다른 사람이 도전하지 않은 루트를 찾아 오르는 것이 진정한 등반이라는 것이죠. 라인홀트 메스너의 좌우명은 이렇습니다. '빈키투루스 빈케로(Vinciturus vincero)'. 우리말로 "이기려고 하는 자는 이길 것이다" 정도로 해석할 수 있는 라틴어 격언입니다. 메스너의 고향인 이탈리아 남부 티롤의 주발이라는 도시 광장 입구에 새겨져 있는 글귀라고 하는데요, 등반가 메스너에게는 이 글귀가 "오르려고 하는 자는 오를 것이다"로 이해되었을지도 모르겠습니다.

사람은 누구나 정상에 서고 싶어 합니다. 어떤 이는 산소통을 지니고 셰르파에게 짐을 맡긴 채 오로지 정상에 오르기 위한 목적만으로 남이 개척해놓은 길을 따라 오릅니다. 그리고 정상에 서서 기념사진을 찍습니다. 하지만 그렇게 하면, 그것뿐입니다. 진정 라인홀트 메스너가 우리에게 가르쳐주는 것은 산소통도 마다하고 셰르파도 없이 오직 자기 힘으로 삶의 정상에 오르라는 겁니다. 그것도 남이 갔던 길이 아니라 스스로 처음 개척하는 길로 말입니다.

그리고 그렇게 오르려고 하는 자는 결국 오르게 될 것이라고 그는 말합니다.

## 익숙한 것들과 결별하기

1912년 1월 18일에 로버트 스콧(Robert F. Scott, 1868~1912)이 이끄는 영국원정대가 남극점에 도달했을 때, 그들을 맞았던 것은 눈보라 속에서 나부끼는 노르웨이 깃발이었습니다. 그에 앞서 약 한 달 전인 1911년 12월 14일에 로알드 아문젠(Roald Amundsen, 1872~1928)이 이끄는 노르웨이원정대가 먼저 남극점에 닿았던 것이죠.

남극점을 선제 정복한 아문젠과 그의 일행은 베이스캠프 '프람하임'을 출발한 지 96일 만에 모두 무사히 기지로 귀환했습니다. 그러나 스콧과 그의 일행은 아홉 달이 지나도록 소식이 없었습니다. 결국 그 해 11월에 수색대는 눈 속에 파묻힌 텐트 안에서 스콧의 일기장과 함께 그들의 시신을 발견했습니다. 스콧과 그의 대원들의 최후는 참으로 안타까운 일이 아닐 수 없었습니다. 죽음 앞에서도 끝까지 의연함을 잃지 않았던 스콧과 그의 대원들의 최후 모습을 담은 스콧의 일기장은 많은 이들의 심금을 울리기에 충분했습니다.

스콧은 자신의 일기장에 경쟁에서 패한 이유를 썰매 끌던 말들의 죽음과 나쁜 날씨 탓이라고 적었습니다. 그러나 비슷한 조건속에서 아문젠은 먼저 남극점에 도달했고 또 살아서 돌아왔습니다. 이 차이가 어디서 온 것일까요? 조금 냉정하게 분석하자면 이렇습니다.

첫째, 아문젠의 철저한 '현지화 전략'이 주효했던 겁니다. 아문젠은 에스키모처럼 짐승털가죽 옷을 입었습니다. 그것은 세련미는 없었지만 가볍고 따뜻했습니다. 반면에 스콧은 보다 세련된 유럽식 방한복을 입었지만 그것은 영하 40도가 넘는 남극의 혹한을 견디기에는 역부족이었습니다. 당시 영국언론은 에스키모 복장을 한 아문젠을 향해 야만인 같다고 빈정거렸지만, 근사하게 차려입고 죽은 스콧보다는 나은 것 아닐까요?

둘째, 아문젠의 유연한 현실주의 노선이 먹힌 겁니다. 아문젠은 노르웨이에서 일상화된 스키를 활용했지만 스콧은 그냥 걸었습니다. 아울러 아문젠은 썰매 끄는 수단으로 에스키모들이 쓰던 개(허스키)를 택했던 반면에, 스콧은 전통적인 말을 택했습니다. 그 결과는 너무나 판이했습니다. 북극 추위에 길들여진 허스키개들은 남극 추위에도 잘 견뎠지만, 만주산 조랑말들은 며칠도 못 가서 얼어 죽고 말았던 겁니다. 더구나 스콧은 죽은 말을 식량으로 쓸 생각조차 하지 않았습니다.

결국 스콧 일행은 사람이 직접 짐썰매를 끌어야 했습니다. 반면 아문젠은 지치고 약해진 개들을 차례차례 식량으로 쓸 계산을 하고 애초부터 짐을 줄였습니다. 그만큼 행군속도도 빨랐습니다. 물론 추위에 지쳐 죽어간 개들을 식량으로도 활용했고요. 결과는 아문젠의 유연한 현실주의 노선의 승리였습니다.

셋째, 아문젠은 불확실성을 최소화했습니다. 아문젠은 본격적인 남극점 공략에 앞서 모두 세 곳에 식량저장소를 설치했습니다. 그리고 식량저장소마다 좌우로 16킬로미터에 걸쳐 20개의 대형 깃발을 세웠습니다. 그리고 그 깃발에는 식량저장소가 왼쪽에 있는지 오른쪽에 있는지를 알 수 있도록 표시를 해놓았던 겁니다.

이 덕분에 7개월 뒤 아문젠 일행은 눈보라와 짙은 안개 속에서도 어렵지 않게 식량저장소를 찾아낼 수 있었습니다. 반면에 스콧 일행은 똑같이 세 곳에 식량저장소를 설치해놓고서도 늘 해오던 방식처럼 식량저장소 위에만 깃발을 꽂아놓아 결국 찾을 수 없는 식량저장소가 되고 말았던 겁니다. 아문젠은 불확실성 요소를 최대한 줄였고 스콧은 그렇지 못했던 것이죠.

넷째, 아문젠은 경량화, 슬림화 전략을 택했습니다. 아문젠은 식량저장소를 마련하고 돌아온 준비대의 의견을 좇아 썰매를 개조했습니다. 불필요하게 두꺼워 무게만 나가는 부분을 깎아내고 다듬어서 75킬로그램이나 나가던 썰매를 22킬로그램으로 만들었습니다. 한마디로 경량화, 슬림화한 것이지요. 강력한 이동성이 요구되는 상황에서 경량화와 슬림화는 개인과 조직의 생존에 꼭 필요한 항목임에 틀림없었습니다.

이처럼 아문젠은 철저한 현지화 전략, 유연한 현실주의 노선, 불확실성의 최소화, 그리고 경량화 및 슬림화 전략 등을 통해 스콧과의 세기의 경쟁에서 완승했습니다. 이것은 또한 전통과 격식으로부터 자유롭지 못했던 스콧에 비해, 기왕의 익숙했던 것들로부터 스스로 자유로웠던 아문젠의 유연한 발상과 현실적인 대처가 얻어낸 승리이기도 했습니다.

## 절대 '약해지지 마'

몇 년 전 일본에서는 늦어도 한참 늦은 늦깎이 신인작가가 화제였
습니다. 92세에 처음 시를 쓰기 시작해, 98세에 첫 시집《약해지
지 마(くじけないで)》를 발간한 시바타 도요(柴田トヨ, 1911~2013)가 바로
그 주인공입니다. 90대에 시인 데뷔라는 사실도 놀랍지만, 2010년
3월에 발간해 단 7개월 만에 70만 부가 넘게 팔린 엄청난 베스트
셀러 작가라는 데도 감탄하지 않을 수 없습니다.

초등학교 졸업 학력에 평생 여관 보조나 재봉 일 등 글쓰는 일
과는 무연하게 살아온 시바타 도요는 92세가 되어서야 처음으로
시 창작에 나서게 됩니다. 그녀의 시는 길지 않습니다. 어린아이들
이 쓰는 동시처럼 단순합니다. 가족이나 일상생활, 과거의 추억 등
이 주된 소재로 사용되고는 하죠. 죽은 남편이나 친정어머니를 떠
올리며 쓴 시도 있습니다. 하지만 남들보다 긴 인생이 재산이 된
시바타의 시는 금세 사람을 감동시키는 작품으로 널리 알려지게
되었습니다.

아들은 어머니의 재능을 알아보고 신문사에 투고할 것을 제
안했고 그 시는 6000대 1의 경쟁률을 뚫고 산케이신문 1면 최상
단에 위치한 '아침의 노래' 코너에 실리게 되었습니다. 구십 평생,
시 쓰는 법에 대해 공부한 적도 없고, 시를 써본 적도 없었지만 대
가를 바라지 않는 솔직하고 순수한 시바타의 시에, 유명시인이자
산케이신문 '아침의 노래' 심사위원인 신카와 가즈에도 매료되었던
겁니다.

신카와는 솔직하고 따스한 그녀의 시에 반해버렸다고 고백하

며 시집 출판을 적극 권했습니다. 그리고 시집이 나오자 시집 서문을 맡아 쓰면서 "시바타 도요처럼 살아가고 싶다"고 고백하기도 했습니다. 하지만 42편의 시가 실린 시바타 도요의 시집은 처음부터 정식 출판된 책이 아니었습니다. 무명시인의 시집을 내줄 출판사는 어디에도 없었던 게지요.

하지만 그녀는 자신의 장례비용으로 준비해놓았던 100만 엔을 아들 앞에 꺼내놓고 이 돈으로 시집을 내달라고 부탁했습니다. 처음에는 아들이 만류했지만 어머니의 고집을 꺾을 수 없었습니다. 그렇게 해서 애초에는 편지봉투 크기의, 표지도 제본도 다소 엉성한 시집을 만들었습니다. 정식 출판된 책이 아니니 서점에 진열되지도 못했습니다. 그저 주문이 오면 한 권에 500엔씩 받고 우편으로 부쳐줬을 뿐입니다. 그런데 놀랍게도 초판 3000권이 1주일 만에 다 나갔습니다. 그 후 다시 재판을 찍어 그렇게 팔린 게 1만 부나 됐습니다. 그런 후 마침내 도쿄에 있는 한 출판사로부터 정식 출판 제의를 받게 된 겁니다.

그녀의 시집이 《약해지지 마》란 제목의 아스카신서로 정식 출판되자 1주일 만에 1만 부가 나갔습니다. 그리고 출간 7개월 만에 70만 부가 넘게 팔려나갔습니다. 한 달 평균 10만 부 이상이 판매된 겁니다. 시집 판매량으로 보면 이전까지 일본 최고 기록이 30만 부 정도이니 놀라운 격차로 신기록을 경신한 셈이 되는 겁니다. 실제로 시바타 도요의 시집은 출간되자마자 일본 최대의 온라인서점인 아마존재팬, 일본 최대의 오프라인서점인 기노쿠니야, 일본 최대의 도서유통회사인 도한 등에서 모두 종합베스트셀러 1위를 하며 크나큰 반향을 불러일으켰습니다. 뿐만 아니라 〈아사히신문〉 〈요미우리신문〉 등 주요 일간지를 비롯한 많은 언론사들이 앞 다퉈 이 책을 소개했고, 저자는 NHK 등 여러 방송사의 프로그램에 출연해 더욱 화제가 됐습니다.

100세를 눈앞에 둔 할머니가 잔잔한 필체로 풀어낸 시는 많은 일본인들에게 감동과 공감을 선사했습니다. 시바타 도요의 시에는 인생이 녹아 있고, 삶의 용기를 북돋아주는 힘이 담겨 있었던 겁니다.

1911년 일본 도치기시에서 부유한 가정의 외동딸로 태어난 시바타 도요는 10대 시절, 아버지의 가산 탕진으로 인해 가세가 기울어 갑자기 학교를 그만두고 일터로 향해야 했습니다. 이후 전통 료칸과 요리점에서 허드렛일을 하면서 더부살이를 했습니다. 그런 가운데 20대에 한 차례 결혼과 이혼의 아픔을 겪었습니다. 그리고 33세에 요리사 시바타 에이키치와 결혼해 이듬해에 외아들 겐이치를 낳았습니다. 그 후 재봉일 등 부업을 해가며 힘겹지만 정직하게 살아왔습니다. 1992년 에이키치와 사별한 후 그녀는 우쓰노미야 시내에서 홀로 생활해왔습니다.

시바타 도요는 자연의 흐름에 순응하면서도 동시에 삶에 대한 열정으로 일상을 꾸리는, 바르고 아름다운 삶의 방식을 온몸으로 가르쳐줍니다. 오랜 시간 동안 몸소 겪고 체험하고 배운 것들, 즉 가족, 친구, 사랑, 꿈, 응원, 희망 등 우리 인생에 힘을 주는 귀한 가치들에 대한 내용들을 삶 그 자체로 한 권의 시집에 담아냈던 겁니다. 결국 그녀는 희망과 용기를 주고 일상을 풍요롭게 해주는 시를 통해, 그 어떤 어려운 상황에서도 힘을 내서 하루하루를 살아가는 우리 모두에게 따뜻하고도 가슴 벅차오르는 든든한 격려를 건네고 있는 겁니다. 그녀의 글은 스스로가 살아온 나날만큼이나 깊고 그윽한 위로를 전합니다.

그렇습니다. 시바타 도요의 시가 가진 가장 큰 힘은 위로입니다. 90대 노인이 혼자 사는 생활 속에서도 삶을 긍정하고 용기 내는 모습을 보고 사람들은 저마다 힘을 얻습니다.

그녀의 아들이 젊은 시절 회사에 안착하지 못하고 여기저기 옮겨다니며 세상에 불평불만만 쏟아내자, 그녀는 시를 통해 말합니다. "뭔가 힘든 일이 있을 때 엄마를 떠올리라"고, "힘을 내라"고 말이죠.

그녀는 "괴로운 일도 있었지만 살아있어서 좋았다"며 우리에게 약해지지 말라는 주문을 겁니다. 이처럼 일상의 소중함을 싱그러운 감성으로 그려내고, 인생의 선배로서 상냥하게 건네는 지혜의 메시지는 독자들의 마음에 조용하면서도 큰 울림을 줍니다. 배운 것도 없고 가난했던 일생, 결혼에 한 번 실패했고 두 번째 남편과 사별한 후 20년 가까이 혼자 살면서 너무 힘들어서 죽으려고 한 적도 있었다는 노인. 하지만 누구나 겪었을 법한 질곡을 건너며 100세까지 살아온 인생의 대선배가 속삭이듯 들려주는 이야기에 사람들은 잔잔한 감동을 느끼며 저마다의 삶을 추스르는 힘을 얻게 된 것이죠.

"사는 게 힘들어요. 이 나이가 되면 매일 아침에 일어나는 일조차 쉽지 않아요. 그래도 나도 이렇게 살아 있으니까 여러분도 죽지 말고 살아라, 이 얘기를 사람들에게 전해주고 싶었어요."

2013년 1월 20일 시바타 도요는 세상을 떠났지만, 그의 시는 여전히 초고령사회의 공포에 짓눌린 일본인들과 또한 우리들을 위로하고 있는 겁니다.

# 꿈이 후회를 덮는 사람은 결코 늙지 않는다

## "존재하라, 좀 더 강렬하게"

"나 역시 상처를 가지고 살았어. 하지만 예전에 호숫가에서 나는 그 상처에 대한 고마움을 경험했지. 내가 온전함에 대한 동경, 치유에 대한 열망을 가지는 게 상처 때문임을 깨달았기 때문이야." 안젤름 그륀(Anselm Grun, 1945~ ) 신부의 말입니다. 상처의 존재 이유가 바로 치유에 있다는 그의 말은 많은 사람들에게 화살처럼 날아갑니다. 누군가 말하기를, 인간의 가장 실질적인 과제는 "자신의 상처를 진주로 바꾸는 것"이라고 했습니다. 물론 그것은 상처에 대한 책임을 타인에게 떠넘기기를 멈출 때에만 성공할 수 있습니다. 만약 상처 입은 자신을 받아들이고, 상처 입힌 사람을 비난하지 않으며, 상대의 있는 그대로의 모습을 사랑한다면 우리 스스로와 우리 내면의 상처는 모두 치유될 수 있습니다.

독일 베네딕토회의 수장인 안젤름 그륀 신부는 수도원을 경영하면서 현대인들에게 끊임없이 마음 다스리는 지침을 전해주는 이 시대의 진정한 구루 곧 영적 리더입니다. 유럽인들에게 '틸보 신부님'으로 더 잘 알려진 안젤름 그륀은 특히 독일에서 정신적 아버지 혹은 영혼의 리더로 통합니다. 1945년에 독일 뢴의 융커하우젠에서 태어난 알젤름 그륀 신부는 1964년 뷔르츠부르크에서 김나지움을 졸업한 후 바로 성 베네딕토회 뮌스터슈바르차흐 수도원에 들어갔습니다. 1965년부터 1974년까지 성 오틸리엔과 로마 성 안셀모 대학에서 철학과 신학을 전공하고, '구원의 십자가를 통해'라는 논문으로 신학박사 학위를 받았습니다.

그 후 3년 동안 뉘른베르크에서 경영학을 공부하기도 했습니다. 아울러 각종 영성 강좌와 심리학 강좌를 두루 섭렵하면서 수도승 전통의 원류를 심도 있게 구명해서 이를 칼 구스타프 융의 분석심리학과 비교하는 작업에 몰두하기도 했습니다. 그는 이런 맥락에서 에바그리우스 폰티쿠스, 요하네스 마시아누스 등 이른바 '사막의 교부들'에게 특별한 관심을 쏟았던 겁니다. 1976년 영성에 관한 첫 번째 책 《깨끗한 마음》이 나온 이래로 지금까지 안젤름 그륀의 책은 자그마치 200여 권이 출판되어, 28개 국어로 번역되었으며, 총 1400만 부 이상이 판매되었다고 합니다. 동양의 명상법에도 관심을 가지면서 지역과 종교를 뛰어넘어 많은 독자들의 영혼에 깊은 울림을 전해주는 안젤름 그륀 신부는 우리 시대의 가장 많이 읽히는 영성작가임에 틀림없습니다. 국내에서도 《삶의 기술》《동경》《아래로부터의 영성》등 그의 저작 10여 권이 번역되어 나와 있습니다.

현재 독일 뮌스터슈바르자크에 있는 베네딕토 수도원 원장을 맡고 있는 그는 자연과 벗하며 수도원 살림을 책임지는 한편, 사람들에게 행복으로 가는 길을 안내하고 동반하고자 꾸준히 글을 쓰고 있습니다. 특히 '행복을 전하는 신부' 안젤름 그륀은 주기적으로 '단순하게 살기'라는 편지를 써서 일반인들에게 보내고 있기도 합니다.

안젤름 그륀 신부는 1년에 100회 이상 강연을 한다고 합니다. 아울러 주말에는 경영자들과 은행가들을 위해 세미나를 열기도 합니다. 단순명료하면서도 마음에서 우러나오는 그의 강연은 단편 영화로 만들어질 만큼 많은 사랑을 받습니다. 안젤름 그륀 신부의 주요 메시지를 몇 대목만 살펴보면 이렇습니다.

첫째, "날마다 한 사람을 행복하게 해주어라, 그 한 사람이 자기 자신이라면 더욱 좋다." 그렇습니다. 우리는 우리 자신을 행복하게 해줘야 합니다. 그것이야말로 자기 삶을 조화롭게 하고 균형 잡힌 삶으로 만들어가는 지름길입니다.

둘째, "균형의 메시지로 온전한 나를 찾고 조화로운 삶의 기술을 배우라." 안젤름 신부는 '균형'의 중요성을 강조합니다. 균형의 미덕은 언뜻 보면 단순하지만 실제로 균형 잡힌 삶을 살기란 그리 녹록하지 않습니다. 속도와 경쟁의 사회에서 중심조차 잡지 못한 채, 내면의 균형을 잃어버린 모습들이 바로 오늘날 우리의 자화상이기 때문입니다. 결국 균형이란 어려운 상황에서도 중심을 잃지 않고자 하는 열망이며, 삶에서 부딪치는 어떤 위기에도 굴복하기를 원치 않는 희망입니다. 균형 잡힌 삶의 태도를 갖는 것이야말로 우리 영혼이 가진 독특한 리듬을 깨우고 진정 나다운 삶을 살 수 있게 하는 길입니다.

셋째, "살아간다는 것은 끊임없이 새로운 곳으로 출발하는 것이다. 늘 새롭게 출발하라." 누구에게나 새로운 삶의 시작은 수고로운 일입니다. 삶이란 때론 돌과 잡목, 그리고 엉겅퀴로 뒤덮인 땅과 같이 무질서합니다. 그 삶을 다시 새롭게 시작하는 순간은 황무지 앞에 서는 것과 다름없습니다. 그래서 '시작하다(beginnen)'라는 말은 원래 '황무지를 일구다(urbarmachen)'라는 의미를 갖고 있습니다. 결국 시작이란 어제의 나를 버리는 일임과 동시에 내 앞에 새롭게 펼쳐져 있는 황무지를 개간하고 일궈내는 일입니다.

넷째, "내 안에 꽃밭이 있다. 그 꽃밭을 발견하라. 그리고 내 안의 꽃들을 활짝 피우는 기적을 만들라. 더 나아가 내 안에 있는 기적을 느껴보라." 시대나 문화를 막론하고 기적은 사람 안에 있으며, 진짜 행복한 삶을 위해서는 우리 안에 있는 기적을 깨워야 합니다. 그리고 자기 안의 기적과 만나야 합니다. 그것이야말로 지금 우리가 살아가는 데 얻을 수 있는 힘의 원천이기 때문입니다.

다섯째, "당신만의 별을 바라보라." 그렇습니다. 당신의 머리 위에서 빛나는 별이 참된 삶을 이끌어줄 것입니다. 그 별은 오직, 당신만을 위해 반짝입니다. 그러니 모든 감각을 동원해 그 별을 바라보자는 겁니다.

그리고 마지막으로 안젤름 그륀 신부는 또 이렇게 말합니다. "존재하라. 가능한 좀 더 강렬하게!"

## 꿈은 생각을, 생각은 행동을 낳는다

"들어올 때처럼 작은 옷가방 두 개 들고 나갈 겁니다." 2007년, 압둘 칼람(Avul Pakir Jainulabdeen Abdul Kalam, 1931~ ) 인도 대통령의 '퇴임의 변'이 12억 인도인의 심금을 울렸습니다. 인도의 국방과학과 정보기술산업의 토대를 마련하고 국가 현대화를 주도했던 압둘 칼람 전 인도 대통령. 그는 퇴임하면서 부귀나 명예를 추구하지 않았고 막후 실세로 남겠다는 욕심도 없었습니다. 그는 정말이지 옷가방 두 개와 책꾸러미를 들고 라슈트라파티 바완이라 불리는 대통령궁을 떠났습니다.

압둘 칼람은 1931년에 인도 최남단 타밀나두 주 작은 섬 라메스와람의 가난한 이슬람 어부의 가정에서 태어났습니다. 어려서 신문팔이를 하며 어렵게 공부한 압둘 칼람은 중학교를 졸업하고 고향 인근의 소도시 라마나타푸라로 공부하기 위해 떠날 때, 아버지로부터 이런 말을 들었습니다. "이 섬은 네 육체의 집은 될지언정 네 영혼의 집은 될 수 없다. 네 영혼은 이곳 라메스와람 사람들이 꿈속에서조차 가본 적 없는 내일이라는 집에 살고 있다. 아들아, 신의 은총이 너와 함께할 것이다!" 압둘 칼람의 아버지는 비록 배우지는 못했지만 영혼의 깊이가 깊고 꿈의 크기가 컸던 사람임에 틀림없습니다.

그리고 압둘 칼람이 고등학교 때 만난 솔로몬 선생님은 칼람의 꿈에 에너지를 불어넣었습니다. 솔로몬 선생님은 이렇게 말했습니다. "부모님이 교육의 혜택을 받지 못한 분들이라는 사실과 네 운명은 아무 상관이 없다. 그러니 꿈꾸는 일을 멈춰서는 안 된다"

고 말입니다. 이런 아버지와 선생님 덕분에 압둘 칼람은 평생 꿈을 꾸었습니다. 결코 지치지 않고 또 그칠 줄 모르고 새로운 꿈을 꾸었습니다. 본래 압둘 칼람은 비행기 조종사를 꿈꿨습니다만 신체검사에서 불합격한 탓에 조종사의 꿈을 접고 말았습니다. 그러나 이것은 꿈의 포기가 아니라 새로운 꿈의 시작일 뿐이었습니다. 1958년 마드라스공대에서 항공공학 학위를 받은 압둘 칼람은 국방개발연구소(DRDO)에 근무하면서 당대 최고의 로켓 전문가들을 만날 수 있었습니다. 그리고 1962년 인도항공연구소(ISRO)로 옮겨가 이곳에서 순수 국내파로 인도우주항공연구기구에서 로켓 엔지니어로 일하게 됩니다. 그리고 1980년에 인도 최초의 로히니 위성을 쏘아올리는 프로젝트를 성공적으로 완수했습니다.

이로써 인도 로켓의 아버지라는 평판을 얻은 압둘 칼람은 1982년에 국방개발연구소장을 맡은 뒤 이듬해 통합유도 미사일 프로그램(IGMDP)에 참가했고 1989년에는 핵탄두 장착이 가능한 아그니 미사일 개발에 성공합니다. 아울러 1998년에는 인도 서부 라자스탄 주 사막에서 실시된 인도의 2차 핵실험을 성공적으로 이끌면서 국민적 영웅으로 급부상했습니다. 그래서 압둘 칼람은 인도 최초의 위성발사, 유도미사일 개발, 핵 실험 등을 주도한 공로 덕분에 '미사일 맨', '인도 핵개발의 아버지'로도 불리게 되었던 겁니다.

1992년에 국방장관의 과학고문을 지낸 바 있는 압둘 칼람은 1999년부터 국가 최고과학자문회의에서 정부의 수석 과학고문 역할을 하면서 2001년부터는 안나(Anna)대학교에서 교수로 재직했습니다. 그러던 중 국가를 위해 봉사해달라는 요청을 받아들여 2002년 7월, 상·하 양원과 주의원으로 구성된 선거인단에서 90퍼센트 이상의 지지를 얻어 임기 5년의 대통령에 당선됐습니다. '라슈트라파티'라 불리는 인도의 대통령은 의회에서 선출되며 국가원수이자 군 최고 통수권자로 나라를 대표합니다. 아울러 내각책임제 하의 다른 나라 대통령들에 비해 각료 임면 등에서 더 많은 권한을 갖고 있습니다. 하지만 압둘 칼람은 무소불위의 권한을 휘두른 적이 없습니다. 그는 오직 인도의 발전과 미래만을 생각했습니다.

압둘 칼람은 인도를 과학기술 강국으로 이끈 장본인입니다. 압둘 칼람을 모르고서는 최근 인도의 급부상을 이해할 수 없습니다. 압둘 칼람은 대통령 재임 중 정통과학자 출신답게 정치보다는 경제, 특히 정보기술(IT) 육성에 정책의 최우선을 두었습니다. 국가의 부는 결국 과학기술개발에서 나온다는 것이 그의 신념이었기 때문입니다. 그래서 그는 오픈 소스 소프트웨어 진흥을 제도화하고 와이프로, 인포시스 같은 거대 IT 기업을 키웠습니다. 2002년, 대통령에 취임한 후 압둘 칼람은 잠수함을 타고 해저 탐험에 나서는가 하면 2006년 6월에는 인도 공군의 주력 전투기인 수호이30 MKI를 타고 시범비행을 하는 등 인도국민의 모험심을 자극했습니다. 그것은 전통과 신비 속에 안주하던 인도 국민들에게 역동적이고 원대한 새 꿈을 심어주려던 압둘 칼람의 몸부림이었던 겁니다.

압둘 칼람은 전 인구의 약 80퍼센트가 힌두교도인 인도에서 최초의 비주류 무슬림 대통령이자 독신 대통령이었습니다. 그는 철저한 채식주의자이자 금욕주의자로서 청렴과 절제로 일관된 생활을 해왔습니다. 압둘 칼람은 5년간의 대통령직을 마감하고 떠나며 자신이 가지고 떠날 것들은 2개의 작은 가방뿐이라고 말했지만 정작 그가 인도 국민에게 남긴 것은 무한한 가능성을 품은 인도의 새로운 미래였습니다.

압둘 칼람은 인도가 2020년까지 지식초강대국이 되어 세계 4대 선진국으로 도약하는 구상을 담은 《2020년의 인도-새천년의 비전》이라는 책을 쓰기도 했습니다. 이 책은 인도의 젊은이들에게 꿈과 사명감을 일깨워주어 젊은 엘리트들이 자발적으로 'Dream India 2020' 운동을 일으키는 촉매제 역할을 했습니다. 결국 압둘 칼람은 인도의 젊은이들에게 조국에 대한 열정과 발전을 위해 끊임없이 자기를 개발하도록 자극하는 살아 있는 정신적 지주인 셈입니다.

압둘 칼람은 말합니다. "꿈은 생각을 낳고 생각은 행동을 낳는다"고. 그리고 "항상 꿈을 꾸고 그것을 실현시키는 것만이 조국을 강력하고 번영하는 나라로 만드는 유일한 방법"이라고 말입니다. 우리의 삶도 이와 다르지 않습니다.

## '후회'를 더는 아주 오래된 처방

살면서 아무리 없으려고 해도 없을 수 없는 것이 하나 있습니다. 바로 '후회'입니다. 후회 없는 삶은 누구나의 희망사항이지만 결코 현실은 못 됩니다. 그만큼 후회는 우리의 일상 속에 어쩔 수 없이 끼어드는 동거인이요 결코 근절하기 힘든 삶의 부산물입니다. 우리 삶의 뿌리에 박혀 있는 유교적 세계관을 사실상 형성해낸 인물인 거유(巨儒) 주희(朱熹, 1130~1200)도 예외가 아니었습니다. 후회는 항상 뒤늦게 온다는 말이 있습니다. 그는 일생을 살아가면서 범하기 쉽고, 살면서 피하기 힘든 '삶의 복병 같은 후회 10가지'를 뽑아서 제시한 바 있습니다. 이름하여 '주자십회(朱子十悔)'입니다. 하나하나 살펴보면 이렇습니다.

첫째, 불효부모사후회(不孝父母死後悔)라. 살아생전에 효도하지 않으면 부모가 돌아가신 뒤에 후회한다는 겁니다. 아버지, 어머니, 장인, 장모를 모두 떠나보낸 저로서는 깊이 절감하는 대목입니다. 사실 가시고 나면 후회해도 이미 늦습니다. 그러니 살아 계실 때 효도해야 합니다. 하지만 사람들은 이것을 머리로는 다 알지만 마음으로는 뒤늦게 깨우쳐 항상 후회하고는 합니다.

둘째, 불친가족소후회(不親家族疏後悔)라. 가족에게 친하게 대하지 않으면 멀어진 뒤에 후회한다는 것이죠. 부모가 기다려주지 않듯 자식은 소리 소문 없이 떠나가고 배우자마저 언제까지나 거기 그 자리에 그 모습으로 있지 않습니다. 그나마 가까이 옆에 있을 때 잘해야지, 멀어진 뒤에는 소용없습니다. 자식은 품 떠나면 그만이고 아내와 남편은 멀어지면 남만 못해지는 법입니다. 그러니 자식이든 배우자든 가까이 있을 때 잘해야 함은 물론입니다.

셋째, 소불근학노후회(少不勤學老後悔)라. 젊어서 부지런히 배우지 않으면 늙어서 후회하기 마련입니다. 공부에는 다 때가 있는 법입니다. 젊어서 부지런히 공부해두면 살면서 두루 좋습니다. 하지만 나이 들어 공부하려고 대학원이다 뭐다 해서 쫓아다녀보지만 정신만 산란해질 뿐 여간해서는 성과 내기가 쉽지 않습니다. 그러니 젊었을 때 한 자라도 더 배워야 하는 겁니다.

넷째, 안불사난패후회(安不思難敗後悔)라. 편안할 때 어려움을 생각하지 않으면 실패한 뒤에 후회한다는 말입니다. 당태종의 치세를 논한 《정관정요》를 보면 '거안사위(居安思危)'라는 말이 나옵니다. 편안함에 거할수록 위기를 생각하라는 것이죠. 경영전략가 짐 콜린스는 좋은 것은 위대한 것의 적이라고도 말했습니다. 안주는 안락사로 가는 지름길이기도 합니다. 그러니 지금 편안하거든 그때가 위기인 줄 알아야 합니다. 편안할 때 즐기기만 하면 그것이 곧 위기가 됩니다. 편하다 싶을 때 오히려 다가올 위기를 준비해야 하는 겁니다. 그 준비에 실패하는 것은 결국 실패를 준비하는 일이 되기 때문입니다.

다섯째, 부불검용빈후회(富不儉用貧後悔)라. 재산이 풍족할 때 아껴쓰지 않으면 가난해진 뒤에 후회한다는 겁니다. 부자가 되는 가장 분명한 방법은 번 것보다 적게 쓰는 겁니다. 하지만 그것은 인색해지라는 말이 결코 아닙니다. 새무얼 스마일즈가 〈검약론〉에서 말했듯이 진정한 검약은 인색함이 아니라 적절함입니다. 돈을 쓰지 말라는 것이 아니라 제때 제대로 쓰라는 겁니다. 그래서 그것을 통해 삶에 제대로 된 질서를 세우는 것이 검약의 본질입니다.

여섯째, 춘불경종추후회(春不耕種秋後悔)라. 봄에 밭을 갈아 씨를 뿌리지 않으면 가을에 후회한다는 말입니다. 봄에 땀 흘려 밭을 갈고 씨 뿌리지 않으면, 가을이 되어도 거둘 곡식이 없는 것은 지극히 당연한 이야기입니다. 그런데 너무나 많은 경우에 사람들은 뿌리지 않은 씨앗이 발아하기를 바라고 심지 않은 나무에서 꽃이 피고 열매가 맺기를 기대합니다. 그것은 소망도 희망도 아닌 그저 공상이요 망상일 뿐입니다. 가을에 거두고자 한다면 의당 봄에 심어야 하는 것이죠.

일곱째, 불치원장도후회(不治垣墻盜後悔)라. 담장을 제대로 고치지 않으면 도둑맞은 뒤에 후회합니다. 소 잃고 외양간 고쳐봤자 소용없습니다. 미리미리 챙겨보고 대비해야 합니다. 유비무환인 것이죠. 아울러 위기일 때 오히려 혁신해야 합니다. 위기는 혁신의 최적기입니다.

여덟째, 색불근신병후회(色不謹慎病後悔)라. 색을 삼가지 않으면 병든 뒤에 후회합니다. 색을 너무 밝히다 건강을 잃으면 회복할 수 없습니다. 그것은 몸의 건강만이 아니라 마음의 건강도 마찬가지입니다. 건강을 잃는다는 것은 밸런스를 잃는다는 말입니다. 진정한 건강은 적절함에 있습니다. 지나치면 화를 부릅니다.

아홉째, 취중망언성후회(醉中妄言醒後悔)라. 술에 취해 망령된 말을 하고 술이 깬 뒤에 후회한다는 것이죠. 술이 말을 키우면 감당할 수 없습니다. 자기가 한 말에 책임질 수 없기 때문입니다. 그러니 자중해야 합니다. 세상은 말소리 크기와 말의 길이에 따라 움직이는 것이기보다 침묵 속의 호령을 더 두려워하고 내세우지 않는 자부심에 더 긴장하기 마련입니다.

열 번째, 부접빈객거후회(不接賓客去後悔)라. 손님을 제대로 대접하지 않으면 떠난 뒤에 후회합니다. 손님만이 아닙니다. 친구도 마찬가지고, 기회도 매한가지입니다. 왔을 때 잘 지내고 왔을 때 잡아야 하는 것입니다. 가고 난 뒤에 후회해봤자 이미 늦습니다. 그래서 후회는 항상 뒤늦게 온다고 하지 않습니까?

지미 카터 전 미국대통령은 《나이 드는 것의 미덕》이란 책에서 이렇게 말한 바 있습니다. "후회가 꿈을 덮기 시작하는 순간부터 우리는 늙기 시작한다"고. 그렇다면 우리가 해야 할 일은 꿈이 후회를 뒤덮게 하는 겁니다. 그것이 나이가 들지언정 늙지 않고 미래를 열어가는 방법일 테니까요.

# 한 번뿐인 삶, 거침없이 파이팅

## 영원히 '이 순간'을 살아야만 해

세상에는 아름다운 풍광을 지닌 곳이 적지 않지만 이탈리아 중서부 토스카나 지방의 아름다움은 여느 곳과는 구별되는 아름다움입니다. 그것은 다름 아니라 사람으로 하여금 가장 근원적인 물음 앞에 발가벗게 만드는 그런 묘한 기운이 감도는 영적인 아름다움이라고나 할까요? 바로 그 토스카나의 산골마을 오르시냐의 커다란 단풍나무 아래에서 66세 아버지와 35세 아들이 마주앉아 있습니다. 아들의 이름은 티찌아노 폴코, 영화제작자입니다. 아버지의 이름은 독일의 저명한 저널 〈슈피겔〉지의 아시아 특파원을 지낸 티찌아노 테르짜니(Tiziano Terzani, 1938~2004).

암에 걸려 살날이 얼마 남지 않았던 티찌아노 테르짜니는 아들 폴코에게 편지 한 통을 보냈습니다. "하고 싶은 일이 하나 있구나. 매일 한 시간씩 마주앉아서 너는 내게 그동안 궁금했던 것을 묻고, 나는 허심탄회하게 답하면 어떻겠니? 내가 중요하다고 생각하는 것들, 나 자신과 가족, 그리고 책으로 써도 몇 권은 될 법한 내 인생 역정 같은 것 말이야. 우리들이 대화를 나누다 보면 그게 내 유언장이 될 거고, 그럼 넌 그걸 책으로 묶을 수 있겠지. 아버지와 아들이란 그렇게 다르면서도 또 비슷한 것이잖니. 서둘러라, 남은 시간이 많지 않은 것 같아서 그런다. 나도 조금은 더 살아보도록 노력하마. 아무쪼록 너랑 이 멋진 기획을 완성하고 싶구나."

아들 폴코는 이런 아버지의 뜻을 따르기 위해 하던 일을 접고 토스카나로 날아갔습니다. 마침내 티찌아노 부자(父子)는 오랜만에, 아니 생의 처음이자 마지막으로 토스카나의 아름다운 풍광 아래에서 서로의 무릎을 맞대다시피 하며 대화를 시작합니다. 2004년 3월의 일이었습니다.

티찌아노 테르짜니는 1938년에 이탈리아 피렌체의 가난한 집안에서 태어나 자수성가한 사람입니다. 그는 어려운 환경에서도 피사 고등사범학교 법학과를 졸업하고, 영국 리즈대학에서 국제법으로 석사학위를 땄습니다. 그 후 다시 뉴욕 컬럼비아 대학에서 하크니스 재단 장학생으로 2년 동안 중국학을 공부한 그는 편안한 삶이 보장되는 길 대신 세상의 맨 얼굴을 마주할 수 있는 저널리스트의 길을 택했습니다. "자기 자신을 찾고 세상을 바꾸고 싶다"는 인생 목표가 있었기 때문입니다. 1972년부터 독일의 세계적인 시사 주간지 〈슈피겔〉에서 일하게 된 테르짜니는 아시아에 특파원으로 파견됩니다. 그 후 사이공을 비롯해서 싱가포르, 홍콩, 도쿄, 베이징, 방콕, 뉴델리에 주재하면서 베트남 전쟁, 캄보디아 내전, 문화 혁명 이후의 중국 등 아시아의 격랑 치는 현장을 누볐습니다.

1972년 봄, 아시아 특파원이 된 테르짜니는 사이공에 도착하자마자 전선으로 달려갔습니다. 총알이 귓전을 아슬아슬하게 스쳤고 하늘에선 B-52 폭격기가 쉴 새 없이 포탄을 퍼붓고 있었습니다. 평화롭게만 보이던 녹색 들판은 어느새 검붉은 화염으로 뒤덮여 그야말로 아수라장이 따로 없었습니다. 그는 그 와중에 베트콩의 마을을 직접 찾아들어가 며칠씩 머물면서 취재를 하기도 했습니다.

그로부터 30여 년이 지난 후, 베트남의 화염으로 뒤덮인 들판과는 너무도 상반된 이탈리아 토스카나의 아름답고 평화로운 숲에서 테르짜니는 당시를 회상하며 아들에게 이렇게 말했습니다. "멋진 경험이었다"고! "왜냐하면, 그것은 '타자(他者)'들 속으로 들어가본 거야. 그들은 어떤 사람들인가. 그들은 뭘 원하나. 그들은 어떻게 사나. 그런 것들에 대해 진지하게 알 수 있었지." 베트콩과 접촉해 그들의 실체에 접근하는 데 어느 정도 성공하자 테르짜니는 캄보디아 게릴라인 크메르 루주도 만나고 싶다는 욕심이 생겼습니다. 그래서 캄보디아로 넘어갔습니다. 하지만 거기는 사정이 사뭇 달랐습니다. 1975년에 크메르 루주가 장악한 수도 프놈펜을 취재하다 그는 소년병들에게 붙잡혀 총살당할 고비를 넘기기도 했습니다. 실제로 그가 목격한 캄보디아에서는 크메르 루주에 의해 대량학살이 벌어졌고 나라 전체가 황폐해졌습니다.

그 후 그는 '문화대혁명 이후의 중국'도 취재했습니다. 1980년대 초에 그가 들여다본 중국은 서로가 서로를 감시하는 나라였습니다. 그도 역시 자신이 고용한 요리사와 운전사에게 감시를 당했고 집안 전등갓에서는 도청기가 발견되기도 했습니다. 미국 유학시절 《모택동 어록》을 읽으며 심정적으로 동경했던 '혁명의 나라 중국'과 '현실의 중국'은 전혀 다른 나라였던 겁니다. 수많은 사람이 문화대혁명 와중에 목숨을 잃었고, 살아남은 자들도 굶주림과 감시 속에 하루하루를 힘겹게 보내야 했던 것이죠.

이처럼 테르짜니는 20세기의 격랑 치는 혁명적 역사의 현장을 직접 발로 밟고 눈으로 목격한 후 이를 아들 폴코에게 이렇게 말해주었습니다. "혁명이 터지면 사람들은 그 새로움에 열광하면서 거기에 휩쓸려버려. 혁명은 마치 어린아이 같지. 처음에는 작고 귀엽지만 시간이 지나면서 추하고 야비한 어른으로 변하거든. 모든 혁명의 탄생 순간에는 뭔가 황홀한 데가 있어. 혁명은 언제나 새로운 것을 약속하지. 그러나 시간이 가면서 그 거짓된 모습이 드러난단다."

그런 경험 때문일까요? 젊은 시절에는 세상을 바꾸겠다는 이들에게 막연한 동경을 품었던 그였지만, 1997년에 곡절 많은 기자 일을 그만둔 뒤 테르짜니는 한동안 히말라야에 들어가 영성 수련을 했습니다. 그리고 이때의 체험을 바탕으로 해서 쓴 《다시 한 번 회전목마를(Un altro giro di giostra)》(2004)은 유럽에서 베스트셀러가 됐습니다. 그는 이 책에서 우리가 사는 세상을 보다 나은 곳으로 만드는 것은 서로에 대한 증오심으로 점철된 시끄러운 혁명이 아니라 우리 모두의 내면에서 조용히 일어나는 고요한 혁명이라는 것을 말해주고 싶었던 겁니다. 그래서 그는 인생의 진정한 교훈을 어떻게 얻어야 할 것인가를 묻는 아들에게 이런 답을 줍니다. "고요한 가운데 너의 내면의 소리에 귀 기울여봐. 그리고 네 자신 속에서 답을 찾아. 마음속의 어떤 목소리, 거기에 귀를 기울여야 해." 그러면서 아버지는 아들에게 이 한마디를 덧붙였습니다. "위험을 감수하면서 뭔가를 해야 할 때가 있단다. 확실성을 포기해야 할 때도 있어. 확실성은 안락함을 주는 대신 우리를 종속시키니까." 의미심장한 말이 아닐 수 없습니다.

몇 달간 매일 한 시간씩 이야기를 주고받은 아버지와 아들의 마지막 대화는 이랬습니다. 아들은 아버지에게 이렇게 물었습니다. "아버지는 제가 어떻게 살기를 바라세요?" 죽음을 앞둔 아버지는 빙긋 웃으며 이렇게 답했습니다. "지금을 살아! 과거는 존재하지 않아. 그냥 한 무더기의 기억일 뿐이지. 그럼 미래는? 기대와 환상이 가득한 상자 같은 거지. 그게 실현될지 누가 알겠니? 삶은 지금 당장 벌어지는 거야. 바로 이 순간에. 그리고 영원히 이 순간을 사는 거지. 그리고 무엇보다도 나는 네가 자유롭게 살았으면 좋겠다. 그래, 그냥 네 마음껏 살아라!"

우리도 언젠가는 떠납니다. 예외 없이 말이죠. 그때 아들과 딸 혹은 그 누군가와 마지막 대화를 나눌 수 있으려면 오늘을 정말이지 잘살아야 합니다. 치열하게, 거짓 없이, 온 열정을 다해! 그래야 뭔가 할 말이 있고 아름다움과 위대함에 대한 기억을 남길 수 있지 않을까요?

## 내 삶의 지배자는 오직 나

2003년, 중국 상하이 암회복센터에서는 암환자들의 투병의지를 높이고 삶의 목표를 갖도록 유도하는 차원에서 색다른 캠페인을 벌였습니다. 암환자모임을 결성해 5년 후 2008년 베이징올림픽을 함께 보러 가자는 것이었는데, 이 캠페인에는 총 2000여 명의 암환자들이 참가했습니다. 하지만 정작 그들 중 2008년 베이징올림픽을 보러 베이징에 도착한 환자는 97명뿐이었습니다. 나머지는 그동안 올림픽 때까지 살아남지 못하고 안타깝게 숨지거나 건강이 너무 악화돼 베이징에 오지 못한 환자들이었습니다. 이들 97명의 암환자들은 "부디 건강하게 살아남아 5년 후 올림픽을 꼭 관전하자"고 함께 약속했던 다른 2000여 명의 암환자들의 이루지 못한 염원까지 대신 담아왔습니다. 그리고 베이징올림픽 경기장 곳곳에서 열렬한 마음의 응원을 선수들에게 보냈습니다.

그런가 하면 올림픽에 출전한 선수 중에도 암환자가 있었습니다. 바로 미국의 수영선수 에릭 샌토(Eric Shanteau, 1984~ )입니다. 그는 올림픽에 출전하며 "조국뿐만 아니라 암과 투병하는 전 세계 모든 사람들을 위해 베이징에 왔다. 그들과 함께 수영하겠다"고 밝힌 바 있습니다. 고환암 환자인 에릭 샌토는 전 세계 암환자는 물론 많은 사람들에게 희망을 심어주었습니다. 그리고 그 역시 세계 각국의 암환자들로부터 쇄도하는 '희망편지'에 힘을 얻었습니다. 에릭 샌토는 말하기를 "어떤 이들은 나를 통해 살려는 용기와 영감을 받을지 모른다. 하지만 그들이 보내준 메시지와 사연들은 내게 더 큰 에너지가 되고 있다"며 겸손해했습니다. 그래서 AP통신은 에릭 샌토가 전 세계 암환자에게 희망을 불어넣고 있으며 그 자신도 그들로부터 힘을 얻고 있다고 전했습니다.

에릭 샌토는 2008년 7월 초에 미국 네브래스카 주 오마하에서 열린 미국 수영대표 선발전을 몇 주 앞둔 상황에서 자신이 고환암에 걸렸다는 사실을 알게 됐습니다. 당연히 의사는 올림픽 대표 선발전의 출전을 포기하고 수술과 항암치료를 받아야 한다고 말했습니다. 가족들도 올림픽 출전 대신 수술과 치료를 권했습니다. 그러나 에릭 샌토는 올림픽을 포기할 수 없었습니다. 2004년 아테네 올림픽 때 아깝게 미국대표가 되는 데 실패한 뒤 4년 동안 올림픽 출전의 순간만을 꿈꾸며 바친 노력과 시간을 헛되이 할 수는 없었기 때문입니다. 더구나 역시 간암으로 투병 중인 아버지 릭 샌토의 응원이 에릭 샌토에게는 더없는 격려와 결단의 결정적 계기가 되었습니다. 아버지는 "네 몸속에는 암덩이가 있지만, 암덩이가 너를 지배할 수는 없다"고 말했던 겁니다.

결국 에릭 샌토는 주위에 암 발병 사실을 숨긴 채 미국 수영 대표팀 선발전 출전을 감행했고 평영 200미터에서 2위를 차지하며 베이징행 티켓을 따냈습니다. 그 후 에릭 샌토는 1주일에 한 번씩 피검사를 하고 2주에 한 번씩 단층촬영(CT)을 하는 등 미국 국가대표팀 의무진의 집중 관리를 받으며 베이징에 도착했습니다. 그리고 마침내 2008년 베이징올림픽 수영 남자 평영 200미터 예선 6조경기에서 2분 10초 29의 기록으로 조 2위를 차지하며 전체 출전선수 52명 가운데 7위로 준결승에 올랐습니다.

그리고 다음 날 펼쳐진 준결승전에서 에릭 샌토는 2분 10초

10의 기록으로 자신의 최고기록마저 갱신하며 선전했습니다. 하지만 전체 출전선수 16명 가운데 10위에 그쳐 8명이 오르는 결승 진출에는 실패하고 말았습니다. 비록 0.13초라는 간발의 차이로 결승 진출이 좌절되기는 했지만 에릭 섄토는 만족했습니다. 그는 스스로 말하길 "정말 가치 있는 일을 해냈다. 베이징에 와서 경기를 뛰었다는 것 자체로 행복하다. 내가 바라왔던 환상적인 경험이었다. 이제는 내 삶을 돌볼 일만 남았다"고 했으니까요. 비록 올림픽 메달은 딸 수 없었지만 그는 자신과의 싸움에서는 결코 지지 않고 이겼던 겁니다.

에릭 섄토! 그의 존재는 그 자체가 희망입니다. 수많은 암환자만이 아니라 적어도 인생과 삶에 대해 생각할 줄 아는 사람이라면, 그가 고환암 덩어리를 안고서도 그것에 지배당하지 않고 인생의 금메달을 향해 물살을 헤치며 나아갈 수 있었던 것 그 자체가 얼마나 위대한 희망의 승리인지를 알 것입니다.

### 진정한 '짱'으로 거듭나다

'얼짱'이니 '몸짱'이니 하는 말들이 일상화되었지만 세계적인 슈퍼모델 크리스티 털링턴(Christy Turlington, 1969~ )이야말로 말 그대로 얼짱, 몸짱의 대명사라 할 수 있습니다. 그녀는 1969년에 미국 캘리포니아에서 출생해서, 13세 때 승마장에서 픽업된 것을 계기로 모델 활동을 시작했습니다. 178센티미터 키에 완벽한 균형미를 갖춘 몸과 얼굴을 무기로 털링턴은 이미 16세 때 패션의 메카 뉴욕으로 진출했습니다.

털링턴은 '단 1밀리리터의 오차도 없는 완벽한 몸과 얼굴'이라는 샤넬의 디자이너 칼 라거펠트의 극찬 속에서 켈빈 클라인, 프라다 등 인기 브랜드 광고를 휩쓸고 〈보그〉〈엘르〉 등 세계적인 패션잡지 표지를 장식했습니다. 그녀는 나오미 캠벨, 클라우디아 쉬퍼, 신디 크로포드 등과 함께 한 시대를 풍미하며 슈퍼모델 전성시대를 이끌었던 겁니다. 슈퍼모델 전성기 시절 털링턴은 월요일에는 런던, 수요일에는 파리, 금요일에는 밀라노 무대에 서는 영화 같은 생활을 계속했습니다. 눈코 뜰 새 없이 바쁜 스케줄 속에서 학교를 일찌감치 그만뒀지만 후회조차 없었습니다. 오히려 세상의 모든 문이 그녀를 향해 활짝 열려 있는 듯 보였습니다. 하지만 스무 살을 넘기면서 그녀는 점점 외로워졌습니다. 모델로 성공할수록, 대중들이 그녀의 완벽한 얼굴과 몸에 열광할수록 털링턴은 오히려 자신의 몸과 얼굴이 점점 더 낯설어진다는 느낌을 떨치기 어려웠습니다. 이제 몸은 더 이상 자신의 소유가 아닌 듯싶었습니다. 그녀의 몸과 얼굴은 단지 디자이너의 구상 속에 끼워 맞춰야 할 상품이 되어버렸다는 생각이 들기 시작했던 겁니다.

어느 날 자신의 존재에 깊은 회의를 느낀 털링턴은 우연히 접하게 된 요가수련을 통해 인간의 진정한 행복은 자기 내면에서 비롯된다는 진리를 깨닫기 시작했습니다. 몸으로 세상을 사로잡았지만 그 몸이 파괴되고 있음을 느끼던 털링턴은 요가수련을 시작하면서 몸과 마음을 함께 조화롭게 다스리는 법을 깨우치게 된 겁니다. 그래서 그녀는 1995년에 늦깎이 학생으로 뉴욕대에 입학해서 비교종교학을 전공한 후, 더 한층 자연과 조화된 몸과 마음을 얻기 위해 아프리카의 킬리만자로와 인도를 여행하며 자연주의에 심취했습니다. 그 여행을 통해 그녀는 비로소 자연과 하나된 자세를 취하며 마음의 소리에 귀를 기울일 수 있게 되었습니다. 그리고 그렇게 하는 것이 진정으로 자신의 몸도 사랑하는 길임을 깨닫게 되었던 겁니다.

그녀는 2000년에 대학을 졸업함과 동시에, 피부병을 자연 오일로 치유했던 킬리만자로에서의 경험을 살려 자연주의 화장품 회사 '선더리'를 설립합니다. 그리고 2001년에는 유명 브랜드 푸마와 합작해서 요가복 전문 브랜드 '누알라'를 만들기도 했습니다. 그런 덕분에 모델로서는 수명을 다했다고 할 30대 중반에 이르러 털링턴은 오히려 '웰빙'의 원류이자 대표주자로 다시 주목받게 된 겁니다. 화려한 패션쇼의 주인공에서 웰빙의 전도사로 성공적인 변신을 한 셈입니다.

크리스티 털링턴의 말처럼 우리의 몸과 마음은 결국 하나로 연결되어 있습니다. 내면의 소리를 멀리한 채 겉모습 가꾸기에 열중한다 해서 진정으로 아름다워질 수는 없는 노릇이지요. 그렇게 하는 것은 헛껍데기만 붙들고 사는 겁니다. 진정한 아름다움은 내면과 외형이 조화로운 지점에서 생성되는 법이니까요.

이런 조화로움을 추구하는 삶을 통해 삶의 진정성을 되찾는 것이 진정한 '웰빙'이 아닐까 싶습니다. 꼭 유기농 식품을 먹고, 천연 화장품을 고집하며, 휴식을 위해 많은 돈을 들여야 '웰빙'인 것이 아닙니다. 삶을 긍정하고 자연과 닮은 삶을 실천하며 몸과 마음을 함께 조화롭게 만드는 소박한 생활방식이 진정한 '웰빙' 아닐까요? '영혼 없는 미인'을 거부하며 화려한 톱모델에서 진정한 조화를 꿈꾸는 '웰빙의 전도사'로 변신한 크리스티 털링턴. 그녀는 외모지상주의와 어설픈 몸짱, 얼짱이 판치는 우리 시대에 진정한 아름다움과 건강한 삶이 무엇인지를 일깨워주는 진정한 '짱'이 아닐 수 없습니다.

# '참된 힘'을 지닌 거룩한 전사들

**'이기는 힘'을
지닌 전사들**

스파르타쿠스와 도쿠가와 이에야스. 언뜻 보기에 두 사람
은 아무런 공통점이 없어 보입니다. 하지만 두 사람 모두
'이기는 힘', 그 '참된 힘'을 지닌 전사들이었습니다. 그들 싸
움의 대상은 하나가 아니었으며 다양하고 복잡했지만 그들
은 모두 승리했습니다. 최고의 전사는 다방면의 동시다발
적 전선에서 싸우지 않으면 안 되는데, 두 사람 모두 그에
능란했습니다.

노예반란의 리더 스파르타쿠스는 로마인만이 아니라
휘하 지휘관들의 반대와 배신, 동지들의 이탈과도 싸워야
했습니다. 그리고 무엇보다도 그 거대한 반란이 성공할 수
있을지에 대한 떨쳐버릴 수 없는 의심과 스스로 싸워야 했
습니다. 인내의 달인 도쿠가와 이에야스는 일본의 패권을
놓고 겨루는 경쟁자들만이 아니라 예수회, 승려들, 황실궁

정, 제멋대로 구는 아들과도 싸워야 했습니다. 그리고 무엇보다도 자신의 아버지가 참수되는 모습을 목격한 7세 이후 항상 자신을 괴롭혀온 내면의 악마와 씨름해야 했습니다.

그렇게 다방면의 적들과 싸워 이긴 두 사람, 이들은 어떤 무기로써 싸워 승리한 것일까요? 인생과 비즈니스라는 전쟁터에서 '사람'으로서의 역량을 크게 발휘하고 싶다면 역사가 검증한 '이기는 힘'을 통해 승리자의 노하우, 그 참된 힘을 배워보는 것이 어떻겠습니까?

## '자유'의 가치를 외친 스파르타쿠스

카를 마르크스는 스파르타쿠스를 '고대사를 통틀어 가장 위대한 인물'이라 평했습니다. 그가 노예의 족쇄를 벗어버리고자 투쟁한 점, 그것도 혼자가 아닌 다른 노예들과 함께 자유인이 되기 위해 싸운 점을 높이 산 것입니다. 또한 볼테르는 말합니다. 스파르타쿠스의 반란은 역사상 유일한 정의의 전쟁이었다고. 실로 스파르타쿠스를 본보기로 삼은 사람은 타인을 위해 죽을 준비가 된 사람이었습니다.

정의로운 카리스마의 리더, 가혹한 삶을 살았던 비극적인 영웅 스파르타쿠스는 로마인의 노예, 그것도 동료끼리 죽고 죽여야 하는 검투사라는 극한 상황에서 반란을 시작했지만 그는 미치거나 좌절하지 않고 억눌린 자들을 규합해 로마라는 거대한 적과 싸웠습니다.

기원전 73년, 스파르타쿠스의 난이 일어날 즈음 로마는 전쟁과 정복에 몰두하는 무자비한 군사국가였습니다.

당시 이탈리아반도의 인구는 약 600만 명. 로마는 이 중 200만 명이 노예인 노예제 사회였습니다. 로마의 부유층은 가내노예를 200명 이상씩 두고 부렸습니다. 노예는 토지 다음으로 믿을 만한 재산이었던 겁니다.

로마 검투사들의 싸움은 전쟁으로 일어선 로마가 죽은 전우들의 혼령을 피로 달래줘야 한다는 착안에서 비롯된 것이었습니다. 로마인들은 검투사들의 경기를 통해 삼니움 식, 갈리아 식, 트라키아 식 등 각 지방의 전쟁기술을 받아들인 측면도 있습니다. 트라키아 출신의 스파르타쿠스는 카푸아의 검투사 학교에 끌려가서 삼니움 식 싸움법 훈련을 받았고 결국 트라키아 출신의 삼니움 식 검투사가 됐습니다.

기원전 73년 8월, 스파르타쿠스와 70여 명의 노예검투사들이 탈출을 감행해 베수비오산으로 향했습니다. 베수비오산에서 로마군과의 첫 번째 접전에서 승리한 스파르타쿠스는 이후 2년 동안 로마의 악몽이 됩니다.

스파르타쿠스는 영리하고 과감했습니다. 그는 전리품을 모두에게 똑같이 나누었고 귀금속을 멀리했으며, 또한 약탈한 재화를 모두 철과 구리로 바꿔 반란군의 무기를 로마군 수준으로 개량했습니다. 그리고 스파르타쿠스는 그의 노예군을 끊임없이 행군시켰습니다. 머물게 하면 어느 순간 강간과 약탈을 일삼아버리는 것을 막기 위해서였습니다. 그가 알프스를 넘겠다고 하고서는 돌아서 로마로 향하

는 긴 행군을 강행한 것도 부대를 결속하기 위한 몸부림이
었습니다.

그런데 여기서 스파르타쿠스를 이데올로그로 보는 것
은 난센스입니다. 그는 후대 지지자들이 본 것처럼 사회주
의 혁명가나 프롤레타리아 지도자의 원형이 결코 아니었습
니다. 그는 그저 고향으로, 소박했던 어린 시절로 돌아가고
싶어 했을 뿐이었습니다.

스파르타쿠스는 오합지졸 무리를 이끌고 당대 최강의
로마군을 3년간이나 상대해야 했습니다. 그는 그 오합지졸
부하들을 모아 로마 정규군에 대항하기 위해 적에게는 무
자비하고 동료들에게는 의리를 지켰으며 그를 따르는 무리
에게는 이상을 심어주려 했습니다. 그렇게 그 자신의 매력
과 강한 통솔력에 노예 해방이라는 명분까지 더했기에 오
합지졸이었던 노예군은 3년간 로마를 공포에 떨게 할 수 있
었습니다.

스파르타쿠스는 잡다한 부하들을 숙명처럼 이끌면서
도 그들을 포기하지 않았고 비극적인 최후를 앞두고도 담
담히 또 당당히 나아갔습니다. 그는 자신의 이익을 위해서
가 아니라 '자유'라는 공동선의 가치를 위해 무모하게 보이
는 싸움을 이어갔습니다. 그래서 그의 삶은 비극적이면서
도 가장 숭고한 전사의 모습을 보여주는 전형이 됐습니다.

"그대가 짐승이라면 여기서 살찐 황소처럼 백정의 칼날을 기다리며 서 있으라. 하지만 그대가 인간이라면 나를 따르라!"

"우리 자신을 위해 싸우자, 우리가 누군가를 죽여야 한다면 탄압자들을 죽이자. 우리가 죽어야 한다면 저 맑고 푸른 하늘 아래에서, 맑은 물가에서 고귀하고 명예롭게 싸우다 죽자!"

스파르타쿠스의 카리스마 넘치는 리더십의 바탕은 이처럼 사람을 끌어당기는 힘이었고 의리와 강직함 그리고 두터운 주위의 신망이었으며 그 어떤 가혹한 상황에서도 스스로를 컨트롤할 수 있는 강철 같은 정신력이었습니다.

전투방법에서 스파르타쿠스는 마오쩌둥의 게릴라전술을 앞서 실행했습니다. 바로 이것입니다. "적이 전진하면 우리는 물러난다. 적이 멈추면 우리는 그들을 괴롭힌다. 그들이 지치면 우리는 공격한다. 적이 물러나면 우리는 추격한다."

게릴라전법으로 승리를 이어갔던 스파르타쿠스는 140여 년 전 한니발이 로마군을 패배시켰던 실라루스 강가에서 마지막 일전을 벼렸습니다. 스파르타쿠스는 이렇게 말했습니다. "이제 싸우거나 죽거나 두 가지 길밖에 없다. 승리하면 어떤 말이든 골라 가질 수 있겠지만 패배하면 더 이상 말은 필요 없다." 그리고 그는 자신의 애마를 칼로 베었습니다. 그 전투에서 스파르타쿠스는 허벅지에 창이 관통한 상태에서도 계속 칼을 휘둘렀습니다. 그것이 그의 최후였습니다.

'이기는 힘'을 지닌 승리자였던 그는 마지막까지도 진짜 전사다웠습니다. 그런데 그는 왜 끝내는 실패했을까요? 스파르타쿠스는 언어와 문화가 잡다한 군대를 지휘해야 했습니다. 따라서 그는 몸짓과 신호로 명령을 내려야 했는데, 반란군의 규모가 점점 커져 7만여 명에 이르자 결국 그 추종자들을 통제하지 못한 것이 그의 궁극적인 실패의 원인이 됐습니다.

스파르타쿠스 반란의 최후는 참혹했습니다. 카푸아에서 로마에 이르는 아피아 가도에는 처형된 노예반란군들의 시체가 매달린 십자가가 즐비했습니다. 35미터 간격으로 세워진 십자가는 로마에 이르는 200킬로미터의 길을 빼곡하게 채웠습니다. 하지만 참으로 강렬했던 스파르타쿠스의 정신만은 결코 죽일 수 없었습니다.

'인내의 승자'
도쿠가와
이에야스

1543년 1월 31일에 일본 동부의 미카와현에서 태어난 도쿠가와 이에야스의 본래 이름은 마쓰다이라 다케치요였습니다. 그의 아버지는 도쿠가와 이에야스가 6세 때 23세의 나이로 죽었습니다. 그의 부모는 이복 오누이였고 도쿠가와 이에야스를 낳았을 때 각각 17세와 15세였습니다. 아이를 낳은 지 2년 뒤 둘은 헤어져 각각 재혼했고 도쿠가와 이에야스의 이복형제는 모두 11명이었습니다. 그래서 그는 어른이 될 때까지 하루도 조용한 날을 누리지 못했습니다.

　도쿠가와 이에야스가 채 5세가 되지 않았을 때 당시 일본 동부지역은 오다(織田)가와 이마가와(今川)가가 패권을 다투고 있었습니다. 1548년, 오다가에서 미카와현을 침공하자 이에야스의 아버지 마쓰다이라 히로타다는 이마가와가에 도움을 요청하며 5세 된 도쿠가와 이에야스를 인질로 보냈습니다. 하지만 이것을 간파한 오다가에서 이에야스를 먼저 납치해 나고야에 3년간 억류했습니다. 그 후 우여곡절 끝에 9세가 된 이에야스는 다시 이마가와가의 슨푸성으로 역호송돼 15세가 되도록 인질로 살았습니다. 도합 10년을 양편의 인질로 산 것입니다. 결국 어린 이에야스에게 인내는 제2의 천성으로 각인될 수밖에 없었습니다.

　이에야스는 어려서 아버지가 측근의 손에 살해되는 비운을 겪었고 수많은 군웅들이 난립했던 혼란스러운 시기를 살았습니다. 우리가 흔히 떠올리는 그의 인내하는 이미지는 이런 시대와 맞서 살아남기 위해 그가 만들어낸 인생철학이자 응전의 최종 형태입니다. 그는 다른 전사들과 달리 자신의 개성을 크게 드러내지 않았으며 언제나 자신의 객관적인 위치를 염두에 두고 움직였습니다.

　이마가와가의 우두머리가 오케하자마에서 죽자 이에야스는 이제 이마가와가와의 모든 예속관계는 끝났다고 선언하고 오다 노부나가에게 항복했습니다. 그는 대세를 따른 것입니다. 이에야스는 노부나가로부터 몇 가지를 배웠습니다. 첫째 자신의 권력거점을 확고히 해서 대부대를 먹일 쌀의 공급을 확보해둘 것. 둘째 병참문제를 해결하도록 사회간접자본을 확충해둘 것. 셋째 어깨 너머의 경쟁자를 항상 조심할 것 등이었습니다.

"두견새가 울지 않으면 울 때까지 기다린다"는 말은 도쿠가와 이에야스의 싸움 스타일을 정확하게 대변해줍니다. 이에야스는 칼을 들고 싸우는 전형적인 전사가 아니라 자신의 약점을 오랫동안 보완하면서 큰 판을 인내하며 기다리는 시간 전쟁의 달인이었습니다. 또한 그는 뛰어난 실력이나 강한 카리스마는 없었지만 타고난 재능의 부족을 끊임없는 모방과 학습으로 뛰어넘었으며 멀리서도 사람의 약한 부분을 건드려 자신의 뜻대로 움직였습니다. 특히 상대방 무리 중에서 흔들리는 자를 찾아내 배신자로 서서히 키워가는 프로그래밍 능력은 타의 추종을 불허했습니다.

이에야스는 사사로운 욕망이나 단기적인 비전을 억누르는 대신 큰 판을 보고 길게 움직였기 때문에 노부나가와 히데요시를 넘어서 일본을 제패할 수 있었습니다. 실력 부족을 뛰어난 안목으로 커버한 도쿠가와 이에야스는 시간을 자기편으로 만들 줄 알았던 것입니다.

그는 19세의 장남 노부야스가 오다 노부나가에 대한 반란을 계획하지 않았다고 생각하면서도 자신의 원대한 정치적 야심을 위해 아들에게 할복을 명령했을 만큼 무자비한 냉혈한이기도 했습니다. 또한 그는 평생 한 번도 타인에게 호감을 얻거나 인기를 누리려고 애쓴 적이 없으며 오로지 두려움과 존경의 대상일 뿐이었습니다.

**삶이란
살아서
내일을 보는
것**

그는 삶이란 살아서 내일을 보는 것이라고 생각했습니다. 도쿠가와 이에야스는 오다 노부나가와 도요토미 히데요시가 살아 있는 동안에는 절대로 그들에게 반대하지 않았습니다. 이에야스는 아내와 장남을 버리면서까지 오다 노부나가에게 충성을 맹세했고 히데요시가 무대 전면에 오른 다음에는 그가 전국시대를 평정하고 최고의 권력자가 되도록 내버려뒀습니다.

최고 권력에 오른 히데요시는 이에야스로 하여금 미카와를 비롯한 5개 현의 지배권을 내놓고 대신 간토의 주인이 되도록 요구했습니다. 이에야스는 이 요구를 받아들여 간토로 이주했고 에도성에 들어갔습니다. 그리고 이에야스는 간토지방에서 예전 영지에서 거두던 것들의 3배 이상을 거둬들여 자신의 정치적, 경제적 입지를 더욱 굳힐 수 있었습니다. 결국 그는 후퇴함으로써 제국을 얻는 길로 다가갈 수 있었던 것입니다.

도쿠가와 이에야스의 참모는 외국인인 윌 애덤스였는데, 그는 애덤스와 함께 꼼꼼히 세계지도를 살피며 멕시코, 페루, 필리핀 항해를 계획했습니다. 또 그는 영국의 제임스 1세와 사적으로 서신을 교환하기도 했습니다. 글로벌 감각 또한 탁월했던 이에야스는 항상 여러 수를 미리 내다보는 최고의 장기고수였습니다. 도요토미 히데요시가 일본 서부를 장악하기 위해 원정에 나섰을 때나 명나라를 정벌하기 위해 조선을 침략했을 때 이에야스는 이에 가담하지 않았습니다. 언젠가 히데요시와 맞붙으려면 자기에게 군대가 필요하며 무모한 모험에 자신의 무력을 탕진해서는 안 된다고 계산했던 것입니다.

1582년 6월 2일에 오다 노부나가가 죽었습니다. 49세였습니다. 1598년 8월 18일에 도요토미 히데요시가 죽었습니다. 62세였습니다. 이제야말로 참을성 있게 기다려온 도쿠가와 이에야스가 보상받게 될 순간이 다가온 것입니다. 노부나가는 떡살을 반죽했고 히데요시는 떡을 쪘지만 정작 떡을 먹은 사람은 이에야스였던 겁니다. 하지만 그는 서두르지 않았습니다.

1600년 10월 21일, 세키가하라 평원에는 17만 명의 군대가 모여들었습니다. 이에야스의 동부군이 8만 9000명, 이시다 미쓰나리 등의 서부연합군이 8만 2000명이었습니다. 세키가하라 전투는 일본 국내에서 치러진 역사상 가장 큰 전투였습니다. 양측 모두 합쳐 5만여 명이 죽었는데 그 중 4만여 명이 서부연합군이었습니다. 그러나 세키가하라 전투 후 이에야스는 한 마디 경구를 남겼습니다. "승리를 얻고 나서 투구끈을 더욱 조여라!" 이에야스다운 말이 아닐 수 없습니다.

1603년에 도쿠가와 이에야스는 천황인 고요제이로부

터 쇼군의 칭호를 얻습니다. 바야흐로 그의 시대, 도쿠가와 막부가 열린 것입니다. 2년 뒤에 그는 공식적으로는 쇼군에서 은퇴하고 그 직함을 아들 히데타다에게 물려줬지만 이에야스는 권력에 대한 장악력을 조금도 늦추지 않았습니다.

이에야스는 쇼군에서 은퇴해 슨푸성에 머물면서도 내내 도요토미 히데요시의 아들 히데요리를 주목했습니다. 이미 성년이 된 히데요리는 도요토미 파벌을 재결집하고 있었습니다. 이에야스와 그의 후계인 히데타다에게 가장 강력한 도전자가 된 것입니다. 이에야스는 자신과 아들의 장래를 안정시키려면 히데요리와 그 거점인 오사카성을 공략하지 않으면 안 된다는 것을 본능적으로 직감했습니다. 결국 1615년 5월에 이에야스는 오사카성을 공략해 함락시키고 도륙과 학살을 감행했고 히데요리와 그의 어머니는 할복자살했습니다. 마침내 도요토미의 잔재는 사라지고 도쿠가와만이 남게 됐지만 이에야스는 그 이듬해(1616)에 73세로 죽습니다. 자신의 과업을 끝냈음을 알리자마자.

**승리의 힘은 '나만의 무기'**

스파르타쿠스는 뛰어난 게릴라전법, 빛나는 카리스마, 절망 속에서도 솟아나는 용맹을 지니고 있었습니다. 그리고 도쿠가와 이에야스는 전투 개시 전에 이미 승기를 잡는 정치적 천재였으며 역사상 가장 위대한 인내심을 보여줬습니다.

이 두 인물뿐 아니라 역사상 이기는 전사들을 살폈을

때, 성공하는 전사의 공통된 조건을 들자면 이렇습니다. 우선 문제를 투명하게 보고 단순한 해결책을 찾아내야 합니다. 적의 아킬레스건을 언제 어떻게 공격할지를 알아야 하고 전투가 개시되기 전에 이미 승리할 상황을 만들 줄 알아야 합니다. 전략, 전술의 달인이어야 하고 고도의 군사적 재능과 더불어 과감성, 민첩함, 자신감을 갖춰야 합니다. 그리고 무엇보다도 운이 좋아야 합니다.

그런데 최고의 전사들에게 꼭 필요한 조건 한 가지를 더 들라면 그것은 무엇일까요? 바로 스트레스에 대처하는 능력입니다. 차곡차곡 쌓이다가 한꺼번에 들이닥쳐 어느새 나의 역량을 처참히 무너뜨리는 스트레스, 그것을 감당할 수 있는 능력이 탁월해야만 최고의 전사가 될 수 있습니다.

결국 '이기는 힘'은 이렇습니다. 끊임없이 단점을 보완해나가는 인내심, 차례로 밀려오는 엄청난 스트레스를 감당해내는 강철 같은 정신력, 주위의 도움을 이끌어내는 매력과 언변, 무엇보다 자신에 대한 굳건한 확신 등등. 그리고 그 이기는 힘을 가장 참되고 빛나게 하는 것은 무릇 오늘을 확실하게 지탱시키는 '견디는 힘'일 것입니다. 오늘의 견딤이야말로 곧 내일의 쓰임이 되지 않겠습니까?

무하마드 유누스

아기 다다시 남

루치아노 파바로

리처드 용재 오

알렉스 퍼거슨

장기려 앨런 ㅎ

텐징 노르가이

지정환

한창기

칼 세이건

혜초

윌리엄 윌버포스

이양구

04

마음을 나누는 영혼의 동반자

조지 6세

# 미래를 향해 함께 걸어가다

## 세상에 뿌려진 희망의 종잣돈

요즘 세상에 담보 없이 돈을 빌려 쓰기란 여간해서는 어려운 일입니다. 그런데 여기 극도로 가난한 사람들에게 무담보로 돈을 빌려주는 은행이 있습니다. 무하마드 유누스(Muhammad Yunus, 1940~ )가 설립한 그라민은행이 그것입니다. 그라민은행은 담보를 잡힐 것이 아예 없는 가난한 사람들에게 무담보로 대출해주는 이른바 무담보 소액대출제(Microcredit)로 운영되는 은행으로, 방글라데시에서 시작되었습니다. '그라민'은 방글라데시 말로 '마을'이란 뜻입니다. 결국 그라민 은행은 마을금고 내지 마을은행인 셈이죠. 그것도 무담보로 대출해주는 은행! 방글라데시는 '세계 최빈국이면서 역설적으로 행복지수가 가장 높은 나라'로 알려져 있습니다. 그 이유 중 하나가 그라민은행의 존재가 아닐까 하는 생각마저 듭니다.

사실 무담보 대출이라는 것은 무모한 일이 아닐 수 없습니다.

하지만 놀랍게도 그라민은행의 원금상환 실적비율은 98퍼센트를 웃돕니다. 그라민은행의 성공사례로 입증된 무담보 소액대출제 즉 마이크로 크레디트는 이후 방글라데시만이 아니라 아프가니스탄, 카메룬 등 저개발국은 물론이고 미국, 캐나다, 프랑스 등 전 세계 37개국, 9200만 명을 대상으로 확대운영될 만큼 폭넓은 반향을 일으켰습니다. 그래서 마침내 유엔은 지난 2005년을 '마이크로 크레디트의 해' 즉 무담보 소액대출제의 해로 정하기에 이르렀던 겁니다. 바로 이런 기적과도 같은 일은 무하마드 유누스라는 한 사람의 신념에 찬 헌신과 노력이 있었기에 가능했습니다.

1940년에 방글라데시 치타공의 유복한 가정에서 태어난 무하마드 유누스. 그는 국립다카대학을 졸업하고 미국 밴더빌트대학으로 유학 가서 경제학 박사학위를 받은 뒤 귀국해서 1972년부터 치타공대학에서 학생들을 가르쳤습니다. 무하마드 유누스가 2년째 교수생활을 하던 1974년에 방글라데시에는 사상 유례가 없는 기아가 몰아닥쳤습니다. 그 해의 어느 날 그는 치타공대학 인근에서 고리대금업자의 횡포에 시달리는 마을주민들의 현실을 목격하게 됩니다. 대나무 제품을 만들어 생계를 이어가는 마을 주민 42명이 모두 합쳐 미화 27달러도 채 안 되는 856타카의 빚 때문에 벌어진 일이었습니다. 상황이 이러한데 명색이 경제학 교수인 자신이 그들을 위해 뭔가 하지 않으면 안 되겠다는 생각에서 무담보 소액대출제도를 구상하게 되었던 겁니다.

그는 우선 자신의 돈을 42명의 마을주민들에게 빌려주고 대나무 제품을 내다 팔아서 형편껏 갚도록 했습니다. 무담보 소액대출의 출발은 그렇게 이뤄졌습니다. 그 후 무하마드 유누스는 자신이 직접 보증을 서는 조건으로 국립은행에서 돈을 빌려 더 많은 빈민들에게 나눠주기 시작했습니다. 이것이 실질적인 그라민은행의 출발점이 됐습니다. 1977년의 일이었습니다. 그 후로 30여 년이 지난 오늘, 그라민은행은 방글라데시 전역에 2200여 개의 지점을 두고 600만 명 이상에게 돈을 융자해주면서도 거의 100퍼센트에 가까운 대출 상환율을 유지하고 있습니다. 더구나 무하마드 유누스가 500가구 이상을 빚더미에서 구제하자 처음에는 냉소적인 반응을 보였던 방글라데시 정부와 중앙은행마저 그라민은행을 지원하는 일에 적극 동참하기 시작했습니다.

현재 무하마드 유누스가 창안한 그라민은행의 소액대출 및 융자 프로그램은 전 세계 수천만 명에 달하는 가난한 사람들이 고리채 노예가 되는 것을 막고 인간으로서의 존엄성을 회복하도록 도와주었습니다. 이런 공로를 인정받아 무하마드 유누스는 막사이사이상과 세계식량상을 수상했고 1995년에는 〈아시아위크〉지가 뽑은 '위대한 아시아인 20인'에 선정되기도 했습니다. 그리고 2006년에는 마더 테레사 상과 노벨평화상을 한꺼번에 수상하기에 이르렀습니다.

담보를 제공할 여력이 전혀 없는 가난한 사람만 골라서 담보 없이 소액 대출을 해주는 위험한 영업방식을 택했지만 그라민은행은 건재하게 살아남았습니다. 그리고 방글라데시의 많은 사람들이 이 은행을 통해 빈곤의 속박에서 벗어날 수 있었습니다. 무담보로 1인당 약 150달러의 소액대출을 주로 하는 이 은행의 대출금은

100퍼센트 예금으로 충당하고 있는데 그 가운데 65퍼센트가 기존 대출자들 예금이라는 점도 주목할 만합니다. 소액대출을 통해 가난을 벗어난 사람들이 다시 더 가난한 사람들을 돕는 식입니다.

대학 강단에서 경제학을 가르치다가 굶어죽는 사람들에게 전혀 도움이 되지 않는 이론에 환멸을 느끼고 가난 없는 세상을 만들겠다며 그라민은행을 설립한 무하마드 유누스. 그는 가난을 이기게 하기 위해서는 조건 없이 주어지는 단발성 자선보다는 그 사람 스스로 희망을 가질 수 있게 도와주어야 한다고 힘주어 말합니다. 희망보다 더 큰 동력은 없기 때문입니다.

## 삶 자체를 맛보게 한 '신의 물방울'

한국에 와인 돌풍을 몰고 온 와인 만화 〈신의 물방울〉의 저자 아기 다다시(亞樹直) 남매. 이들의 본명은 기바야시 유코(樹林 ゆう子, 1958~ )와 기바야시 신(樹林伸, 1962~ )입니다. 기바야시 유코는 아사히신문의 시사주간지 〈아에라〉 등에서 활약해온 프리랜서 만화 스토리 작가이고, 그녀의 남동생 기바야시 신은 와세다대학교 정치경제학 학사 출신으로 1987년에 코단샤(講談社)에 입사해 현재는 〈주간 소년 매거진〉 편집인의 직함을 갖고 있습니다. 하지만 그 역시 소설가이자 희곡작가이며 1995년과 2003년에 코단샤 만화상 소년 부문상을 수상한 바 있는 탁월한 만화스토리 작가입니다.

이들 남매는 아기 다다시라는 필명으로 우리나라에서만 100만 권 이상 팔리면서 와인 신드롬을 불러일으킨 만화 〈신의 물방울〉 외에도 〈사이코 닥터〉 〈미스터리극장 에지〉 등을 함께 썼습니다. 이들 작품은 예외 없이 미스터리물입니다. 그도 그럴 것이 아기 다다시 남매는 어릴 때부터 셜록 홈스와 괴도 뤼팽을 보며 밤잠을 설쳤던 '추리 남매'였습니다. 이들에게서 신비감을 빼면 뭐가 남을까 싶을 정도로 이들은 자신들의 이름부터 사생활, 자신들의 작품 등을 온통 미스터리로 만드는 데 재미를 붙인 듯합니다.

아기 다다시 남매는 어릴 적에 학원에도 가지 않았고, 공부는 겨우 숙제를 하는 정도였다고 합니다. 대신 집에 있는 갖가지 책을 읽거나, 음악을 듣거나, 부모님과 함께 옛날 영화를 보며 시간을 보냈다고 하는군요. 특히 아기 다다시 남매의 어머니는 집에서 취미로 그림을 그렸고 그래서 집안에는 미술에 관한 책과 자료들이 넘쳐났습니다. 이들 남매는 그 누구의 방해도 받지 않고 명화들이 가득 담긴 미술책들을 보며 자랐습니다. 어쩌면 바로 이런 바탕이 그들만의 놀라운 감성과 상상력 그리고 표현력의 근원이 되지 않았나 싶습니다.

그런데 미스터리 만화스토리 작가였던 아기 다다시 남매의 삶을 온통 뒤바꿔놓은 계기는 10여 년 전 우연히 맛본 와인이었습니다. 바로 'DRC 에세조 1985년'과의 만남이었습니다. DRC는 프랑스 부르고뉴 와인 생산자인 '도멘 드 라 로마네 콩티'의 약자입니다. 도멘 드 라 로마네 콩티는 에세조, 로마네 콩티, 라 타슈, 리쉬부르, 그랑 에세조, 로마네 생비방 등 주옥같은 와인들을 생산하고 있는데 특히 로마네 콩티는 전 세계에서 가장 비싼 와인으로 손꼽힙니다.

아기 다다시 남매는 'DRC 에세조 1985년' 즉 '도멘 드 라 로마네 콩티 에세조 1985년'을 첫사랑의 연인처럼 절대 잊을 수 없는 와인이라고 말하며 그 첫 만남의 감흥을 이렇게 묘사합니다. "와인을 글라스에 따르자 화려한 꽃향기가 피어났다. 어느 순간 장미꽃이 만발한 꽃밭에서 헤매고 있는 느낌이었다. 하지만 그것은 시작에 불과했다. 와인을 입안에 머금자, 갓 딴 산딸기의 풋풋함이 느껴지더니 곧이어 달콤하고 부드러우면서도 입안을 조이는 듯한 타닌의 떫은맛이 마치 교토의 정교하게 짠 직물처럼 복잡하면서도 우아하고 섬세하게 혀를 자극하며 그 여운이 오래도록 이어졌다. 한마디로 그것은 번개에 맞은 듯한 충격이었다." 그 와인 맛에 매료된 아기 다다시 남매는 절로 이렇게 탄성을 질렀습니다. "와인은 단순한 술이 아니다!"라고.

'도멘 드 라 로마네 콩티 에세조 1985년'과의 만남은 아기 다다시 남매로 하여금 전혀 예기치 않게 와인에 푹 빠져 사는 삶을 살게 이끌었습니다. 그것은 새 세상이 열린 느낌이었고 그들에게는 그 자체로 천지창조였던 셈입니다. 이후 그들의 삶은 단순한 와인 애호가 수준을 넘어서서 와인과의 운명적인 동반을 시작하게 되었습니다. 그리고 와인 속에 숨은 사연과 메시지에 주목하면서 놀라운 와인 콘텐츠를 세상에 쏟아놓게 된 겁니다.

사실 아기 다다시 남매는 '도멘 드 라 로마네 콩티 에세조 1985년'과의 만남 이후 '슈발 블랑 1978년산'이나 '샤토 무통 1982년산' 등 온갖 명 와인과 조우했지만 '도멘 드 라 로마네 콩티 에세조 1985년'만큼의 아찔할 정도의 충격은 다시없을 것이라고 입을 모읍니다. 왜냐하면 와인과의 만남이란 그 자체가 '천(天)·

지(地)·인(人)'의 조화, 즉 기후·토양·인간 노력의 절묘한 합작품이기 때문입니다. 다시 말해 어느 해, 어느 계절, 어떤 상황에서 어떤 사람이 그 와인과 만나느냐 하는 것, 하나의 와인과의 만남은 결국 평생에 오직 단 한 번뿐인 만남이라는 겁니다. 따라서 자신들이 10여 년 전에 경험했던 그 운명적인 감동은 인생에 두 번 다시 없을 것이라고 합니다.

"신은 물을 만들었지만 인간은 와인을 만들었다." 프랑스의 대문호 빅토르 위고가 한 말입니다. 그리고 아기 다다시 남매는 그 와인에 자신들의 모든 감각과 감성을 담아 이야기와 만화로 펼쳐냄으로써 또 다른 생명력을 부여했습니다. 그들에게 와인은 살아 있는 생명이고 또한 와인은 인생을 반추해보는 가장 좋은 동반자입니다. 그래서 아기 다다시 남매는 더 많은 인생의 동반자를 구할 욕심인지 둘이 합쳐 2500병 정도의 소장가치 있는 와인을 구입했습니다. 그리고 18평 맨션을 세내 이것을 통째로 와인셀러로 쓰고 있습니다. 그래서 이 사람도 살지 않는 맨션에는 와인들이 최적의 상태로 있게끔 24시간 에어컨을 돌려 섭씨 16~18도를 유지한다고 합니다. 와인 값만 한화로 20억 원어치는 족히 될 테지만 이들 남매는 지금도 꾸준히 와인을 사들입니다. 마치 새 친구를 만나듯 말입니다.

와인은 살아 있습니다. 아기 다다시 남매는 그 살아 숨쉬는 와인을 여러 가지 느낌의 빛깔로 채색합니다. 그럼으로써 우리가 살고 있는 이 세계가 와인이라는 또 하나의 상상력과 창조력의 보물창고와 이어져 있음을 일깨워줍니다.

## 우리 시대의 진짜 문화지킴이

〈뿌리깊은나무〉라는 잡지를 기억하십니까? 지난 1976년 3월에 창
간된 후 1980년에 출간정지를 당하기까지 6년 남짓한 짧은 기간
동안 발행되었지만 그 자체로 한국 문화계를 이끈 저널이었습니다.
저 역시 〈뿌리깊은나무〉 애독자였고 이 잡지가 종간된 후에는 헌
책방에서 과월호들을 모두 사 모았습니다. 그만큼 철 지나면 버려
버리는 흔해빠진 잡지가 아니라 세월이 지나도 새로움과 깊이가 느
껴지는 그런 저널이었던 겁니다. 바로 그 〈뿌리깊은나무〉를 창간하
고 그것 자체가 자신의 삶이기도 했던 이가 한창기(1936~1997) 선생
입니다.

한창기 선생은 전라남도 보성에서 태어났습니다. 어려서 울
며 떼쓰기를 잘해서 별명이 앵보였다고 합니다. 좀 더 자라 학교를
다닐 때 논두렁 위에서도 학교에서 배운 좌측통행을 고집했을 만
큼 원칙에 충실했던 한창기는 순천중학교 시절부터 '미국의 소리
(VOA)' 방송을 들으며 혼자 영어를 터득했습니다. 그 후 광주 고등
학교를 거쳐 서울대학교 법대를 다녔지만 고시공부 같은 데에는
아예 관심조차 없었습니다.

한창기는 남들이 선망해 마지않던 서울법대를 졸업하고서도
미8군 영내에서 미국인들에게 귀국용 비행기표와 영어 성경책을
파는 일을 했습니다. 물론 중학교 시절에 단파 라디오 방송을 통해
익힌 영어실력 덕분에 가능한 일이었습니다. 그런데 한창기는 한
술 더 떠서 미국 시카고의 엔사이클로피디어브리태니커사에서 만
든 《브리태니커 백과사전》을 한국에서 판매하는 회사를 만들었습

니다. 1968년에 만들어진 한국브리태니커 회사에서 한창기는 그 첫 몇 년 동안을 빼고는 줄곧 대표이사로 일했습니다.

하지만 한창기는 말이 대표이사지 사실상 세일즈맨이었습니다. 그것도 신화적인 세일즈맨이었습니다. 당시 그는 고가(高價)에 순 영어로 된 《브리태니커 백과사전》을 수도 없이 팔았습니다. 다 그런 것은 물론 아니었겠지만 상당수를 군부정권이 들어서면서 개발 이익을 거머쥔 졸부들의 과시욕을 교묘히 자극해 장서용으로 팔아넘겼던 겁니다. 특히 당시, 한국브리태니커사는 우리나라에서 최초로 성과급 영업사원 제도를 시행해서 숱한 세일즈맨들을 키워내기도 했습니다. 웅진의 윤석금 회장도 바로 그 세일즈맨 출신입니다. 그들은 '아프리카에서도 모피코트를 팔 것'이고 '해수욕장으로 바캉스 가서 덜렁 수영복 한 장만 입고서도 백과사전 몇 질은 예약받고 온다'는 등 세일즈업계에 숱한 신화를 더했습니다.

이렇게 《브리태니커 백과사전》을 팔아서 번 돈으로 한창기는 출판과 문화사업을 시작한 겁니다. 먼저 한국브리태니커사의 '사내보'였다가 '사외보'로 전환한 잡지 〈배움나무〉를 발간한 경험을 토대로 한창기는 당시로서는 전혀 새로운 스타일의 잡지였던 〈뿌리깊은나무〉를 선보였습니다. 순한글에 가로쓰기를 하며 우리것, 우리 문화를 엽전이니 뭐니 하며 경시하던 그때에 진정한 우리것, 우리 문화의 아름다움을 재발견·재발굴해내서 우리것, 우리 문화의 가치를 당당하게 주장했던 겁니다. 그것은 〈문예춘추〉나 〈중앙공론〉 등 일본 저널을 흉내 내기에 급급했던 우리의 출판잡지 문화를 뿌리로부터 뒤흔드는 일대 사건이었습니다. 그리고 동시에 광복

266

후 30년이 지났던 당시 시점에서는 나라의 독립만이 아닌 진정한 우리글과 우리 문화의 독립과 해방을 선언한 기념비적 사건이었습니다.

하지만 '한국의 문화 발전에 참여하는 분들에게 바치는 잡지'를 표방하며 새롭게 뿌리내리던 〈뿌리깊은나무〉는 1980년 신군부에 의해 강제 폐간당하고 맙니다. 하지만 〈뿌리깊은나무〉의 뿌리는 정치적 소용돌이 속에서 시련은 겪었지만 결코 썩지 않았습니다. 그래서 4년 뒤인 1984년에 〈뿌리깊은나무〉는 〈샘이깊은물〉로 제호를 바꿔 재탄생할 수 있었습니다.

한창기가 만든 〈뿌리깊은나무〉와 〈샘이깊은물〉은 단순히 잡지출판에 그친 것이 아니라 일종의 문화현상이었습니다. 한창기의 삶과 혼이 고스란히 담겼다고 해야 할 〈뿌리깊은나무〉와 〈샘이깊은물〉을 통해 그는 민속, 미술, 예악, 언어, 건축, 복식 할 것 없이 우리것과 우리 문화의 어제와 오늘을 잇는 다리를 만든 셈입니다. 그는 우리것과 우리 문화를 잡지에 소개하는 것에만 그치지 않고 직접 그것들을 재발굴, 재발견, 재현하고 새롭게 펼쳐냈습니다. 당시 천대받던 이 땅의 소리꾼들에게 한복을 사 입혀가면서 5년 동안 100회에 걸쳐 판소리 발표 무대를 열어 판소리 중흥의 계기를 만든 것도 그였습니다. 또한 한옥과 한복, 옹기와 유기, 전통차와 전통천연염색 등 퇴색해가던 우리 전통문화의 발굴과 보급에 앞장섰던 이도 바로 그였습니다. 그는 판소리 전집과 민화집 그리고 민요 음반도 만들었고 우리 문양이 깃든 찻그릇과 반상기 그리고 놋그릇, 백자 그릇과 옹기도 직접 만들었습니다.

그뿐만 아니라 역사 속에서 사라져가던 내시, 소리꾼, 장돌뱅이, 대장장이, 풍수쟁이, 옹기장이, 목수, 땅꾼, 심마니, 무당, 남사당패, 기생 등의 삶을 기록으로 남겨 진정한 민초들의 자서전을 엮어낸 것도 그였습니다. 또 남한 땅 곳곳을 발로 누벼 기록한 인문지리지 '한국의 발견'과 같은 선구적인 출판사업은 한창기의 우리 것, 우리 문화에 대한 탁월한 안목과 식견이 있었기에 가능한 일이었습니다.

그는 우리것이 뭔지를 온통 상실했던 시절에 우리것의 정수를 〈뿌리깊은나무〉와 〈샘이깊은물〉에 담아내고 그것들을 우리 실생활에서 재현해낸 우리 시대의 진짜 문화지킴이였던 겁니다.

또한 그는 우리말 한글을 시대에 맞게 구현해낸 탁월한 우리말 지킴이였습니다. 실제로 〈뿌리깊은나무〉와 〈샘이깊은물〉은 이 나라 새 세대가 사용할 언어의 전범이었습니다. 그로 인해 우리의 가장 중요한 문화유산임에 틀림없는 한글은 그 짜임새는 물론 올바른 활용 방법을 갖게 되었다고 해도 과언이 아닙니다. 어떻게 보면 한글 창제는 세종대왕이 하셨지만 그 쓰임은 한창기의 몫이었다고 해도 과언이 아닐 겁니다. 한글의 일상적 활용과 대중적 전파 그리고 다른 나라 문자와의 상생 방법을 모색하는 일은 모두 〈뿌리깊은나무〉와 〈샘이깊은물〉이 도맡아 해냈다고 해도 지나치지 않을 정도이니까요. 그만큼 한창기는 한글에 새 숨결을 불어넣은 대단한 한글학자이기도 했습니다.

한창기, 그는 진정 문화를 아는 멋쟁이였고, 우리말과 우리것 그리고 우리 문화를 남달리 깊이 알고 사랑한 진정한 문화인이었습니다. 하지만 우리는 그를 기억하는 것에 만족해서는 안 됩니다. 단지 그를 닮으려고만 해서도 안 됩니다. 그가 그토록 집착했던 우리말과 우리것에 대한 애정과 관심을 되살려야만 합니다. 우리의 일상과 우리의 생활 속에서 말입니다.

# 승리를 일구는 깊은 공감

## 더 기쁘게, 더 행복하기 위하여

'임실치즈'를 아십니까? 임실치즈는 우리나라 최초의 '토종치즈'입니다. 전북 임실군 갈마리 임실성당 주임신부였던 벨기에 출신의 지정환(1931~ ) 신부가 가난에 찌든 농민들의 활로를 타개할 요량으로 가내수공업 형태로 만들기 시작한 치즈를 말합니다. 1967년에 생산을 개시한 임실치즈는 토종치즈의 원조가 되어 지금은 국내 피자용 치즈의 30퍼센트를 공급하는 등 지역주민의 수익을 높이고 지역 사회에 활력을 불어넣는 지방 특화 사업의 '성공 사례'로 꼽히고 있습니다.

1931년 벨기에 브뤼셀 태생인 지정환 신부의 본명은 '디디에 세스테벤스'입니다. 그는 1950년에 벨기에의 명문 루벵대학교 철학과에 입학해 졸업한 후 다시 신학부에서 4년간 신부수업을 받고 1958년 가톨릭 사제 서품을 받았습니다. 그는 사제서품을 받자마자 한국에 가겠다고 마음먹습니다. 당시 한국은 참혹한 전쟁을 겪어 아프리카보다도 더 가난하고 피폐했었거든요. 그는 1959년, 한 달 이상 배를 타고 간신히 부산항에 도착해서 전주교구 전동성당 보좌신부로 발령받습니다. 그리고 당시 김이환 주교로부터 '지정환'이란 한국식 이름을 선사받은 후 명실상부하게 한국인으로서의 삶을 살았습니다.

전주 전동성당 보좌신부로 있던 지정환 신부는 1961년 7월에 부안성당 주임신부로 옮겨갑니다. 그는 가난에 찌든 부안에서 100정보(1정보는 3000평)의 땅을 농민들과 함께 간척했습니다. 부안군 보안면 바닷가 인근 땅을 메워 개간한 겁니다. 하지만 그토록 어렵사리 마련한 땅들이 고리대와 노름빚에 그만 다 넘어가는 것을 보고 "다시는 한국인들 삶에 깊이 개입하지 않으리라" 다짐하기까지 했습니다. 이때 속이 상한 탓인지 건강까지 나빠진 지정환 신부는 1963년 9월에 쓸개 제거수술을 한 뒤 요양차 가족이 있는 벨기에로 떠났습니다. 그러나 그는 6개월도 안 되어 이듬해인 1964년에 다시 한국으로 돌아왔습니다.

한국으로 돌아온 후 지정환 신부가 새로 부임한 곳은 전북 임실이었습니다. 당시 임실 주민들은 "뭐를 해도 성공할 수 없고, 천형 같은 가난은 극복될 수 없는 것"이라는 열패감에 빠져 있었습니다. 지정환 신부는 먼저 그 열패감과 싸워야 했습니다. 그리고 할 일이 없어 남아도는 시간과 무성하게 웃자란 풀만 넘쳐나는 임실에서 지정환 신부는 오히려 이것들을 이용해 무엇을 할 수 있을까 궁리한 끝에 산양을 방목하기로 했습니다. 아니나 다를까? '천형

(天刑)'같이 보이던 임실의 악조건이 산양 방목에는 천혜의 조건이 되었던 겁니다. 산양이 자꾸 늘어나자 지정환 신부는 남아도는 산양유로 치즈를 만들겠다고 나섰습니다. 당시만 해도 농민들은 '치즈'란 것을 듣지도, 보지도 못할 때였습니다. 그래서 지정환 신부는 "치즈가 뭐냐?"는 농민들의 물음에 "우유로 만든 두부"라고 설명했을 정도였습니다.

지정환 신부는 '치즈'를 만들어 팔면 이 지긋지긋한 가난의 굴레를 벗어날 수 있다고 주민들을 설득하기 시작했습니다. 그러나 정작 지정환 신부는 손수 치즈를 만들기 위해 약탕기로 산양유를 졸여도 보고, 비눗갑에 담아 숙성도 시켜보는 등 여러 가지를 시도해보았지만 제대로 된 치즈를 만드는 데는 번번이 실패하고 말았습니다. 결국 그는 치즈를 만들려면 보다 전문적인 지식과 경험이 필요하다는 것을 절실히 깨닫게 됩니다. 그래서 1969년에 유럽으로 날아가 약 3개월 동안 벨기에, 프랑스, 이탈리아 등지의 치즈공장들을 둘러보며 치즈제조 노하우를 직접 배웠습니다. 특히 유럽의 치즈 공장을 견학하던 중, 뜻밖의 조력자를 만나 치즈제작의 비법이 담긴 레시피를 건네받기까지 했습니다.

이렇게 치즈 만드는 법을 유럽에서 직접 배워온 지정환 신부는 임실로 돌아와 농민들과 함께 제대로 된 치즈를 만들 수 있게 되었고 곧이어 공장도 설립했습니다. 지정환 신부의 이름을 따서 '정환치즈'라고 명명된 최초의 임실치즈는 체다치즈(우유로 만든 경질 치즈로 수분함량이 적은 천연치즈) 형태로 제조되어 당시 최고의 특급호텔이었던 조선호텔에까지 납품되었습니다. 그런데 이게 웬일입니

272

까? 1980년에 지정환 신부는 다발성신경경화증을 앓게 되면서부터 보행이 불편하게 되었고 결국에는 휠체어에 의존해야 하는 신세가 되었습니다. 그래서 그는 다시 고향 벨기에로 돌아가 1981년부터 3년간 요양하기도 했습니다. 하지만 지정환 신부는 그곳에 계속 머물지 않고 "한국에 뼈를 묻겠다!"며 휠체어에 의지해 다시 돌아왔습니다.

자신의 장애로 인해 고통받는 사람들의 아픔을 몸소 체험한 지정환 신부는 장애인 사목 지도신부로 활동하기 시작했습니다. 그 활동의 일환으로 1984년, 전북 전주시 인후동에 28평짜리 아파트를 전세 내서 '장애인을 위한 집'을 열고 중증 장애인들을 돌보기 시작했습니다. 이것이 장애인 공동체 '무지개 가족'의 시발이 되었습니다. '무지개 가족'을 통해 지정환 신부는 대부분 교통사고로 사지가 절단되거나 목뼈가 부러진 중증 장애인들과 함께 생활하며 그들의 재활의지를 북돋았습니다. 이곳을 거쳐 간 중증장애인 가운데 수십 명이 자활에 성공했고 이 가운데 15명은 결혼해서 가정을 이뤘습니다. 그 후 20년이 지나 지정환 신부는 2003년에 '무지개 가족' 지도신부직에서 물러났습니다. 그러나 지금도 전북 완주군 소양면 해월리에서 '별아래'라는 집을 지어 무지개 가족에서 함께 일하며 생활했던 사람들과 살고 있습니다.

그런가 하면 가내 수공업으로 시작되었던 임실치즈는 이제 어엿한 공장들을 갖춘 협동조합 형식으로 발전했습니다. 그리고 외국산 수입치즈들의 홍수 속에서도 당당히 품질을 겨루며 상당한 매출을 올리고 있습니다. 하지만 지정환 신부가 진실로 원했던 것은 "치즈공장의 성공이 아니라 임실 주민들의 새로운 삶"이었습니다. 지정환 신부는 말합니다. "그때 부임 당시와는 비교도 할 수 없을 정도로 지금 한국 사람들이 잘살게 됐는데, 과연 그때보다 더 기쁘게, 더 행복하게 살고 있는지 의문"이라고. 그러고는 "하느님이 인간을 창조할 때 행복을 위해서 했고, 내가 한국에서 간척하고 치즈 만들고 한 것도 행복을 위해서였는데 오히려 한국 사람들이 만족도 감사도 하지 않는다면 자신의 임무는 실패한 것 아니냐?"고 되묻습니다. 참으로 뼈 있는 말이 아닐 수 없습니다. 그렇습니다. 우리는 땅을 얻었다고, 치즈로 돈을 벌었다고, 또 성공했다고 잘사는 것이 아닙니다. 그것을 진심으로 감사하고 자족할 줄 아는 마음으로 살아야 진짜 잘사는 것입니다.

## 전설이 된 거인의 목소리

전설적인 테너 가수인 루치아노 파바로티(Luciano Pavarotti, 1935~2007). 1935년에 이탈리아 중북부의 모데나에서 빵가게를 운영하는 아버지와 담배 공장에서 일하던 어머니 사이에서 외동아들로 태어난 그는 어린 시절 유난히 축구를 좋아했습니다. 하지만 축구화를 살 돈이 없었기 때문에 축구선수가 되려고 했던 어린 시절의 꿈마저 접어야 했습니다. 대신 파바로티는 오페라 애호가이자 아마추어 테너 가수였던 부친의 영향으로 뒤늦게 19세 때부터 성악 공부를 시작했습니다. 하지만 정규 음악교육을 제대로 받지 못한 파바로티는 곧장 직업적인 성악가가 되기 어려웠습니다. 결국 생계를 위해 초등학교 시간제 음악교사와 보험판매사원으로 일했습니다. 그러다 결국 모데나 지역의 로시니 말레 합창단에서 노래하게 된 것을 계기로 본격적인 성악가의 길을 걷게 됩니다.

파바로티는 26세 때인 1961년, 이탈리아 레조 에밀리아의 아킬레 피레 국제콩쿠르에서 우승한 후, 푸치니의 오페라 '라보엠'의 루돌프 역을 맡으면서 오페라 무대에 공식 데뷔했습니다. 당시 전 세계에 불어닥친 로큰롤 열풍으로 썰렁해진 오페라극장에 파바로티는 혜성처럼 나타난 잠재된 스타였습니다. 그는 특히 루돌프 역을 기가 막히게 소화하며 '루돌프=파바로티'로 통할 만큼 승승장구했습니다. 1965년에 30세 나이로 이탈리아 밀라노의 라 스칼라 무대에 오른 파바로티는 그 해 소프라노 조안 서덜랜드의 추천으로 미국 무대로 진출했습니다.

미국에서 그를 일순간에 스타의 반열로 올려놓은 것은 1972년 2월에 뉴욕 메트로폴리탄 오페라하우스에서 가진 도니체티의 오페라 〈연대의 딸(La Fille du Régiment)〉 공연이었습니다. 당시 그는 하이C 즉 세 번째 옥타브의 도가 아홉 번이나 반복되는 아리아 '아, 나의 친구들이여'를 멋지게 소화해서 무려 17차례의 커튼콜을 받으면서 이 오페라극장의 기록을 깼습니다. 그리고 '하이C의 제왕'이라는 별명과 함께 세계적인 명성을 얻게 되었습니다. 그 후 그는 세계 최고의 메트로폴리탄 오페라 극장에서 375회, 라 스칼라에서 140회 출연하는 등 최고의 테너가수로 주가를 올렸습니다.

이후로 파바로티의 전성기가 펼쳐집니다. 1988년 독일 오페라하우스에서 열린 도니체티의 오페라 〈사랑의 묘약〉 공연에서는 아리아 '남 몰래 흘리는 눈물'을 열창해 무려 1시간 7분 동안이나 박수가 쏟아졌고 165회에 이르는 앙코르를 받아 기네스북에 오르는 이변을 낳기도 했습니다.

특히 1990년 로마 월드컵 전야제 때 콜로세움에서 열려 전 세계 60억 인구에게 생중계된 '쓰리 테너(Three Tenors) 콘서트'(호세 카레라스, 플라시도 도밍고와 함께한 공연)는 이후 월드컵 공식행사처럼 되다시피 해서 LA, 도쿄, 파리, 서울, 요코하마 등지에서 계속되었습니다. '쓰리 테너 콘서트' 이후 그는 대규모 관중을 동원하는 야외 공연을 자주 열었는데 1991년 런던 하이드파크 공연에는 15만여 명의 관객이 운집했고, 1993년 뉴욕 센트럴 파크 공연에서는 자그마치 50만여 명이 몰렸습니다. 또 '파바로티와 친구들'이라는 이름으로 팝 가수 엘튼 존, 스팅 등과의 합동 공연도 마다하지 않았습니다. 이처럼 파바로티는 그 누구보다도 청중에게 가까이 다가갔던 인물이었습니다.

그러나 그의 대중적 인기만큼이나 질시와 비난도 적잖았습니다. 정통 클래식만을 고집하는 사람들은 파바로티에 대해 "돈에 눈이 멀어 예술가가 아닌 사업가로 전락했다"고 비난하기도 했고 급기야 파바로티는 탈세혐의로 고발당하기까지 했습니다.

하지만 실제로 파바로티는 1993년 이래 전쟁고아재단(War Child)을 후원하는 자선가였습니다. 전쟁 때문에 고통받는 어린이들을 위해 매년 고향 모데나에서 UN 기금 마련 자선콘서트 '파바로티와 친구들'을 개최해서 수익금 전액을 자선기금으로 헌납했습니다. 1995년에도 '보스니아를 위한 콘서트'를 개최해서 수익금 850만 달러 전액을 내전으로 파괴된 보스니아 재건을 위해 내놓았고, 보스니아의 모스타르에 지역 음악가 교육을 위한 '파바로티 음악센터'도 건립했습니다. 이밖에도 아프가니스탄 난민을 위해서는 330만 달러, 코소보 난민을 위해서는 100만 달러를 모은 공로로 그는 2001년 유엔난민고등판무관실이 수여하는 '난센 메달'을 받기도 했습니다.

서정적인 '리릭 테너'의 대표주자이면서도 큰 체구만큼 우렁찬 목소리로 무대를 압도했던 루치아노 파바로티를 가리켜 '천상의 목소리'라고 말들 합니다. 하지만 정작 그 자신은 자서전에서 "내가 지닌 모든 것은 지독한 노력으로 만들어졌다"고 썼습니다. 아주 가벼운 소리를 내는 레체로 테너에서 좀 더 부드럽고 깊이 있는 성량을 선보이는 리릭 테너로 발전함으로써 전성기 시절 거의 모든 레퍼토리를 소화할 수 있게 된 것은 타고난 목소리보다도 그의 끊임없는 연습과 노력 덕택이었던 겁니다.

2006년 2월 토리노 동계올림픽 개막식에서 3만 5000명 관중을 앞에 두고 푸치니의 오페라 〈투란도트〉에 나오는 유명한 아리아 '네순 도르마(Nessun Dorma)' 즉 '공주는 잠 못 이루고'를 불렀던 것이 그의 마지막 공연이었습니다. '네순 도르마'의 마지막 부분이 '빈체로(vincero·승리하다)'입니다. 어쩌면 그것은 '저 높이 있던 클래식'을 대중의 곁으로 이끌어낸 파바로티의 '친숙한 클래식'의 승리를 상징하는 것인지도 모릅니다.

결국 파바로티의 최고 업적은 '그들만의 클래식, 그들만의 오페라'를 대중 앞으로 끌어냈다는 점일 겁니다. 그래서 로이터통신은 2007년 그의 서거소식과 함께 '누구나 오페라를 접할 수 있도록 대중 앞으로 끌어낸 빅 맨(big man) 파바로티'라고 전 세계에 그의 부음기사를 타전했던 겁니다.

## 새로운 미래가 되다

미국 워싱턴 주에 있는 인구 3000명의 작은 도시 세큄. 주민 대부분이 밭을 갈고 소젖을 짜는 마을에서 태어난 검은 머리 소년은 트랙터 소리에서 음악을 느꼈고, 할아버지의 턴테이블에서 흘러나오는 차이코프스키의 '호두까기 인형'에 맞춰 춤을 추고는 했습니다. 음악이 유일한 친구였던 이 소년은 20여 년 후 거의 1년 내내 비행기를 타고 연주 여행을 다니는 음악가가 됐습니다. 발매하는 음반마다 베스트셀러가 되고, 일찌감치 연주회 티켓이 매진되는 '파워 뮤지션'이 된 거죠. 그가 바로 비올리스트 리처드 용재 오닐(Richard Youngjae O'Neill, 1978~ )입니다.

미국의 명문, 줄리아드 음대 바이올린 교수로 용재 오닐의 스승이자 멘토이기도 한 강효 교수의 말처럼 리처드 용재 오닐은 숱한 역경과 난관을 극복하고 자신을 음악적으로 또 인간적으로 성숙시켜온 사람입니다. 지난 2004년 KBS '인간극장'에 가족사가 공개되면서 알려진 것처럼, 리처드 용재 오닐의 삶은 결코 평탄치 않았습니다. 용재 오닐의 어머니는 6·25 전쟁 당시 고아로 미국에 입양된 이복순씨입니다. 그녀는 어릴 적 앓았던 열병의 후유증으로 정신지체 장애인이 됐고 미혼모로 용재 오닐을 낳았습니다. 그래서 정작 용재 오닐을 키운 것은 장애인 어머니 대신 TV 수리점을 운영하던 아일랜드계 백인 조부모였습니다. 그분들은 비록 가난했지만 이름조차 생소한 한국이라는 나라의 아이, 정신지체마저 앓고 있는 전쟁고아를 입양해 키웠습니다. 그리고 다시 그녀가 미혼모가 되어 낳은 검은 머리 아이까지 키웠던 겁니다.

어린 용재 오닐이 악기를 배워보고 싶다고 하자 할아버지는 처음에 바이올린을 권유했습니다. 하지만 워낙 시골이라 레슨을 받으러 다니기도 쉽지 않았습니다. 차를 타고 왕복 4시간이 넘게 걸렸지만, 여든이 넘은 할머니는 10년 동안 불평 한 번 없이 손수 운전해서 용재 오닐을 데려다주고 또 데려왔습니다. 그뿐만 아니라 미국인 조부모는 동양인도 거의 없는 시골에서 김치를 담가주었습니다. 큰 독에 배추를 썰어 넣고 돌로 눌러두시곤 했는데 백김치에 가까운 맵지 않은 그 김치가 무척 맛있었다고 용재 오닐은 회상합니다.

사실 20세가 되기 전까지 용재 오닐은 '어머니의 나라' 한국을 몰랐습니다. 할머니가 김치를 담가주긴 했지만, 한국말은 한 마디도 못했습니다. '용재'라는 한국 이름은 2001년 줄리아드 음대 대학원에서 만난 강효 교수가 붙여줬다고 합니다. '용기와 재능'이라는 뜻이라지요. 하지만 지금 용재 오닐은 뒤늦게 접한 한국과 한국 문화에 흠뻑 빠져 있습니다. 그만큼 용재 오닐에게는 진한 한국인의 피가 흘렀던 겁니다.

'인간극장'이 방영된 후 용재 오닐의 어머니에게도 변화가 생겼습니다. 한국에서 가족을 찾지는 못했지만, 오리건 주에서 환경미화원으로 일하면서 친구도 많이 생겼고 성격도 더 밝아졌습니다. 용재 오닐은 자신의 어머니는 장애가 있지만 맑고 순수한 분이라고 소개합니다. 그리고 스스로 피아노 치는 법을 터득했을 정도로 음악성도 뛰어나다고 치켜세웁니다. 그는 정신지체 장애인이었던 어머니로부터 진정 많은 것을 물려받았다고 고백하듯 말합니다.

용재 오닐이 자신의 다소 특이한 가족사로 주목받았다고 해서 그의 음악을 그 덕분이라고 폄하하면 오산입니다. 용재 오닐의 인기와 유명세는 분명 그의 실력이 9할을 차지합니다. 비올리스트로서는 최초로 줄리아드 음대의 아티스트 디플로마 과정에 입학했고, 2006년에는 미국 클래식계 최고 권위의 에버리 피셔 커리어 그랜트 상을 받을 만큼 탄탄하게 다져진 것이 그의 실력입니다. 그리고 독주 악기로서 비올라의 위상을 끌어올린 것까지도요.

게다가 그가 내놓은 앨범은 예외 없이 히트를 쳤습니다. 2005년 유니버설 음반사에서 1집을 발간해 골든 디스크를 수상한 후, 2집 앨범 '눈물'이 국내 클래식 음반 판매 1위를 기록했으며, 3집 '겨울여행'은 발매 1주일 만에 7000여 장이 팔리는 기록을 세우며 베스트셀러가 됐습니다. 하지만 무엇보다도 리처드 용재 오닐의 남다른 성공 뒤에는 '투쟁적'이라고 해야 할 만한 그의 강도 높은 노력이 숨어 있습니다. 그는 나아지기 위해서 자신을 발목잡고 있는 '어제와의 투쟁'을 쉬지 않은 사람입니다. 그리고 이제 그는 새로운 미래가 되었습니다.

어렸을 때는 농부가 되고 싶었고, 좀 더 자라서는 바깥세상으로 달리는 버스 기사를 꿈꿨다는 용재 오닐. 하지만 지금 그는 비올리스트로서는 드물게 사람들을 열광시키며 대중적 인기를 확보한 연주자가 되었습니다. 사람들은 그의 무엇에 열광하는 것일까요? 물론 그 자신의 굴곡 많은 인생사를 뚫고 나온 그 '용기와 재능'도 한몫할 겁니다. 하지만 그보다도 사람들을 끄는 그의 진정한 힘은 조화와 공생을 추구하는 비올라의 음색을 닮은 그의 삶에 대한 깊은 공감대가 아닐까 싶습니다.

# 영혼의 심장을 뚫고 나온 열정의 힘

## 역사에 길을 낸 위대한 도전

2006년에 유라시아 대륙 1만 8000킬로미터를 자전거로 횡단해서 세계적인 주목을 받았던 탐험가 남영호. 그가 2009년에는 도보로 신장위구르자치구의 수도 호탄을 출발해서 마자르타그를 거쳐 아랄에 이르는 450킬로미터 구간의 타클라마칸 사막을 세계 최초로 종단했습니다. 그런데 비록 공인된 것은 아니지만 이미 1300여 년 전인 8세기에 타클라마칸 사막을 도보로 관통한 사람이 있었으니 《왕오천축국전(往五天竺國傳)》을 쓴 신라 고승 혜초(慧超, 704~787)입니다. 사실 남영호씨의 탐험은 신라 고승 혜초가 행한 긴 여행 가운데 타클라마칸 사막 종단 구간만 따라가듯 재현한 것입니다.

《동방견문록》을 쓴 마르코폴로보다도 수백 년 앞서 아시아의 서쪽과 아랍까지 다녀온 위대한 탐험가 혜초. 그는 기원후 704년 경에 신라에서 태어나 719년, 16세의 어린 나이에 당나라로 갔습니다. 그 후 광주(廣州)에서, 남인도에서 온 밀교승인 금강지(金剛智)의 문하로 들어갔습니다. 723년, 혜초는 금강지의 권유로 배를 타고 인도로 구법 여행을 떠납니다. 그 후 약 4년 동안 인도, 아프가니스탄, 중앙아시아 일대를 답사하고 서역 여러 지방을 도보로 여행한 후 727년 11월 초에 당시 안서(安西) 도호부 소재지인 쿠차를 거쳐 장안으로 돌아왔던 겁니다. 이 여행에서 보고 들은 것을 기록으로 남긴 것이 바로 《왕오천축국전》입니다.

혜초가 쓴 《왕오천축국전》은 현존하는 가장 오래된 우리 책이자 8세기 인도와 중앙아시아에 관한 거의 유일한 기록입니다. 또한 세계 역사학계에서 다섯 손가락 안에 꼽는 기행문이기도 합니다. 여기서 '천축'은 인도를 가리키는 중국식 옛 이름이며 오천축은 인도를 동서남북과 중간 지역의 다섯으로 나누고 이를 다시 합쳐 부른 겁니다. 그래서 《왕오천축국전》은 '다섯 천축국을 다녀온 기록'이라는 뜻입니다. 지금 전해지는 《왕오천축국전》은 앞과 뒤가 잘려나가 한자로 6000자, 10쪽 분량의 단출한 분량만 남아 있습니다.

그런데 혜초가 남긴 이 소중한 여행기 《왕오천축국전》은 중국 북서쪽 감숙성에 있는 도시 둔황(敦煌) 근방의 석굴에서 100여 년 전인 1908년 3월에야 발견됐습니다. 둔황은 한 무제 때 개척된 이래 원대까지 줄곧 서역으로 가는 관문이자 동서문물의 교류지였습니다. 그리고 불교의 동전(東傳)이 이루어지던 곳입니다. 이곳에서 남동쪽으로 20킬로미터 떨어진 명사산(鳴沙山) 절벽에 천불동 혹은 막고굴이라고도 불리는 둔황석굴이 있습니다. 기원후 4세기 때의 승려 낙준에 의해 조성되기 시작한 이 석굴사원에 귀중한 문화재들이 많이 있다는 것이 알려진 것은 20세기 초의 일이었습니다. 왕원록이라는 도사(道士)가 1900년 어느 봄날 석굴을 수리하다가 모래벽 너머로 수많은 경전 사본이 소장된 장경동(藏經洞)을 발견한 겁니다. 장경동은 11세기 서하(西夏)의 침입 때 몰래 봉(封)해진 것으로 추측되는데, 발견된 뒤에도 한동안 방치되어오다가 마침내 20세기 초 중앙아시아의 침탈에 관심을 돌린 서구 열강들의 눈에 띄면서 약탈 대상이 됩니다.

이런 상황에서 둔황석굴에 파견된 탐험가 중 한 명이던 프랑스의 동양학자 폴 펠리오(Paul Pelliot)는 1908년 3월, 제목도 저자명도 모두 떨어져나가고 없는 황마지에 쓰인 필사본 두루마리 하나를 발견합니다. 1200여 년간 역사 속에 묻혀 있던 혜초의 《왕오천축국전》이 세상 밖으로 튀쳐나온 순간이었습니다. 《왕오천축국전》에는 불교에 관한 내용뿐 아니라 인도와 중앙아시아 및 아랍 근방의 정세·지리·풍속·언어까지 기록되어 있어 고대 동서 교섭사 연구에 귀중한 사료임은 물론입니다.

지금으로부터 1300여 년 전, 젊은 혜초는 서역으로 목숨을 건 도보 여행을 떠났습니다. 남천축으로 가는 도중 읊은 다음 시는 이역만리 타국에서 향수에 젖은 혜초의 심정이 잘 표현되어 있습니다.

달 밝은 밤에 고향길을 바라보니 / 뜬구름은 너울너울 돌아가네 / 그편에 감히 편지 한 장 부쳐보지만 / 바람이 거세어 화답(和答)이 안 들리는구나 / 내 나라는 하늘가 북쪽에 있고 / 남의 나라는 땅 끝 서쪽에 있네 / 일남(日南)에는 기러기마저 없으니 / 누가 소식 전하러 계림(鷄林)으로 날아가리.

여기서 계림은 신라 서라벌의 계림을 말합니다. 다시 신라로 돌아오는 길에 파미르 고원을 앞에 두고 "길은 험하고 눈 쌓인 산마루 아스라한데…… 평생 눈물을 훔쳐본 적 없는 나건만 오늘만은 하염없는 눈물 뿌리는구나"라고 시를 읊은 대목에서도 그 노정의 험난함을 짐작할 수 있습니다.

그럼에도 불구하고, 그 옛날 오직 두 다리만을 의지해서 중국을 떠나 인도와 아랍, 페르시아, 중앙아시아 등지를 직접 답사하고 돌아온 신라 고승 혜초. 참으로 놀라운 모험정신과 개척정신 없이는 불가능한 일을 해낸 겁니다. 역사에 길을 내는 일, 그토록 힘든 여정을 말입니다.

## 광대한 우주 속 '무한'한 열정을 살다

1939년 뉴욕 세계박람회장. 당시 4세였던 칼 세이건(Carl Edward Sagan, 1934~1996)은 우크라이나 출신의 이민노동자였던 아버지 어깨에 올라탄 채, '시간─미래의 시간'을 주제로 한 박람회를 둘러보았습니다. 세이건은 말년에 "나의 사고에 지대한 영향을 미친 하루였다"고 그날의 박람회장을 회고했습니다. 그곳은 텔레비전이 처음 소개되고, "로켓 여행이 가능하다"고 선언한 최초의 현장이었던 겁니다. 하지만 그 무엇보다도 어린 칼 세이건을 사로잡은 것은 5000년 후인 서기 6939년 파내도록 고안된 타임캡슐이었습니다.

그 박람회장을 다녀온 후 어린 칼 세이건의 세계는 온통 로켓과 우주여행 그리고 미래 공상과학으로 꽉 차버렸습니다. 그래서 칼 세이건은 8세 때 이미 '다른 행성의 생명체'라는 개념을 알게 되었고 9세 때에는 〈화성의 체스 말들〉 등 공상과학소설에 푹 빠졌습니다. 그리고 마침내 그는 다른 세계에 있는 외계생명체를 찾아야겠다는 사명감에 사로잡혔습니다. 그가 나온 라웨이고교 교지에는 "세이건의 주요 목적은 천문학 연구이니 / 우수한 학생인 그대는 명성을 얻으리"라는 2행시가 남아 있을 만큼 그의 시선은 우주를 향한 분명한 방향을 잡고 있었습니다.

결국 그는 시카고대학과 동대학원에서 천문학과 천체물리학 그리고 외계생명체를 연구하는 외계생물학을 공부하게 되었습니다. 훗날 파이어니어호와 보이저호에 메시지를 실어 보냈던 것, 바이킹호가 화성을 탐사하도록 미항공우주국(NASA)을 이끌고 탐사를 추진했던 것, 지금은 전 지구적인 프로젝트로 진행 중인 지구외문명탐사계획(SETI)을 입안하고 사람들을 설득했던 것, 그리고 다큐멘터리 〈코스모스〉와 영화 〈콘택트〉에서 일반인들에게 보여주고자 했던 것들이야말로 외계생물학의 핵심주제였고 그의 생애를 관통한 핵심과제였던 겁니다.

외계생물학을 전공영역으로 삼은 칼 세이건은 1962년에 스탠퍼드대학교 의과대학 유전학 조교수를 거쳐 1년 후인 1963년부터 1968년까지 하버드대학교 천문학 조교수로 일했습니다. 그 후 코넬대학교로 옮겨 천체연구소 소장으로 있으면서 1975년부터는 코넬대학교의 방사선물리학 및 우주연구센터의 부소장도 겸임했습니다. 아울러 코넬대학으로 옮겼던 1968년부터 국제 태양계 연구잡지인 〈이카루스(ICARUS)〉 편집장으로 활동했습니다. 그리고 마침내 외계생명체를 연구하는 외계생물학을 자신의 운명적 과제로 삼았던 칼 세이건은 미항공우주국에서 마리너호·바이킹호·갈릴레오호의 행성탐사 계획에 관여했습니다. 나아가 캘리포니아 패서디나에 설치한 전파교신장치를 통해 우주 생명체와의 교신을 시도하기도 했습니다. 그는 어릴 적 꿈이었던 '지구외문명탐사계획(SETI, Search for Extraterrestrial Intelligence)'을 이끄는 주인공이 되었던 겁니다.

하지만 고정관념에 사로잡힌 과학계 인사들은 지구외문명탐사계획이 과학이 아니라 신화에 불과하다고 묵살하기 일쑤였습니다. 이에 칼 세이건은 1982년, 저명한 과학저널 〈사이언스〉지에 탄원서를 제출했습니다. 그 내용에는 지구외문명탐사계획이 왜 과학이며, 우리 미래의 핵심적이고 논쟁적인 주제일 수밖에 없는지에 대해 보다 분명한 주장이 들어 있었습니다. 아울러 지구외문명탐사계획을 위한 국제적인 연대노력을 촉구했습니다. 이 탄원서에 함께 서명한 과학자들의 면면은 화려했습니다. 데이비드 볼티모어, 프랜시스 크릭, 스티븐 제이 굴드, 스티븐 호킹, 프레드 호일, 폴 맥린 등이 참여했던 겁니다.

칼 세이건은 인류 최초로 태양계 너머에 인간의 메시지를 전하고자 1972년, 목성 탐사선 파이어니어 10호에, 어딘가 있을지 모를 외계생명체한테 실어 보낼 간략한 금속판 메시지를 처음 만든 일이 있습니다. 거기에는 알몸의 성인 남녀와 태양계 그림, 그리고 우리 은하 어디에서나 쉽게 관측돼 지구 위치를 알릴 수 있는 '중성 자별(별사)의 관측 주파수 지도'를 함께 담았습니다. 이 금속판 그림 은 이후에 여러 문화 작품과 상품에 이용되면서 우주 탐사를 상징 하는 아이콘이 됐습니다.

칼 세이건은 고루한 과학자 집단이 아니라 일반 대중들에게 직접 외계생명체의 문제를 설명하고 일깨워줘야 한다고 생각했습 니다. 그래서 그는 텔레비전 우주과학 다큐멘터리 시리즈물인 〈코 스모스〉 해설자로 나서 우주의 신비를 대중들에게 알기 쉽게 전 달해 우주과학 대중화의 스타로 스포트라이트를 한 몸에 받았습 니다. 특히 TV시리즈로 만들어진 〈코스모스〉는 1980년 첫 방송 후 60개국 5억 명의 시청자들을 사로잡았습니다. 칼 세이건과 〈코 스모스〉의 반향은 대단했습니다. 미국 안방의 중년 여성들을 PBS 스튜디오를 찾는 '오빠 부대'로 만들었고, 사람들 사이에서는 터틀 넥에 코르덴 재킷을 걸친 '세이건 룩'을 유행시키기도 했습니다.

또한 칼 세이건은 대규모 핵전쟁이 지구 기후에 끼칠 치명적 위험을 알리고자 노력했습니다. '핵겨울'이라는 말은 세이건이 참여 한 연구팀에서 처음 만들어졌으며, 이들은 대규모 핵전쟁이 엄청 난 먼지·연기를 불러일으켜 환경 재앙을 초래하리라는 '핵전쟁 이 후 시나리오'를 과학적으로 논증했습니다. 20세기에 탐구했던 모 든 과학적 질문 중 다른 행성의 생명체만큼 대중의 상상력에 불 을 지핀 것은 없었습니다. 칼 세이건은 외계생명체를 주제로 한 과 학논문만 약 300편을 남겼습니다. 하지만 칼 세이건은 숨질 때까 지 미국국립과학아카데미의 정회원이 되지 못했습니다. 그것은 보수적인 아카데미 회원들이 칼 세이건의 과학 대중화 활동을 과학자로서의 부적격 행위사유로 몰아 회원선출 투표에서 그를 끝까지 떨어뜨렸기 때문이었습니다.

칼 세이건은 1996년 12월, 화성탐사계획에 참여하던 중 62세의 아까운 나이에 백혈병으로 세상을 떴습니다. 이듬해 7월에 그의 동명소설을 극화한 영화 〈콘택트〉가 개봉됐고, 화성 탐사선 패스파인더가 화성에 착륙해서 그곳의 하늘과 모래언덕을 생생히 지구에 전했습니다. 미국 항공우주국은 그의 업적을 기려 1997년 7월 화성에 도착한 화성탐사선 패스파인더호의 이름을 '칼 세이건 기념기지'로 명명했습니다.

"광대한 우주, 그리고 무한한 시간, 이 속에서 같은 행성, 같은 시대를 살게 된 놀라운 확률……. 내게 사랑의 느낌으로 다가온 기적 같은 당신에게 말하고 싶습니다. 사랑해도 될까요?" 칼 세이건이 그의 명저 《코스모스》에 남긴 말입니다.

### 99퍼센트를 완성하는 바로 그 '1퍼센트'

"경기의 99퍼센트는 선수들이 만들고, 1퍼센트는 감독이 만든다. 하지만 감독이 없으면 100퍼센트가 될 수 없다." 2006~07 시즌 잉글랜드 프리미어리그 우승을 이끈 맨유의 명감독 알렉스 퍼거슨(Alex Ferguson, 1941~ )이 한 말입니다. 잉글랜드 프로축구 1부 리그가 '프리미어리그'라는 이름으로 닻을 올린 것은 지난 1992~93 시즌이었습니다. 그 후 20시즌이 흘렀고 그 사이 알렉스 퍼거슨 감독은 절반이 넘게 13회나 팀을 정상에 올려놓았습니다. 특히

1998~99 시즌에는 프리미어십, FA컵, 챔피언스리그를 모두 제패하며 '트리플 크라운'의 위업을 달성하기도 했습니다. 맨유, 즉 맨체스터 유나이티드는 그 명성 그대로 유럽 아니 세계 최고의 축구클럽입니다.

맨유의 알렉스 퍼거슨 감독을 가장 잘 묘사하는 말은 강력한 '카리스마'와 부드러운 '친화력'의 절묘한 융합입니다. 노장 퍼거슨 감독은 40년에 가까운 선수들과의 나이 차이를 무색하게 할 만큼 남다른 융화력이 있습니다. 특히 팀 내의 그 누구에게도 특별하게 무게를 싣지 않음으로써 선수들이 적절한 긴장감과 경쟁의식을 유지할 수 있도록 이끕니다. 그런가 하면 그는 자신의 전술에 부합하지 않으면 그 어떤 슈퍼스타라 할지라도 과감하게 방출해버리는 독특한 카리스마의 소유자로도 유명합니다. 그에게는 "팀보다 더 위대한 선수는 없기 때문입니다."

팀은 몇몇 스타선수 덕분에 존재하는 것이 아니라 철저한 팀플레이로만 생존할 수 있다고 확신하는 퍼거슨 감독은 선수들에게 틈날 때마다 맨유의 역사를 공부하라고 주문하고는 합니다. 본래 맨유는 그저 그런 잉글랜드 1부 리그 팀 중의 하나였습니다. 하지만 오늘의 맨유는 정상에 우뚝 서 있습니다. 맨유를 그렇게 만든 것은 다름 아닌 시련이었습니다. 맨유는 1958년에 뮌헨 참사라고 불리는, 팀의 절반이 비행기 사고로 죽는 혹독한 비극의 역사를 딛고 일어선 축구클럽입니다. 맨유의 신화는 그 아픔과 시련을 몇몇 스타플레이어가 아닌 팀 전체가 하나가 되어 딛고 일어서서 만든 것이라는 점에서 더 값진 것입니다.

그래서일까요? 맨유의 축구 플레이에서는 왠지 모를 근성이 느껴집니다. 그것은 이미 가진 자의 방어 축구가 아닙니다. 아무것도 없는 상태에서 쓰러질 듯 쓰러지지 않고 겁 없이 덤벼드는 야수 같은 근성의 폭발하는 축구입니다. 관객들은 맨유의 그런 투지 넘치는 경기 스타일에 매료되지 않을 수 없는 것이죠. 이런 맨유 특유의 팀컬러와 스타일을 만들어낸 주인공이 바로 명조련사이자 승부사인 알렉스 퍼거슨 감독입니다. 사실 축구 그 자체는 스포츠에 불과합니다. 하지만 퍼거슨 감독은 그것에 열정과 혼을 불어넣어 역사를 만들고 신화를 창출한 겁니다.

1941년에 스코틀랜드 글래스고의 청교도 노동자 가정에서 태어난 퍼거슨은 유년 시절부터 클라이드 선박장의 노동자로 일하면서 노동조합을 이끌 만큼 선천적인 리더십을 지니고 있었습니다. 하지만 그가 갈망하는 것은 언제나 축구였습니다. 다소 뒤늦게 축구를 시작한 퍼거슨은 16년간 스코틀랜드 클럽에서만 선수 생활을 했습니다. 비록 눈에 띌 만큼 튀는 선수는 아니었지만 항상 성실하고 최선을 다하는 플레이를 보였습니다. 하지만 퍼거슨의 진정한 가치는 감독을 맡으면서 나타나기 시작했습니다. 1974년, 33세의 퍼거슨은 스코틀랜드 리그의 세인트 미렌에서 감독으로 데뷔한 후 1978년 에버딘으로 자리를 옮겼습니다. 그리고 1986년, 45세의 퍼거슨은 마침내 맨유의 감독으로 부임했습니다. 하지만 당시 맨유는 1부 리그에서 쫓겨날 처지였습니다. 퍼거슨 감독은 부임 후 일단 팀을 강등 위기에서 벗어나게 하는 것을 첫 번째 임무로 삼고 팀을 정비하기 시작했습니다.

    결국 그 해에 특별한 선수 영입 없이 퍼거슨 감독은 맨유를 리그순위 11위까지 끌어올리며 2부 리그로의 강등 위기에서 벗어났습니다. 강등 위기를 모면한 퍼거슨 감독은 본격적으로 팀을 '우승할 수 있는 능력을 가진 클럽'으로 변화시키기 위한 작업에 착수했습니다. 마침내 그는 1989~90 시즌 FA컵 우승을 일궈내면서 맨유가 1990년대 유럽 최고의 명문구단으로 우뚝 서는 발판을 마련했습니다. 그리고 잉글랜드리그가 프리미어리그로 바뀐 첫 해인 1992~93 시즌에 리그 우승을 거머쥐었습니다. 나아가 1998~99 시즌에 맨유는 리그 우승, FA컵 우승, 그리고 바이에른 뮌헨을 꺾으며 유러피언 챔피언스리그 우승을 모두 차지했습니다. 이름하여 '트리플 크라운'의 위업을 달성한 공로로 1999년 그 해 시즌이 끝난 후 퍼거슨 감독은 버킹엄궁에서 엘리자베스 2세 여왕으로부터 기사 작위를 받는 생애 최고의 영예를 얻습니다.

    축구선수라면 꼭 한번 뛰고 싶은 드림팀. 잉글랜드를 넘어 전 세계에 가장 많은 팬을 확보한 글로벌 축구클럽. 프로축구를 단순한 스포츠를 넘어 진정한 문화산업으로 확장시킨 한 차원 높은 팀 맨유! 그리고 우리의 박지성 선수도 활약했던 바로 그 맨유의 전설적 명장 퍼거슨 감독! "팀보다 더 위대한 선수는 없다"고 말하는 이 시대의 진정한 명장 퍼거슨 감독은 2013년 5월 은퇴했지만 그의 전설은 지금도 계속되고 있습니다.

# 사람이 가장 아름답다

## 신념에 헌신하고 자유 위해 분투하다

"1787년 미국의 건국자들은 노예무역을 일단 허용하고 최종 결정을 다음 세대에 맡겼습니다. 노예제라는 원죄에 대한 속죄의 해답은 정의와 자유, 영원한 단결을 약속한 헌법에 구현돼 있었지만 양피지 위의 글자만으로는 충분하지 않았습니다. (…) 결국 최근까지의 논란은 우리의 단결이 아직 미완성임을 보여줍니다. (…) 물론나는 확신합니다. 언젠가 우리가 이 낡은 인종적 상처를 넘어설 수있음을."

미국 역사상 최초의 흑인대통령 버락 오바마의 대선 후보 시절 연설입니다. 그런데 정작 미국헌법이 태동하던 1787년 어느 날, 윌리엄 윌버포스(Wiliam Wiberforce, 1759~1833)는 자신의 일기에 이렇게 썼습니다. "하나님은 내 앞에 위대한 두 가지 목표를 주셨다. 하나는 노예무역을 폐지하는 것이고 다른 하나는 관습을 개혁하는 것이다."

윌리엄 윌버포스는 당시 가장 진보적이라고 평가받던 미국헌법에서도 담아내지 못했던 노예무역 폐지와 궁극적인 노예제도 자체의 폐지를 위해 평생을 바쳐 투쟁한 인물입니다. 그의 인도주의적 원칙과 국가의 도덕적 삶에 대한 단호한 입장천명은 200년이 훨씬 지난 지금도 살아서 다시 한 번 버락 오바마의 입을 통해 재현된 것인지도 모릅니다.

윌리엄 윌버포스는 세계사에서 대영 제국이 막 태동할 때인 1759년에 영국의 부유한 항구 도시 헐에서 태어났습니다. 그는 당시 막강한 상권을 쥐고 있었던 부유한 집안 출신으로 유복하게 자랐고, 케임브리지 대학을 졸업했습니다. 20대 초반의 젊은 나이로 의회에 진출한 윌버포스는 다방면에서 재능이 뛰어났고 사교술도 풍부했으며 언변도 탁월해서 어디서나 환영받았습니다.

그런 그가 25세 되던 어느 날 친구인 밀너를 통해 종교적 회심을 하게 되었습니다. 한마디로 '투철한 그리스도인'이 된 것입니다. 그는 자신의 소명을 '관습 개혁과 극악무도한 노예무역 폐지'에 두었습니다. 당시 영국은 노예무역을 통해 국가 수입의 3분의 1을 얻고 있었습니다. 세계 최고의 해군력을 가지고 있던 영국은 아프리카 흑인들을 마구잡이로 잡아들였고 많은 이익을 남기고 무작위로 팔아 넘겼습니다. 뿐만 아니라 혹독한 처우로 인해서 노예 수송을 하던 중 10퍼센트가량의 노예가 죽었고 수많은 노예들이 인간 이하의 참담한 대우를 받았습니다. 윌버포스는 이 노예무역 폐지야말로 하나님께서 자신에게 부여한 사명이라고 확신했고 폐지를 위해 헌신했던 겁니다.

그러나 당시 영국 사회는 국익이라는 이름하에 노예무역 폐지 주장을 '매국적 행위'라고 힐난했습니다. 심지어 노예무역제도를 '자연스럽고 성경적인 제도'라고 간주하는 사람들도 적잖았습니다. 이런 상황에서 윌리엄 윌버포스는 암살 위협과 갖은 중상모략과 비방에도 굴하지 않고 노예무역 폐지를 위해 싸웠습니다.

여기 윌리엄 윌버포스가 영국의회에서 노예무역의 부당성과 그것의 폐지에 대해 행한 연설문의 일부가 있습니다. 그것은 오늘날 '세계를 바꾼 12문장' 중 하나로 꼽힙니다. 그가 영국의회에서 행한 연설의 일부를 한번 들어보시죠.

"존경하는 의원 여러분, 노예무역의 실상이 지금 우리 앞에 펼쳐져 있는데 더 이상 무지만을 핑계 댈 순 없습니다. 물론 일축해 버리거나 발길로 차버릴 수는 있습니다. 하지만 그것을 보지 않으려고 아무리 발버둥쳐도 그 문제를 결코 회피할 수는 없습니다. 왜냐하면 그 문제가 지금 우리 눈앞에 가까이 다가와 있고 또한 우리 의회가 정의의 원리에 무감각한 유일한 단체가 되어서는 안 될 것이기 때문입니다."

영국의 역사가 G. M. 트리벨리언은 노예무역제도 폐지가 세계 역사상 전환점이 된 사건 중 하나였다고 말했습니다. 만일 노예무역제도가 폐지되지 않았다면 아프리카는 세계 자본가들에 의해 엄청난 노예 농장으로 변질되었을 것이고 그 결과 노예무역제도는 고대 로마 제국을 파멸에 몰아넣은 것처럼 유럽은 물론 세계 전체를 부패시키고 파멸시켰을 것이라고 말했습니다. 그런 의미에서 윌리엄 윌버포스의 노예무역 폐지 노력은 세계를, 지구를 구하는 일이었던 셈입니다.

뿐만 아니라 윌리엄 윌버포스는 영국 사회의 문제점도 개혁해 나갔습니다. 주로 가난한 사람들의 고혈을 빨아먹는 복권 시스템을 20년에 걸친 공방 끝에 폐지시켰고, 가난한 사람들이 병들었을 때 무상으로 치료받을 수 있는 병원을 정부 예산으로 설립했습니다. 또한 과다한 노동 시간을 제한시키고, 어린이 노동 보호법을 통과시키는 데 기여했습니다. 그뿐만 아니라 형벌 시스템을 대폭 개편했고, 가난한 사람도 합리적인 재판을 받을 수 있도록 했습니다. 아울러 이런 총체적 개혁을 위해 그는 조지 3세를 독려해서 '관습 개혁에 대한 포고문'을 발표하도록 힘썼습니다.

인종과 피부색을 뛰어넘어 모든 사람들이 '자유'라는 최고의 유산을 향유할 가치가 있음을 천명한 윌리엄 윌버포스. 그의 진짜 매력 중의 하나는 자신이 세운 신념에 입각한 원칙에 대해 수정같이 투명하고 거리낌 없는 태도로 행동했다는 점일 겁니다. 그는 신념을 위해 헌신했고 자유를 위해 싸웠습니다. 신념의 마력으로 무장한 자유의 투사였던 셈입니다.

### 덜 갖고 더 많이 존재하라

생전에 장기려(張起呂, 1911~1995) 박사 침대 머리맡에는 두 장의 사진이 놓여 있었습니다. 하나는 북에서 결혼했던 젊은 아내의 모습을 담은 것이고, 다른 하나는 훗날 어렵게 구한 80대의 그 늙어버린 아내의 모습을 담은 것이었습니다. 장기려 박사는 북에 남겨두고 온 아내를 잊고 재혼하라는 권유를 마다하고 평생 혼자 지냈습니다. 경성의전부속병원 근무시절인 27세 때 척추결핵으로 입원했던 춘원 이광수의 주치의를 맡았던 장기려 박사는 춘원의 소설 〈사랑〉의 주인공인 의사 안빈의 실존모델이었습니다. 그런 장기려 박사는 "아내 김봉숙이 자신에게 절대의 사랑으로 순종했기에 나도 아내에게 죽도록 충성하는 것"이라고 말하며 자신에게 다가섰던 간호사도, 돈 많은 재미교포 여성의 청혼도 모두 거절했습니다. 그리고 1950년 12월 월남한 후 1995년 12월 25일 세상을 뜰 때까지 45년 동안 한결같은 마음으로 북한에 남겨둔 아내 김봉숙을 잊지 않았습니다.

장기려 박사는 1911년 평안북도 용천 출생입니다. 1928년에 송도고보를 졸업하고 1932년에 경성의전을 졸업한 후 1940년, 일본 나고야대에서 의학박사학위를 받았습니다. 그 후 평양의과대학 외과교수를 거쳐, 1947년에는 김일성종합대학 교수가 되고 평양 도립병원장도 지냈습니다. 그리고 1948년에는 북한과학원이 수여하는 북한 제1호 박사학위를 받았습니다. 그런 장기려 박사는 한국전쟁이 한창이던 1950년 12월에 아내 김봉숙과 5남매를 북한에 남겨두고 차남 가용만을 데리고 월남했습니다. 월남 이후 그는 6개월 동안 부산 제3육군병원에서 일했습니다. 그리고 이듬해인 1951년 6월에는 부산 영도구 남항동의 한 교회 창고에서 행려병자들을 무료로 진료하기 시작했습니다. 이것이 그 유명한 부산 복음병원의 시작이었습니다.

장기려 박사는 자신이 의사가 된 본래 동기는 '의사를 한 번도 못 보고 죽어가는 가난한 사람들을 위해 뒷산 바윗돌처럼 항상 든든히 서 있는 의사가 되기 위해서'라고 밝힌 바 있습니다. 그런 신념에 찬 그는 평양 기휼병원 시절 수술비가 없는 환자들을 위해 자신의 월급으로 피를 사서 수술대에 오르게 할 정도였습니다. 그것은 월남해서도 마찬가지였습니다. 심지어 자기 월급을 다 털어도 환자의 수술비를 감당할 수 없게 되자 환자가 야반도주하도록 은근히 부추기기까지 했습니다. 이런 사실들이 세간에 알려지자 그에게는 더 많은 '돈 없는' 환자들이 모여들었습니다.

그는 평생 집 한 채 갖지 못하고 병원 옥상의 20여 평짜리 사택에서 살았습니다. 그럼에도 그는 가진 돈을 다 털어 무의촌 진료를 다녔고 1968년에는 한국 최초의 의료보험제도인 청십자의료보험조합을 설립해 가난한 사람들에게 병원 문턱을 낮춰주었습니다. 그뿐만이 아닙니다. 장기려 박사는 자기 집에 구걸 온 거지를 내치기는커녕 그와 겸상을 하고는 했습니다. 장기려 박사는 뭐라도 가지면 벌 받는 사람처럼 번번이 거지에게 자신의 외투마저 벗어주고 퍼렇게 얼어서 집으로 들어오고는 했을 정도였습니다. 그래서 사람들은 장기려 박사를 가리켜 '한국의 슈바이처', '살아 있는 성자', '작은 예수' 혹은 '바보 의사'라고 불렀던 겁니다.

장기려 박사는 자신의 묘비에 오직 "주님만을 섬기다 간 사람"이라고 써달라는 유언을 남길 정도로 독실한 크리스천이었습니다. 사실 장기려 박사로 하여금 평생 남을 위해 진정으로 헌신하고 봉사하는 삶을 살게 만든 요인은 누가 뭐래도 기독교 신앙이었습니다. 실제로 장기려 박사는 기독교 교파 중에서도 가장 보수적인 고신대학 복음병원에서 수십 년 동안을 병원장으로 일했고, 주기철 목사와 조만식 선생을 배출한 보수적인 산정현교회에서 장로로 40년 이상을 봉사했습니다. 하지만 장기려 박사는 한국교회가 거의 이단시하던 무교회주의적 색채를 지닌 이른바 '부산모임'을 32년간이나 이끌었을 정도로 종교적으로 열려 있었습니다. 거기에는 퀘이커 교도 함석헌 선생과의 깊은 만남이 매개되어 있었던 겁니다.

장기려 박사는 함석헌 선생과 처음 만났던 1940년 이래, 공산 치하에서든, 6·25 전쟁 중이든, 또는 군사 정권 하에서든, 이념과 처지를 떠나 한결같은 관계를 유지했습니다. 그만큼 장기려 박사는 사람과의 관계에서 흉내 낼 수 없을 만큼 진실되고 진중했습니다. 장기려 박사는 김일성대학과 서울대학 두 곳의 교수를 모두 지낸 특이한 경력의 소유자이기도 했습니다. 1947년부터 1950년까지 나중에 김일성종합대학으로 편입된 평양의과대학 교수를 지냈고, 월남한 후 1953년부터 1956년까지 서울대 교수를 지냈던 겁니다. 김일성종합대학 교수 시절, 다른 교수들은 일본 의학서적을 번역해서 강의했지만 장기려 박사는 영어 원서로 가르칠 만큼 실력이 출중해서 학생들에게 인기가 높았습니다. 그 시절, 장기려 박사는 김일성 주석을 세 번 만났다고 합니다. 김 주석은 머리 뒤의 혹을 떼어내고 싶었지만 누구도 믿을 수 없어서 수술을 못 맡기고 있었는데, 한국전쟁이 끝난 후 어느 날 "장기려가 있었으면 수술을 맡길 텐데……"라며 그의 부재를 아쉬워했다고 합니다.

장기려 박사는 1976년에 의학발전에 기여하고 의료봉사에 헌

신한 공로로 국민훈장 동백장을 수여받고, 1979년에는 아시아의
노벨상으로 불리던 막사이사이상 사회봉사 부문을 수상했습니다.
하지만 1975년 복음병원에서 정년퇴임한 후에도 그는 집 한 채가
없이, 고신대학교 복음병원이 병원 옥상에 마련해준 20여 평 남짓
한 관사에서 정말이지 무소유의 삶으로 일관했습니다. 결국 장기
려 박사는 "덜 갖고 더 많이 존재하라" 했던 경구에 가장 충실하게
살았던 사람이 아닐까 싶습니다.

## 농부의 마음으로 삶을 경영하라

여기 점토질의 땅이 있다고 합시다. 점토질의 땅은 조금만 비가 내
려도 진창이 되어버립니다. 이런 땅을 옥토로 바꾸려면 어떻게 해
야 할까요? 일반적으로 과도한 물을 빼기 위해 관개시스템을 갖추
자고 하겠지만, 앨런 힉스(Alan Heeks)가 제시하는 방법은 다릅니
다. 다름 아니라 그 땅에 돼지를 기른다는 겁니다. 온통 진흙벌인
곳에서 돼지들이 꿀꿀거리며 뒹굴다보면 그 바람에 진흙을 마구
휘젓게 되어 땅에 신선한 공기를 불어넣게 된다는 것이죠. 아울러
물기를 잔뜩 머금은 진흙에는 소루쟁이같이 생명력 질긴 잡초가
번식하기 쉬운 법인데, 돼지들이 진흙벌에서 뒹굴다보면 그 뿌리를
송두리째 들어내버리는 효과도 얻게 된다는 겁니다. 결국 이렇게
해서 진흙벌은 수렁에서 점차 옥토로 변하게 된다는 것이죠.

　이처럼 상식의 허를 찌르는 유기농법적 대처방식을 제시하는
앨런 힉스는 영국 옥스퍼드대학 영문학과와 하버드 경영대학원
MBA 출신의 초우량 엘리트입니다. 물론 그는 성공적인 CEO로서

의 경험도 가지고 있습니다. 하지만 그는 기왕의 기업경영이 너무나 자기 파괴적이라고 판단하고 1989년 5월에 지속가능한 성취를 위한 유기농장을 구상하기 시작했습니다. 그리고 마침내 1년 후, 남서잉글랜드의 도싯과 서머싯 인근에 있는 130에이커 크기의 농장을 매입해 유기농장으로 개조했습니다.

앨런 힉스는 이 농장에서 직접 농사를 지으면서 유기농법의 '지속가능한 성취'를 경험했습니다. 유기농사를 지어보면서 앨런 힉스는 이제껏 자신이 취해온 경영방식이 단기승부를 내기 위해 화학비료와 제초제와 농약을 과다하게 사용한 그런 파괴적 농법과 다름없었다는 사실을 발견한 겁니다. 그래서 그는 유기농법을 통해 지속적인 성장을 경험한 방법을 사람과 조직 경영에도 적용해보기 시작했습니다. 앨런 힉스는 이런 유기농법적 경영방법을 자신이 쓴 《농부의 마음으로 경영하라(The natural advantage : Renewing)》라는 책에서 7가지로 제시하고 있습니다.

첫째, 개인과 기업의 토양 상태를 파악하라는 겁니다. 개인의 마음상태, 조직의 문화가 곧 토양에 해당합니다. 메마른 땅인지, 질퍽한 땅인지에 따라 유기농법의 대처방식이 달라지듯이 개인과 조직의 마음밭과 문화적 상태를 정확히 파악해야 그에 따른 유기적 경영의 방법도 결정된다는 겁니다.

둘째, 감성·지성·영성을 결합시킨 에너지를 최대한 이끌어내라는 겁니다. 물, 공기, 햇빛 등 자연적인 조건을 최대한 활용하는 것이 유기농법입니다. 물을 감성, 공기를 영성, 햇빛을 지성에 대입시키는 앨런 힉스는 감성, 지성, 영성의 결합을 통해 이들로부터 최대한의 자연적인 에너지를 끌어내라고 말합니다.

셋째, 쓰레기와 폐기물을 재활용해서 퇴비를 만들라는 겁니다. 유기농법은 퇴비 만들기와 직결됩니다. 퇴비란 쓰레기와 가축 배설물의 완벽한 재활용입니다. 개인과 조직도 그동안 쓰레기와 폐기물로 인식되던 것들을 재활용해서 자신과 기업운용에 필요한 퇴비로 만들 수 있습니다. 결국 유기농법적 경영방식에서는 쓰레기란 없게 되는 셈이죠.

넷째, 잡초와 해충을 두려워 말라는 겁니다. 유기농장에는 어느 정도 잡초가 있기 마련이고 해충도 발견됩니다. 하지만 잡초와 해충을 제거할 목적으로 강한 독성의 화학약품을 쓰게 되면 더욱 내성이 강한 잡초와 해충을 키우고 결국 사람에게도 해를 끼치게 됩니다. 어느 정도의 잡초와 해충은 때로 땅의 비옥도에도 도움이 된다고 하니 무시하라는 겁니다.

다섯째, 변화의 주기를 존중하라는 겁니다. 개인이나 조직도 봄에 씨 뿌리고 여름에 기르고 가을에 거두고 겨울에 쉬면서 평가하는 자연적 순환주기를 존중하라는 것이죠. 특히 겨울의 시기 곧 휴식과 평가의 시기가 꼭 필요하다는 겁니다.

여섯째, 다양성을 중시하라는 겁니다. 유기농법은 생물다양성을 중시합니다. 생물다양성이 생존을 보장하기 때문입니다. 작물도 번갈아가면서 심어줘야 땅도 비옥해지고 작물도 튼실해지기 마련인 것이죠. 개인과 조직도 마찬가지라는 겁니다.

일곱째, 참된 품질을 획득하라는 겁니다. 유기농산물은 시장에서 보통의 농산물가격보다 비싸게 거래됩니다. 하지만 모든 유기농산물이 그럴 수 있는 것은 아닙니다. 고객을 만족시킬 수 있는 품질의 유기농산물만이 그런 대접을 받습니다.

따라서 끊임없이 고객만족을 시킬 수 있는 품질을 최우선시하는 것이야말로 유기농법적 경영의 완성이라고 할 겁니다. 바로 이런 유기농법의 원리를 우리 삶과 기업조직에 적용해보자는 것이 앨런 힉스가 주창하는 '내추럴 어드밴티지' 혁명입니다. 결국 개인과 조직도 '지속가능한 성취'를 이루려면 자연에서 배워야 합니다. 특히 유기농법에서 말이죠.

# 삶은 극복하고 돌파할 때 더욱 빛난다

## 엄마 무릎에 오르는 아이의 사랑으로

1953년 5월 29일. 이날은 영국의 엘리자베스 2세 여왕이 영국 왕위에 오르는 대관식 바로 전날이었습니다. 바로 이날 오전 11시 30분, 에베레스트 영국 원정대에 속한 뉴질랜드의 양봉가 에드먼드 힐러리와 셰르파 텐징 노르가이(Tenzing Norgay, 1914~1986)가 8848미터 에베레스트 정상에 올랐습니다. 여왕의 대관식을 하루 앞두고 있던 영국은 환호의 도가니에 빠졌고 영국 원정대의 에베레스트 등정소식은 새로 즉위하는 여왕에 대한 최고의 선물이 되었습니다.

그런데 정작 이날 에베레스트 정상에 선 두 사람 중 진짜 최초로 등정한 사람은 에드먼드 힐러리가 아니라 셰르파 출신인 텐징 노르가이였습니다. 물론 공식적으로는 여전히 에드먼드 힐러리와 텐징 노르가이가 함께 최초로 에베레스트 정상에 올랐다고 알려져 있습니다. 하지만 훗날 에드먼드 힐러리는 텐징 노르가이가 정상을 눈앞에 두고도 뒤처진 자신을 위해 30분이나 기다려주었다고 고백한 바 있습니다. 그래서일까요? 에드먼드 힐러리는 에베레스트 정상에서 완등기록을 위해 사진을 찍을 때 텐징 노르가이의 사진만 찍고 정작 자신은 사진 찍기를 거절했습니다.

세계 최고봉 에베레스트는 북극과 남극에 이은, 명실상부한 제3극으로 오랜 세월 동안 등반가들의 꿈이자 목표였습니다. 1921년부터 유럽 각국에서 파견된 원정대가 12차례나 에베레스트 정복을 꿈꾸었지만 모두 실패했습니다. 사실 존 헌트가 이끄는 에베레스트 등정을 위한 영국의 10차 원정대는 1953년 5월 26일에 부드딜롱과 에반스를 제1차 정상공격조로 내세웠습니다. 하지만 이들은 8754미터까지 올랐다가 기상악화로 되돌아오고 말았습니다. 그래서 그로부터 사흘 후인 5월 29일 오전 11시 30분, 제2차 정상공격조였던 에드먼드 힐러리와 네팔인 셰르파 텐징 노르가이가 지구 최고봉인 8848미터의 에베레스트 정상에 최초로 올랐던 겁니다. 수십 년에 걸친 실패의 교훈을 댓돌삼아 이 두 사람은 에베레스트 정상에 오를 수 있었습니다.

더구나 주목할 사실은 에드먼드 힐러리의 등정은 셰르파 텐징 노르가이가 없었다면 아예 불가능했을지 모른다는 점입니다. 에드먼드 힐러리는 그의 자서전에서 이렇게 회고했습니다. "나는 나 자신을 한 번도 영웅으로 생각해본 적이 없다. 하지만 텐징은 예외였다. 그는 진정한 영웅이었다. 그는 미천하게 출발해서 세계 정상에 올랐다." 사실 셰르파 텐징 노르가이는 30분 이상 뒤처진 힐러리를 기다려주었을 뿐만 아니라 첫 에베레스트 등정의 기쁨을 함께 나눴고 그 영광마저 에드먼드 힐러리에게 돌렸던 겁니다.

등반대의 짐을 나르는 포터로 일하는 셰르파는 본디 16세기경 티베트에서 네팔로 이주해 에베레스트가 자리한 쿰부 계곡 주위에 거주하기 시작한 고산족을 가리킵니다. 세계 최고봉 에베레스트의 등반사를 살펴보면 세간에 알려지지 않은 셰르파들의 엄청난 위업과 능력을 알 수 있습니다. 에베레스트를 최단시간에 등반한 사람은 10시간 46분 만에 주파한 셰르파 락파 겔루입니다. 또 가장 많이 등반한 사람은 평생 13회나 에베레스트에 오른 아파라는 이름의 셰르파입니다. 아울러 최연소 등반 기록은 15세 소녀 셰르파 밍키파가 가지고 있습니다. 하지만 등반에 관련된 보도들을 보면 셰르파의 이름은 거의 거론되지 않습니다. '산악인 ○○○씨가 ○○○봉을 등정했다'고만 보도할 뿐 셰르파는 이름조차 거론하지 않는 것이 불문율처럼 되어 있는 겁니다. 그러나 분명한 사실은 그 누구도 셰르파 없이 히말라야에 오를 수는 없었다는 겁니다.

1914년에 가난한 셰르파의 아들로 태어난 텐징 노르가이는 배운 것도, 가진 것도 없었습니다. 아버지가 진 빚을 갚기 위해 야크와 소떼를 몰던 그는 21세 되던 1935년부터 성스러운 여신의 산, 에베레스트를 오르려는 원정대에 합류했습니다. 결혼을 반대한 친정 부모에게 의절당한 임신 상태의 아내를 남겨둔 채, 텐징 노르가이는 히말라야 원정대를 따라 나섰던 겁니다. 산은 텐징 노르가이에게 생명을 담보로 한 생계의 터전이자 신분상승의 유일한 통로였습니다. 열정과 강인한 체력 그리고 친화력과 결단력을 인정받은 텐징 노르가이는 뼛속까지 파고드는 추위와 동상, 호흡곤란 등 인간으로서의 한계상황에 부딪치면서도 정상을 향해 포기하지 않고 전진했습니다. 그의 결단력과 친화력, 고용인을 위해 폭풍 속에서 혼자 텐트를 세울 정도의 신실함 때문에 텐징은 금세 외국 원정대들이 선호하는 '최고의 셰르파'가 되었습니다.

하지만 텐징 노르가이는 다른 셰르파처럼 돈만을 위해 등반을 하지는 않았습니다. 그는 에베레스트 정복을 앞두고 정상 정복조를 편성할 때 영국 원정대장이었던 존 헌트에게 "정상 정복조에 꼭 셰르파 한 명이 끼어야 한다"고 거듭 강조했습니다. 그는 내심 에베레스트에 오르는 첫 번째 셰르파가 되고 싶었던 겁니다. 그리고 그는 그 일을 해냈습니다. 비록 지구 최고봉을 초등한 업적은 대영제국의 영광으로 귀속되었고 에베레스트 첫 등반의 주인공이라는 화려한 스포트라이트는 에드먼드 힐러리 경에게 쏟아졌지만 텐징 노르가이는 엄연히 에베레스트가 자신의 품안으로 오르기를 허락한 최초의 사람이었습니다.

텐징 노르가이는 에베레스트를 오른 후에 이렇게 말했습니다. "내가 할 수 있는 모든 말은 에베레스트에 있다"고 말입니다. 텐징 노르가이는 고난도의 등반기술과 대단한 체력을 가지고 에베레스트를 오른 것이 아니었습니다. 그는 이렇게 말했습니다. "나는 적을 물리치는 병사의 기력이 아니라, 어머니 무릎에 오르는 아이의 사랑을 갖고 산을 올랐다"고 말입니다. 우리가 셰르파 텐징 노르가이한테 진정으로 배워야 할 것이 바로 여기 있습니다.

## 상품을 팔지 말고 자신을 팔아야

"눈보라가 휘날리는 / 바람찬 흥남부두에 / 목을 놓아 불러봤
다 찾아를 봤다 / 금순아 어데로 가고 / 길을 잃고 헤매었더냐 /
피눈물을 흘리면서 / 1·4 이후 나 홀로 왔다……."

가수 현인의 노래 '굳세어라 금순아'의 첫 대목입니다. 6·25 전
쟁 당시 먼저 사선을 넘었던 이양구(李洋球, 1916~1989)는 고향 함흥
에서 헤어진 약혼녀 이관희를 찾아 헤맸습니다. 정말이지 노래가사
처럼 말입니다. 그런데 이게 웬일입니까? 이양구는 거제도에서 기
적처럼 꿈에도 그리던 약혼녀를 만났지 뭡니까? 그리고 그들은 이
내 부산으로 와서 영도다리 근처에서 가난하지만 애틋한 신혼의
삶을 꾸렸습니다.

6·25가 발발하던 해 34세의 노총각 이양구는 어머니의 부탁
에 못 이겨 당시 함흥의 명문인 영생고녀(永生高女)를 나와 교편을
잡고 있던 규수 이관희와 약혼을 하게 됩니다. 그러나 중공군의 전
쟁 개입으로 두 사람은 결혼식도 못 올리고 생이별을 하게 됐던 것
이죠. 부득이 혼자 부산으로 내려온 이양구는 백방으로 약혼녀의
소식을 알기 위해 뛰어다니다가 뒤늦게 피란선을 타고 월남해서 거
제도에 머물던 이관희와 극적으로 만났던 겁니다.

동양 창업주인 서남(瑞南) 이양구 회장은 1916년 함경남도 함
주군의 작은 농가에서 부친 이교흠씨와 모친 김성자씨 사이의 차
남으로 태어났습니다. 부친이 25세의 젊은 나이로 병사하면서 이
양구의 어린 시절은 힘겨운 생활로 점철됐습니다. 15세의 늦은 나
이에 보통학교 졸업장을 받은 그는 상급학교 진학 대신 일본인 '시

노자키'가 운영하는 '함흥물산'이라는 식료품 도매상에 취직했습니다. 서남은 훗날 이곳에서 '정직과 신용'이라는 상도(商道)를 배웠다고 고백하듯 밝혔습니다.

입사한 지 얼마 되지 않았는데 하루는 사장이 소년 이양구를 불러 빈 냄비를 건네면서 두부를 사오라고 시켰습니다. 소년 이양구는 난감했습니다. 두부 집으로 가려면 큰길을 이용해야 했는데, 마침 그 시간이 등교시간이라 상급학교에 진학한 친구들을 마주칠까 두려웠기 때문입니다. 친구들은 멋들어지게 교복을 입고 학교로 가는데, 자신은 빈 냄비를 들고 초라하게 두부심부름이나 하게 된다는 사실이 부끄러웠습니다. 그래서 소년 이양구는 큰길을 이용해 바로 두부 집으로 가지 않고 숨바꼭질하듯 골목길을 두루 돌아 두부를 사왔습니다.

그러는 사이 두부는 이미 식어버렸습니다. 식은 두부를 가져온 것을 본 사장은 굳어진 얼굴로 물었습니다. "두부가게는 걸어서 5분 거리다. 그런데 너는 왜 이렇게 오래 걸렸느냐?" 소년 이양구는 사실대로 말했고 시노자키 사장은 준엄히 꾸짖으며 이렇게 말했습니다. "잘 생각해봐라. 냄비를 들고 대로로 가는 자신의 모습이 부끄러운지 아니면 냄비를 든 모습을 부끄러워하면서 남들의 시선을 피해 골목길로 숨어 다니는 그 모습이 더 부끄러운지를." 소년 이양구는 시노자키 사장의 이 말을 듣고 깨달았습니다. 그러고는 스스로에게 이렇게 되뇌었습니다. "바보 같은 이양구! 친구들은 친구들의 길이 있고, 나는 나대로의 길이 있어, 넌 친구들과 이미 다른 길을 택하지 않았느냐!" 하고 말입니다.

두부사건은 이양구에게 쓸데없는 수치심을 극복하게 만들었습니다. 그리고 무슨 일을 하는지는 중요치 않고, 오히려 일을 열심히 하는 자세가 중요하며, 무엇보다 자기 일에 자부심을 가져야 한다는 것을 평생의 좌우명으로 삼게 했습니다. 그런 일이 있은 후 6년이 지나 20세가 되었을 때 이양구는 간부사원으로 승진할 수 있었습니다. 이때 시노자키 사장은 그를 격려하며 평생의 지침이 될 만한 이야기를 남겨주었습니다. "잊지 말게. 자네는 상품을 파는 것이 아니라 자네 자신을 파는 것이라는 점을. 그렇다면 '어떤 자신'을 팔 것인지 깊이 숙고하기 바라네." 이양구는 그 후 이날의 가르침을 한시도 잊은 적이 없었습니다.

그로부터 다시 2년이 지난 1938년 4월, 24세 청년이 된 이양구는 독립을 결심합니다. 이양구는 식품도매상인 '대양공사'를 시작으로 적잖은 돈을 모았습니다. 하지만 역사의 소용돌이는 그의 노력을 물거품처럼 삼켜버리고는 했습니다. 6·25 전쟁으로 고향의 수십만 평 토지와 1억 원에 가까운 거금을 고스란히 잃고 말았던 겁니다.

그러나 그는 부산에서 설탕도매업을 기반으로 재기에 성공했습니다. 전시의 특수 경기와 생필품 부족 현상이 거꾸로 그에게 새 기회를 준 겁니다. 이양구는 부산과 마산, 대구 등에서 이른바 '설탕왕'으로 불렸습니다. 또 국내 최고의 역사를 지닌 삼척시멘트를 인수하면서 시멘트 사업에도 진출하게 됐습니다. 그는 1957년 삼척시멘트의 사명을 동양시멘트공업주식회사로 변경한 뒤, 노후시설 교체와 증산을 통해 시멘트 왕국을 건설하기도 했습니다.

하지만 기업 경영은 그리 호락호락하지 않았습니다. 신규업체의 대거 진입으로 시멘트가 남아돌았고, 정부의 금융 긴축정책으로 그의 사업은 뿌리부터 흔들리기 시작했습니다. 결국 그는 1971년 9월 10일, 법원에 회사보전신청을 제출해야 하는 처지로 내몰렸습니다. 그러나 극적으로 정부의 사채동결조치가 내려지고 평상시 쌓아온 정직과 신용 덕분에 구사일생으로 일생일대의 위기를 돌파할 수 있었습니다.

그 후 이양구는 동양시멘트 여파로 사세가 위축돼 제과업계 3대 메이커 중 하위에 머물렀던 모기업 동양제과를 다시 일으켜 세우는 일에 매진했습니다. 그는 전북 익산에 대규모 초콜릿 과자 공장을 세웠습니다. 1980년 초에 이미 중국시장을 겨냥해 공장을 지은 겁니다. "이제 저 서해가 아주 큰 길이 될 거야. 중국이 이제 곧 개방한단 말이지. 지구인 네 명 중에 하나가 중국인이야. 그런 중국이 문을 열면 세계경제 질서가 바뀌지 않겠어? 제과시장도 무진장 열릴 거니까 대비해야지. 군산항까지 가까이 있으니 얼마나 매혹적이네?" "길어도 10년 안에 수교가 될 거야, 그럼 대기업이 제과사업에 뛰어들겠지. 그러니 그때를 대비해 우리가 지금 규모를 키우지 않으면 안 돼. 생각해보라. 10억 명의 소비자가 기다린단 말이야." 이처럼 그에게는 미래를 내다보는 안목이 있었던 겁니다.

하지만 1983년 8월 18일 오후 2시쯤 이양구는 뇌졸중으로 쓰러져버리고 맙니다. 그러나 1986년 여름, 전북 익산시 영등동에 들어선 동양제과 제3공장의 초코파이 생산 라인은 가동되기 시작했습니다. 그리고 그로부터 10년이 지난 1997년에 드디어 초코파이가 서해를 건너 중국에 진출해 제과분야의 한류를 일으켰습니다. 이양구의 선견지명이 맞아떨어진 겁니다. 그러나 안타깝게도 이양구는 향년 73세를 일기로 1989년 10월 18일 오후 6시에 영면했습니다.

자전거 뒤에 설탕 포대를 싣고 직접 시장통을 누비면서도 '양구(洋球)'라는 자기 이름처럼 지구 위의 큰 바다로 나아가는 꿈을 꿨던 사람. "사업은 상품을 파는 것이 아니라 자기 자신을 파는 것이다"라는 시노자키 사장의 가르침을 평생 가슴에 새기고 실천했던 사람. 그가 바로 한평생 숱한 시련과 좌절을 겪으면서도 칠전팔기의 오뚝이 정신으로 다시 일어서며 "성공한 길로 가지 말고 실패한 길로 다시 가라!"고 일갈하던 집념의 경제인 이양구였습니다.

### 깊이 있는 쉼표의 힘

영화 〈킹스 스피치〉를 보셨는지요? 2011년 아카데미 시상식에서 작품상, 감독상, 남우주연상, 각본상을 휩쓸었던 이 영화는 말더듬이 왕 조지 6세의 실화를 바탕으로 만든 영화입니다. 이 영화에서 콜린 퍼스가 실감나게 연기한 인물이 바로 조지 6세(George Ⅵ, 1895~1952), 현재의 영국여왕인 엘리자베스 2세의 아버지입니다.

조지 6세는 1895년 12월 14일에 빅토리아 여왕의 손자인 조지 5세의 차남으로 태어났습니다. 조지 6세는 어려서부터 여러 가지 지병을 앓고 있었는데, 특히 위염 때문에 자주 고생했으며, 말을 아주 심하게 더듬었습니다. 조지 6세는 처음부터 왕이 될 운명을 갖고 태어난 것은 아니었습니다. 그의 형인 에드워드 8세가 미국 출신의 이혼녀 심슨 부인과 세기의 스캔들을 일으키며 왕위에 오른 지 한 달 만에 물러났기 때문에 졸지에 왕이 됐던 겁니다. 1936년 12월의 일이었습니다.

하지만 대영제국의 왕이 된 조지 6세는 전혀 기쁘지도 감격스럽지도 않았습니다. 이유는 그가 심한 말더듬이였기에 대중 앞에 나서는 일을 극도로 꺼렸기 때문입니다. 때마침 라디오 시대가 도래하면서 국왕은 그저 국민대중 앞에 나타나 근엄한 표정으로 손짓만 해주면 만사가 오케이 되던 시절이 아니라 직접 국민과 소통하기 위해 마이크 앞에 서지 않으면 안 될 시대였기에 말더듬이왕 조지 6세의 고민은 정말이지 크지 않을 수 없었습니다. 더구나 나치 독일과의 운명을 건 한판 전쟁을 목전에 둔 상황에서 국왕의 대국민 스피치는 더욱 중요하게 인식되던 때였으니까요.

사실 조지 6세는 이미 왕이 되기 전부터 말더듬이였습니다. 그래서 특히 1925년 10월 31일 대영제국박람회 폐막식에서 예정된 그의 연설은 그가 말더듬이임을 만방에 알린 애처로운 계기가 되어버리고 말았습니다. 이후 이에 자극받은 그는 백방으로 수소문해 치료를 받았지만 별다른 소용이 없었습니다. 그러던 중 오스트레일리아 출신의 언어치료사 라이오넬 조지 로그를 만나게 됩니다. 라이오넬 로그는 그의 병이 심리적인 것에 있다고 진단한 후 곧장 말더듬을 치료하기보다는 조지 6세의 성장과정에서 있었던 기억들을 되짚게 했습니다. 조지 6세는 그의 치료방식에 알레르기 반응을 보이며 거부하지만 그에게 말더듬 치료와 극복은 반드시 하지 않으면 안 되는 절체절명의 것이었기에 결국 따르게 됩니다.

조지 6세의 아버지 조지 5세는 남다른 카리스마를 가진 왕이 었고, 그의 형이자 선왕이었던 에드워드 8세는 어린 시절부터 재 주가 많고 사교적이어서 어디서나 인기가 좋았습니다. 그런 분위기 에서 조지 6세는 상대적으로 주눅 들어 자신감을 상실한 채 아버 지와 형의 거대한 그늘 아래 갇혀 살았던 겁니다. 라이오넬 로그는 이 점을 주목하고 신체물리적인 방법과 심리적인 방법을 병행해 조지 6세의 말더듬을 치유해갔습니다. 조지 6세는 자기 내면에 깔 려 있던 콤플렉스를 떨치며 스스로 말더듬을 극복해나갔습니다. 그리고 마침내 1939년 9월 3일, 그는 나치 독일에 대항해 선전포 고하는 마이크 앞에 당당히 서게 됩니다. 그리고 영국민과 세계를 향해 느리지만 단호하게, 요란하지는 않지만 분명하게 호소하며 영 국민을 하나로 묶고 세계의 여론을 주도하며 끝내 영국을 승리로 이끄는 정신적 견인차 역할을 해내고야 말았습니다.

조지 6세의 위대한 연설내용은 이랬습니다. "지금 우리에게 주어진 소명은 전 세계의 문명을 위협하려는 세력에 맞서는 겁니 다. 그들은 자신들의 정책을 그럴듯하게 선전하고 있으나 그 실체 는 한낱 미개하고 야만적인 정치논리에 불과합니다. 우리는 사랑 하는 모든 것을 지키기 위해 힘을 모아 지금의 시련을 극복해야 합 니다. 오늘의 연설은 바로 그 점을 강조하기 위한 겁니다. 이 땅의 모든 국민 여러분, 그리고 멀리 해외에서 듣고 계신 국민 여러분! 마음을 모아주십시오. 침착하면서도 결연한 자세로 다 함께 고난 을 헤쳐나갑시다. 힘든 시간이 될 것입니다. 어두운 날들이 오래 지속될 수도 있습니다. 전쟁은 이제 더 이상 최전선의 전투에 국한

된 문제가 아닙니다. 우리 모두가 옳고 그름을 인식하고 옳은 길로 나아가야 합니다. 또한 우리의 바람이 이뤄질 수 있도록 기도해야 합니다. 우리 모두가 굳은 결의를 가지고 신념을 잃지 않는다면 신의 은총으로 이 전쟁에서 승리할 겁니다."

이처럼 조지 6세는 대국민연설을 통해 독일에 대한 선전포고와 더불어 평화에 대한 열망, 파시즘에 대한 비판, 미래의 승리에 대한 확신을 느리지만 분명한 어조로 밝혔습니다. 그는 국민을 하나로 통합하고, 국가를 외침으로부터 지키는 일 앞에서는 결코 더듬거리지 않았습니다. 더구나 조지 6세는 독일공군의 런던 대폭격 와중에도 흔들리지 않는 모습으로 폐허가 된 버킹엄궁을 지켰습니다. 그것을 보는 것만으로도 영국민들은 동요하지 않을 이유를 찾았던 겁니다.

전쟁에서 승리한 후에도 조지 6세의 행보는 멈추지 않았습니다. 이번에는 남아프리카, 로디지아 등 인종차별문제가 대두되고 있는 영국의 식민지역을 방문해 화해를 유도하는 열성도 보였습니다. 하지만 1948년, 영국 왕으로서는 최초로 오스트레일리아와 뉴질랜드 방문을 앞두고 건강에 이상이 보이기 시작했습니다. 그리고 마침내 1952년 2월 6일, 56세의 아까운 나이에 조지 6세는 세상을 떠났습니다. 그의 뒤를 이어 조지 6세의 맏딸인 엘리자베스 2세가 젊다 못해 앳된 모습으로 새로운 영국여왕에 등극합니다.

조지 6세는 우리에게 진정한 리더의 모습은 어떤 것인지를 새삼 되묻게 합니다. 그것은 자신의 선천적인 한계마저도 극복해야 하는 몸부림이라고 말해야 할지 모릅니다. 리더에게 '안 된다', '어렵다', '힘들다'는 핑계라는 것은 존재할 여지가 아예 없습니다. 그 어떠한 것도 오로지 극복하고 돌파해야 합니다. 아울러 리더십의 진정성은 다변과 달변에 있는 것이 아니라 때로는 침묵과 느림 그리고 깊이 있는 쉼표에 있다는 사실도 잊지 말아야 할 것 같습니다. 사람들이 진정으로 따르는 마음을 갖게 되는 것은 청산유수 같은 말에 있는 것이 아닙니다. 때로는 침묵하고 때로는 느리지만 단호한 언변에서 그의 진정성이 나타날 때, 그리고 깊이 있는 쉼표를 통해 한 차원 높은 비전을 절감하며 결단을 결심하도록 이끌 때, 그의 말은 비로소 깊은 울림과 빛을 갖게 되는 것 아닐까요?

# 내 인생의 변화구

## 내 마음의 책갈피

얼마 전이었습니다. 책 정리를 하던 중에 무심코 펼쳐든 책장 사이에서 여러 해 묵은 나뭇잎 하나를 발견했습니다. 아기손 같은 모양의 단풍잎이었는데 책장 사이에 밀착돼 양쪽 종이 면에 나뭇잎 자국을 뚜렷하게 남겨놓았습니다. 언제 그 나뭇잎을 책 사이에 꽂아둔 것인지 정확히 기억은 나지 않았지만 제게 뜻 모를 상념을 일으키기에는 충분했습니다. 어느 날 공원 벤치에 앉아 책을 읽다가 무심코 집어든 낙엽을 책 사이에 끼워놓았던 것일지도 모릅니다. 아마도 그것을 끼워둔 책의 그 부분이 특별히 의미가 있어서는 아니었을지 모릅니다. 하지만 그 나뭇잎 하나가 고이 접어들었던 페이지를 펼치면 나뭇잎의 윤곽이 종이에 배어 있는 것처럼 제 인생의 한 페이지도 그 나뭇잎 책갈피처럼 제 마음 한 구석에 아련한 추억과 상념의 흔적을 남기고 있지 않겠습니까.

우리 인생은 너나 할 것 없이 한 권의 책입니다. 그리고 저마다 그 인생의 책장 사이사이에 책갈피도 끼워져 있을 것입니다. 그런 인생의 책갈피에는 아픔도 있고 기쁨도 있습니다. 서운함도 있고 감사함도 있습니다. 냉정함도 있고 뜨거운 열정의 흔적도 있을 것입니다. 인생의 책갈피는 대개 그런 것들입니다. 책 읽는 진도가 나아가지 못하면 책갈피는 책 속에 멈춰 있을 수밖에 없듯이 인생도 어느 대목에서인가 앞으로 더 나아가지 못한 채 그 아픔의 순간에서, 혹은 기쁨의 도취에서, 또는 서운함의 가슴앓이와 냉정함의 배신감을 경험한 순간에서 저마다 자기 인생의 책 한 귀퉁이를 접은 채 멈춰 있을지도 모릅니다. 물론 영영 접어놓을 마음의 책갈피도 있을 수 있겠지만 삶은 지속해야 하고 인생은 나아가야 하는 것이기에 오래 접은 마음의 책갈피일랑 새로운 삶의 도정에서 툭툭 털어내버리는 것도 좋지 않겠습니까.

## 사람은 가고 전화번호만 남았다

휴대폰에 저장된 전화번호를 찾다 문득 어떤 이름에 눈길이 갑니다. 지금은 이 세상 사람이 아니지만 여전히 제 전화번호부에는 살아 있는 것처럼 남아 있는 전화번호입니다. 무심코 그런 번호를 마주하다가도 순간 저도 모르게 마음이 먹먹해집니다. 생과 사의 갈림길이 순간이란 생각도 들고 그 번호를 누르면 이제는 어떤 이가 받을까 하는 엉뚱한 생각도 해봅니다. 그런 전화번호의 주인공 중에는 아주 가까웠던 이들도 있고 그리 가깝지는 않았어도 모임이나 행사에서 늘 마주치던 이들도 있습니다. 그런 이들의 전화번호를 왜 지우지 않고 그냥 놓아두느냐고 물으면 딱히 할 말은 없습니다. 그저 그냥 '삭제' 버튼을 누르기에는 왠지 아직 마음이 허락하지 않아서라고 둘러댈 수밖에…….

### '나의 황홀한 실종기'

서울 신촌의 산울림 소극장에서 배우 손숙 선생의 연기 50주년 기념공연인 '나의 황홀한 실종기'를 관람했을 때 느낀 것처럼 우리네 인생살이는 참으로 너나 할 것 없이 징하고 징합니다. 치매에 걸린 팔십 넘은 여인이 유독 기억해내는 것은 남편의 등짝이었습니다. "그 사람이 내게 준 마지막 선물은 돌아선 바위덩어리 같은 등짝이야…… 난 그 등짝에 칼을 던졌어." 치매에 걸려 다른 것은 잊어도 집 나간 남편의 바람만큼은 결코 잊지 못할 것이었나 봅니다. 80분 넘게 계속되는 팔십 인생의 구구절절한 넋두리는 참으로 기가 막힙니다.

### "난 박수도 화환도 열광도 믿지 않아"

"늙은 거야. 아무리 속이고, 허세를 부리고, 멍청한 척해도 인생은 이미 지나가버린 거야. 70년이 휑하니 지나가버린 거라구! 되돌리지 못해. 한 병을 거의 다 마시고 밑바닥에 조금 밖에 남지 않은 거야. 찌꺼기만 남은 거지. ……네가 바라든 바라지 않든 이제 시체역을 연습해야 할 때가 된 거야. 죽음은 멀리 있는 게 아냐."

안톤 체호프의 단막극 '백조의 노래' 중에서 늙은 배우 스베틀로비도프가 공연이 끝난 후 술을 퍼마시고 분장실에서 쓰러져 잠

들다 깨어나 자신의 처지를 한탄하며 내뱉듯 던진 대사의 한 대목입니다. 극중에서 늙은 남자배우로 분한 배우 박정자가 특유의 음색으로 대사를 읊을 때 그것은 그 자신의 내면에서 우러난 독백에 다름 아닌 듯싶었습니다. 삶이 연극 그 자체인 배우 박정자가 열연해서였을까요? "난 박수도 화환도 열광도 믿지 않아"라는 대사를 말할 때는 그녀 자신의 삶이 웅변하는 것처럼 들렸습니다. 정말이지 연극과 인생에 경계가 따로 없었습니다.

## 조명창과 마음의 집

조상현 명창은 오래된 손전화에 호암 이병철 회장의 사진과 동영상을 담아 가지고 다닙니다. 그는 젊은 시절 동양방송의 국악프로그램이었던 TBC향연 녹화장소에서 처음 마주했던 호암을 잊지 못합니다. 호암은 녹화장소 한켠에 의자를 하나 놓고 앉아 몇 시간이고 미동도 하지 않은 채 녹화중인 국악을 듣고 즐길 만큼 국악 마니아였습니다. 호암의 눈에 든 조명창은 TBC향연을 통해 국악 스타가 되었습니다. 어느 날 호암은 조명창을 불러 봉투를 내밀었습니다. 집이 없던 그에게 "예술하는 사람이 이 집 저 집 떠돌면 쓰겠나. 이것으로 집장만하게나"라고 짧게 한마디를 건넬 뿐이었습니다. 그 일로 조명창은 주위의 시샘을 받기도 했습니다. 하지만 45년이 지난 지금도 그의 손전화에는 호암이 담겨 있습니다. 마음의 집을 크게 짓고 말입니다.

## 세 번 떨어진 게 아니라 세 번 도전한 거야!

시장선거에서 한 번, 국회의원 선거에서 두 번 떨어진 사내가 있습니다. 어느 날 그의 중학생 딸에게 아빠가 여차여차해서 떨어졌다고 말하자 대뜸 이런 말이 돌아왔습니다. "세 번 떨어진 게 아니라 세 번 도전한 거잖아!" 그 말을 듣고 이 사내는 정신이 번쩍 들었습니다. 그리고 스스로에게 되풀이해 말했습니다. "그래 나는 세 번 떨어진 게 아니라 세 번 도전한 거야!"라고.

## 나는 자리가 아니다

언젠가 어느 텔레비전 프로그램에서 장수의 비결을 세 가지로 이야기했던 것을 기억합니다. 첫째는 피가 맑고 뼈가 튼튼해야 한다. 둘째는 뇌가 건강해야 한다. 그리고 셋째는 어울림이 많아야 한다. 그렇습니다. 장수하려면 신체적인 건강도 중요하지만 사람들과의 어울림이 무엇보다 긴요합니다. 진정한 건강장수의 변수는 육체적 건강 못지않게 사회적 유대 곧 사회적 어울림입니다. 그러니 소셜 라이프가 중요합니다.

그런데 크고 작은 모임에 늘 나오던 이가 어느 날 보이지 않는 경우가 있습니다. 특히 체면에 목숨 거는 남자들의 경우에는 대개 자리를 잃었거나 변동이 생겼을 때 어디론가 사라져버립니다. 아니 자리가 나인가? 그 자리에 없으면 내가 아닌가? 하지만 이렇게 물을 것도 없이 너무나 많은 사람들이 특히 방귀깨나 끼고 힘깨나 썼다는 사람들일수록 자리가 떨어지면 스스로도 없다고 생각합니다. 그래서 숨어버리는 겁니다.

이런 바보 같은 삶이 우리 주변에 숱하게 있습니다. 하지만 자리가 없어졌다고 삶이 없어지는 것은 결코 아니지 않습니까! 자리가 떨어졌다고 삶이 없어지는 게 아닙니다. 그러니 이제 스스로에게 이렇게 말해줘야 합니다. 아주 단호하게 "나는 자리가 아니다!"라고.

## 남자가 가을 타는 진짜 이유

이러저러한 외국계 회사 사장 자리도 여러 번 꿰찼던 이가 지금은 흙을 만지며 소나무 분재를 하고 나름 디자인 마인드를 담아 정원 만드는 일에 나섰다기에 지인들과 함께 찾아가봤습니다. 손수 고기를 구워내며 밥상까지 차리더니 술 한 잔 들이켠 후 그는 이렇게 말했습니다.

"나에게 가장 큰 싸움은 시간과의 싸움이다. 언젠가는 내게도 그 시간이 어김없이 엄습해올 것이기 때문이다. 5년 전부터 누구한테도 나이를 말하지 않는다. 나이를 얘기하다 보면 나도 모르게 좌절하기 때문이다. 그러다 보니 정말 나이를 잊고 산다. 나는 오로지 오늘만 생각하고 산다." 이 말을 들을 때 삶의 결기가 느껴져 저도 모르게 소름이 돋았습니다. 그는 세상이 아니라 자기 자신과 싸우고 있었습니다.

"남자는 전장(戰場)에서 빠르게 나이를 먹는다." 나폴레옹이 한 말입니다. 하지만 전장에는 나폴레옹이나 손자만 있는 것이 아닙니다. 총칼을 들어야만 전장인 것이 아닙니다. 이미 사는 게 전장인데! 손자병법에 나오듯이 싸움터를 이리저리 분석하고 가릴

새도 없습니다. 한 번 전쟁을 치르면 또 다른 전쟁이 기다렸다는 듯이 덮쳐오기 일쑤인 것이 우리네 삶이요 일상 아닌지요. 그러다 보니 하루도 쉴 새 없이 전장 같은 일상을 사는 이들은 너나 할 것 없이 빠르게 나이를 먹습니다.

저 역시 머리가 하얗게 샜습니다. 하지만 나이를 먹는 게 두려운 게 아닙니다. 늙어가는 게 슬픈 게 아닙니다. 그나마 이렇게 죽자 살자 싸우다가 어느 날 문득 삶의 마지막 관문 앞에 턱하니 놓여지는 건 아닌가 하는 생각이 들기 때문입니다. 어쩌면 남자가 가을을 타는 가장 근원적인 이유가 바로 이 대목에 있지 않을까 싶습니다.

## 내 인생의 마지막 변화구

클린트 이스트우드가 주연한 영화 중에 〈내 인생의 마지막 변화구〉라는 것이 있는데 우연히 그 영화를 다시 보게 됐습니다. 한때는 메이저리그의 날리던 스카우터였지만 이제는 점점 퇴물 취급을 받는 주인공 거스(클린트 이스트우드 분)는 황반변성 증세마저 겹쳐 점점 시력을 잃어가면서 삶도 엉망진창이 돼가고 있었습니다. 이래저래 울적한 마음에 바에서 술 한잔을 하고 있던 중에 누군가 "왜 이렇게 짜증이야" 하고 말하자 거스는 "늙어서 그래!"라고 맞받습니다.

왠지 그 말이 가슴에 아렸습니다. 그렇습니다. 누구나 자신이 하릴없이 늙어간다고 생각하면 짜증이 나기 마련입니다. 물론 그 짜증에는 젊은 날에 대한 회한도 없을 리 없겠으나 무엇보다도 이 어찌할 수 없는 세월의 속진(速進) 앞에 점점 무기력해지는 자신에 대한 실망감과 자괴감이 더 클지 모릅니다. 그러니 이런 무기력함에 저항할 인생의 변화구라도 던지고 싶은 심정이 왜 없겠습니까!

과연 지금 이 순간 내 인생의 변화구는 무엇일까요? 어느 때부터인가 돌직구만을 선호하고 그것에 열광하는 이 세태 속에서 스스로를 돌아보며 자기 삶의 새로운 변화구를 던져야 할 때가 바로 지금입니다!

**"자! 이제 네 이름을 쓰렴"**

피터 레이놀즈라는 작가가 쓰고 그림까지 그린 《점(The Dot)》이란 책이 있습니다. 본래 아이들 보라고 만든 아동서지만 오히려 어른이 읽어야 더 소용 있는 책입니다. 내용은 이렇습니다. 베티라는 아이는 미술시간에 아무것도 그리지를 못했습니다. 무엇을 그려야할지, 어떻게 그려야 할지 엄두가 나지 않았기 때문입니다. 이미 미술시간이 끝나가지만 아무것도 그리지 못한 베티를 보고 선생님이 다가와 빙그레 웃으며 그냥 네가 하고 싶은 대로 해보라며 기다렸습니다. 그러자 베티는 자기는 안 된다는 체념의 뜻에서인지 쥐고 있던 연필을 거칠게 도화지 위에 내리꽂았습니다. 그리고 선생님께 점 하나 찍힌 도화지를 내밀었습니다. 그러자 선생님은 다시 베티에게 도화지를 건네주며 이렇게 말했습니다. "자! 이제 네 이름을 쓰렴."

그리고 일주일이 지난 후, 베티는 선생님 방에 걸린 액자를 보고 깜짝 놀랐습니다. 그 액자 안에 든 것은 점 하나 찍고 베티라는 이름을 적었던 바로 자신의 도화지였기 때문입니다. 그런데 그것을 한참동안 뚫어져라 쳐다본 베티는 자기도 모르게 "저것보다 훨씬 멋진 점을 그릴 수 있었는데……" 하고 생각했습니다. 그 후 베티는 연필만이 아니라 물감까지 써가며 온갖 색깔의 점들을 다양한 크기로 그리기 시작했습니다. 심지어 큰 도화지의 가장자리부터 둥글게 칠해 가운데에 하얀 여백이 남아 커다란 점이 되게 만들기도 했습니다.

그로부터 얼마 후 학교에서 전시회가 열렸습니다. 베티가 그린 크고 작은 다양한 색깔의 점 그림이 사람들의 시선을 사로잡았습니다. 베티는 졸지에 교내 스타가 됐습니다. 베티보다 더 나이 어린 후배가 찾아와 어떻게 하면 자기도 그림을 잘 그릴 수 있겠냐고 물었고, 베티는 그 동생에게 도화지를 내주고 뭐든 그려보라고 말했습니다. 그 아이는 연필을 쥐고 낑낑거리더니 도화지를 베티에게 돌려줬습니다. 그 도화지 위에는 삐뚤삐뚤한 선만 가로로 그려져 있었습니다. 그것을 한참 바라보던 베티가 다시 도화지를 어린 후배에게 건네주며 이렇게 말했습니다. "자! 이제 여기 네 이름을 쓰렴."

## 마지막 그 순간을 그려보다

연극 '아버지와 나와 홍매와'를 보면서 신구 선생의 아파하는 연기에 새삼 놀랐습니다. 너무 리얼했기 때문입니다. 저는 아버지가 8년 동안 암투병하는 모습을 생생히 보며 자랐습니다. 어머니 역시 극중의 신구처럼 간암으로 복수가 차오르고 간성혼수가 오는 것을 경험했던 터이기에 그의 연기가 사뭇 다르게 다가왔습니다. 정말이지 연기가 아니라 아픔 그 자체였습니다.

누구에게나 마지막은 옵니다. 누구도 피할 수 없습니다. 그 마지막에 온전히 임할 자세를 견지하기 위해 오늘도 단단히 살아야겠습니다. 설사 마모되는 삶을 살지언정 결코 녹스는 삶은 살지 않으리라 다짐해봅니다.

침대에 누워서 마지막을 맞지는 않으리라. 끝까지 걷다가 더는 걸을 수 없는 지경이 되면 어느 나무 그늘 아래 다리를 뻗고 조용히 식어가리라. 그 나무 아래서 석양을 볼 수 있다면 더없이 행복하리라. 그리고 소풍 같은 한 세상 살다가는 것을 기꺼이 행복했노라고 스스로에게 말해주리라. 주마등처럼 스쳐가는 숱한 영상과 잔영들이 있겠지만 다 떨치고 오로지 하나 지는 해를 바라보며 슬며시 눈을 감으리. 그것이 내 마지막 가는 길에 기울이는 술잔이 되게 하리라.

'뜨겁고 아름다운 존재의 발견'을 향한 여정을 이렇게 마무리합니다. 이 책에 호명된 모든 분들을 다시 한 번 불러봅니다. "사람아 아, 사람아."

KI신서 5338

# 사람아 아, 사람아

**1판 1쇄 인쇄** 2013년 11월 15일
**1판 1쇄 발행** 2013년 11월 22일

**지은이** 정진홍
**펴낸이** 김영곤 **펴낸곳** (주)북이십일 21세기북스
**부사장** 임병주 **이사** 주명석
**미디어콘텐츠기획실장** 윤군석 **인문기획팀장** 정지은
**책임편집** 장보라 **디자인 표지** 박진범 **본문** 씨디자인
**마케팅영업본부장** 이희영 **영업** 이경희 정경원 정병철
**마케팅** 김현섭 최혜령 강서영
**출판등록** 2000년 5월 6일 제10-1965호
**주소** (우 413-120) 경기도 파주시 회동길 201(문발동)
**대표전화** 031-955-2100 **팩스** 031-955-2151
**이메일** book21@book21.co.kr **홈페이지** www.book21.com
**트위터** @21cbook **블로그** b.book21.com